汉语作为第二语言语法教学

刘玉屏◎著

TEACHING CHINESE GRAMMAR AS A SECOND LANGUAGE

图书在版编目（CIP）数据

汉语作为第二语言语法教学/刘玉屏著．—北京：中央民族大学出版社，2017. 11

ISBN 978-7-5660-1252-4

Ⅰ. ①汉…　Ⅱ. ①刘…　Ⅲ. ①汉语—语法—对外汉语教学—教学研究　Ⅳ. ①H195. 3

中国版本图书馆 CIP 数据核字（2016）第 253731 号

汉语作为第二语言语法教学

作　　者　刘玉屏
责任编辑　戴佩丽
封面设计　汤建军
出 版 者　中央民族大学出版社
　　　　　北京市海淀区中关村南大街 27 号　邮编：100081
　　　　　电话：68472815（发行部）传真：68932751（发行部）
　　　　　　　　68932218（总编室）　　　68932447（办公室）
发 行 者　全国各地新华书店
印 刷 厂　北京盛华达印刷有限公司
开　　本　787×1092（毫米）　1/16　印张：25
字　　数　380 千字
版　　次　2017 年 11 月第 1 版　2017 年 11 月第 1 次印刷
书　　号　ISBN 978-7-5660-1252-4
定　　价　108. 00 元

目　录

第一章

语法与语法教学

第一节　语法概说

一、什么是语法

语法是语言的结构规律。语法单位共有五级：语素、词、短语、句子和语篇。一般来说，语法主要包括语素构成词的规则、词构成短语的规则、词和短语构成句子的规则以及句子构成语篇的规则。语素构成词的规则也可以称为“词的结构规律”，词构成短语的规则也可以称为“短语的结构规律”，词和短语构成句子的规则也可以称为“句子的结构规律”，句子构成语篇的规则也可以称为

“语篇的结构规律”。下图显示了语法的基本内容。

作为语言结构规律的语法，是第二语言学习过程中一个非常重要的要素。如果对目的语语法掌握得不好，就可能无法准确理解目的语，也不能准确地用目的语去表达和进行交流。

在各类语法规则中，以往人们关注较多的是词、短语和句子的结构规则，对篇章结构规则的关注较少。实际上，篇章的结构也存在一定规律，包括如何指称、如何照应、如何省略、如何开启、如何衔接、如何结束，等等。留学生如果不清楚有关的规则，可能造成篇章结构方面的偏误。例如：

去年 11 月刚来苏州的时候，( ) 只知道“你好”“再见”“谢谢”这三个词。我觉得［我］在中国生活，如果［我］不会说汉语的话，［我］会遇到很多困难，于是，我开始学汉语。

上面这段话存在省略不当的问题。( ) 内是不该省略而省略的，［ ］内是该省略而没有省略的。

有时候，在商店里售货员听不懂我的话。所以，我得用我的手告诉他们我要的东西。真不好意思。

这段话的中间一个句子，动词“告诉”前面作状语的介宾短语“用我的手”表述上有问题，宾语“手”前面没有必要使用定语“我的”，因为这是在同一个话题链内，听话人自然清楚手是谁的。这里代词照应多余，因而破坏了话语的连贯性。

可是中文课现在不太好，因为这几个月我忘了太多汉字。每次我得用一本字典。我跟中国朋友复习我的汉语，因为我们可以谈天儿跟他们。

这段话，最后一个句子里的代词“我们”与指称对象在单复数上不一致，造成指称混乱。

二、语法、语义（功能）和语用

表面看来，语法只关注结构或形式，关注如何把词语组织成句子，哪些形式是正确的，哪些是错误的。实际上，语法不仅涉及语言的形式，也涉及意义和功能，特别要关注形式与意义、功能之间的匹配关系，因为这三者之间本来就是密切相关的。就一个句子而言，它既有一定的结构形式和结构特征，也有一定的句式语义，还有一定的使用环境（语境）。

1. 语法与意义（功能）

语言作为一种工具，是用来表达意义的。有时候，在一定情境下，无须语法手段的帮助，只用单个的词也可以表达一定意义，起到交际的作用。比如，在特定情况下，“票!”可以表达出“请出示车票”这样的意思；“身份证!”可以传达出“请出示身份证”这样的意思；“火!”可以传达出“前面着火了”这样的意思。

但是，稍微复杂一点儿的意思就很难只用单个的词语来表示，而是需要把若干个词语组合起来，这就需要语法了。比如“张三给李四打电话，让他把票转交给王五”这样的意思，就不可能用“票”这一个词来表达。

借助一定的语法手段，我们就可以构成各种不同的语言形式，用来表达各种丰富多样的意义。在汉语中，语序和虚词是两种非常重要的语法手段，下面几组语言形式的不同语义，主要是借助语序和虚词表达出来的。

我爱——爱我（语序不同）

做饭——做的饭（有无虚词）

吃过——吃着（附着不同的虚词）

正是由于语法在语义表达中的重要作用，有学者指出，“语法是一个赋予意义的工具”①。

第二语言学习者在学习一种语言时，不仅要把注意力放在这种语言的形式上，也要放在这些形式所传达的意义上，特别是放在形式与意义的关系上。在语法教学中，教师应该提醒学生注意形式与意义之间的匹配关系：某一语法形式表示哪些意义，某一意义可用哪些形式表达。比如，汉语“就/才”这组副词的主要区别是概括意义不同，“就”表示动作行为的快、早、容易，“才”则表示动作行为的慢、晚、困难。不同的句式，也有特定的句式语义。比如，汉语的“把”字句表示处置义，存现句表示某处存在、出现或消失了某物，比较句表示不同事物或同一事物不同方面的比较。

讨论某一语言形式的“用法”，往往离不开语言的功能。比如，汉语形容词的使用有这样一个规则：在描述性谓语句中，形容词做谓语时，常常在形容词前面加一个程度副词，这里程度副词起成句作用，而不表示程度高。如“小娟挺漂亮

---

① 吴中伟：《怎样教语法——语法教学理论与实践》，华东师范大学出版社 2007 年。

的”“小娟很漂亮”。如果不是在描述性谓语句中，形容词的使用可以不受这一规则限制。比如，在表示对比时，我们可以说“小娟漂亮，小英不漂亮”，也可以说“小娟漂亮，但不聪明”。这一语法规则就是与语言的功能紧密结合在一起的。

语言形式都有一定的功能，可以传达一定的语用意图，实现一定的语用目的。换句话说，我们说话总有一定的目的和用意，或者是询问什么，或者是建议什么，或者是抒发某种情感，或者是请求别人做某件事情，或者是叙述某种情况。这些目的、用意是需要通过一定的语言形式来传达的。比如，“你(这)个 NP!”这一句式用来表达斥责，比如“你这个混蛋!”“你个蠢货!”“你个聋子!”“你个小蹄子!”

再比如下面的几种表达式：

你能帮我……吗？(请求帮助)

我想……（表达主观意愿）

请……（请求别人做某事）

别……（阻止别人做某事）

语言的形式与功能之间有时是一一对应的，即：一种功能只由一种特定的语言形式来表示，一种语言形式也只表示一种功能。但是，很多时候二者并不是一一对应的，即：一种功能可以由若干种形式来表达，反过来，一种语言形式也可能表达几种功能。比如，以下几种语言形式在汉语中都可以用来表示劝阻：

千万别……

最好别……

不要……

你要是……会……

严禁……

对于第二语言学习者来说，掌握目的语的语言形式与功能之间的匹配关系非常重要。为此，有研究者提出应该建立汉语功能句型体系。功能句型是将语言形式与语言功能二者在句子层面上有机结合在一起的语言生成模式。将句型与功能结合起来，着眼于句型的交际功能，同时也是将功能句型化。① 例如，“贬抑句”就是汉语的一种功能句型，能够实施说话人的憎恶、轻蔑等言语行为，如“他这个人很固执”“他是个骗子”“瞧你那个缺德样儿”“你才是流氓呢”。②

2. 语法与语用

语言形式都有一定的使用场合和对象，都是在一定的语境中使用的。比如，表示“劝阻”的几种句式：

别+V……　（口语；日常生活）

请勿+V……（书面语；公共场合）

禁止+V……（书面语；公共场合）

不+V……　（口语；对儿童，如“宝宝不哭”）

汉语作为第二语言教学的最终目标，是培养学习者使用汉语进行交际的能力。为达到这一目标，除了要让学习者组织出正确的语言形式外，还必须让他们了解某一语言形式的使用环境（语境），了解语言形式所涉及的文化背景及有关的交际规约。否则的话，如果学习者对汉语使用的有关规则和交际规约不清楚，就可能说出一些结构上没有问题但让交际对象感觉“不舒服”的句子。比如，一个/名留学生拿着自己写的作文请老师帮助修改，对老师说“老师，你看看吧”，听起来显得生

① 温云水：《现代汉语句型与对外汉语句型教学》，载《世界汉语教学》1999 年第 3 期。

② 温云水：《论贬抑句与贬抑功能句型》，载《南开语言学刊》2007 年第 1 期。

硬、不礼貌，这句话应该在强制性地提出某种要求或指责别人时使用。

对于第二语言学习者来说，要想精准地习得和运用目的语，还需要了解目的语语言形式所涉及的文化背景与有关的交际规约。举个例子，在美国加利福尼亚州，一个中产阶级夫妇的家庭请了一个粉刷工粉刷房子，女主人带粉刷工去看他要干的活儿，走进一间宽敞的卧室时，粉刷工看到墙上挂着许多油画作品，于是跟女主人（来自英国）之间有了下面的对话：

工人：这些画的作者是谁呀？

女主人：这个画家不太出名，是一个现代派的艺术家，叫……

工人：（面带迷惑地）我以为这些画是你们自己画的呢。

显然，女主人误解了粉刷工话语的含义。对话中粉刷工的问话并不是真正的询问，而是美国人在主人陪同下参观房子看到书画作品时常说的表示赞美的套话。同样，当客人看到厨房中整齐地放着一套厨具时会问“厨师是谁”，看到窗外精心耕作的土地上植物结满果实时会问“园丁是谁”。此类客套话是在第一次参观别人的房子时，用来间接恭维主人的程式化说法，意思是“它实在是非常好”。

但是，由于目前关于汉语语用及交际规约方面的研究还有待深入，相关的规则还未被整理出来，所以汉语作为第二语言教学中涉及语用和交际规约方面的内容还比较少。冯胜利、施春宏（2015）《三一语法：结构·功能·语境——初中级汉语语法点教学指南》一书在这方面做出了有益的尝试。“三一语法”是一种新型的二语教学语法体系，其基本框架包括句子的形式结构、结构的功能作用、功能的典型语境这三个维度，它们彼此独立而又相互联系，构成一个有机整体。这种三维一体的语法系统，体现了"场景驱动、功能呈现、法则匹配"这一教学法理念。其基本主张是：第一，语言教学中的每一个语法点，无论是词项式的语法点（比如"了""都"），还是句型式的语法点（比如"把"字句、名词谓语句），或者特殊语块式语法点（比如"一……就……""都……了"），都必须从上述三个维度来考虑；第二，对教师而言，任一语法点，均须三维地分析和理解，三维地准备和讲授；第三，对学生而言，任一语法点，均须三维地习得和理解，三维地记忆和使用。[①]下面是该书中有关"被"字句的内容：

3. "被"字句

● 形成结构　A+被+B+V+R/PP

A+被+V+R/PP

［1］A须是有定的成分；

［2］V须是行为性动词；

［3］B可以不出现。

● 功能作用　"被"字句的功能常常是表达承受某种结果。这种结果常常是不如意、未料到或不希望发生的，但也可以是一般的结果。

● 典型语境　跟承受某种结果有关的：

（1）东西遭到损坏、偷窃等。例如：

①甲：我的茶杯呢？

乙：茶杯被（他）打碎了。

②昨天我的自行车被（人）人偷走了。

（2）受到欺骗、批评等。例如：

①我被那个人骗走了一万块钱。

---

① 冯胜利、施春宏：《三一语法：结构·功能·语境——初中级汉语语法点教学指南》，北京大学出版社，2015年。

②她被男朋友骗了。

③吉米上课总是打电话，被（老师）批评了好几次。

④大卫酒后开车，被（警察）抓起来了。

（3）被吵醒、召回等。例如：

①我一大早就被外面的鸟叫声吵醒了。

②周末小李被经理叫去加班了。

三、口语语法与书面语语法

经过白话文运动及近年的语言文字规范化工作，现代汉语的口语与书面语已经高度一致，人们基本上是怎么说就怎么写。但是，口语与书面语还是存在一定的区别，有些词语和说法只用在口语场合，一般不用于书面语，反之亦然。比如“的”字短语（教书的、开车的、摆摊儿的）主要用于口语中，书面语较少使用。“把”字句 与“将”字句可以表达同样的意思，但“将”字句一般用于书面语，而“把”字句则是口语和书面语通用的。下面的句式通常只用于口语中：

“A是A，……”（好看是好看，就是贵了点儿。）

“V_1着V_1着……V_2……”（说着说着哭了起来）

“我让你VP!”（我让你不听话！我让你不好好学习!）

“N+呢?”问句（小李呢？我的帽子呢？你呢?）

下面的说法则显然是用于书面语的：

经过多日侦查，我公安人员在获取了明确证据后，一举将凶犯逮捕归案。

公安机关对举报人提供信息经查证属实的，将给予一定数额的奖金。

近年来，书面语语法与口语语法的区别日渐引起学者们的关注。有的研究者专门研究书面语语法的特点和规律，[①] 有的研究者尝试构建对外汉语口语语法大纲，[②] 有的研究者提出构建基于语体的汉语语法体系。[③] 冯胜利（2003）认为，“书面语自有一套与口语不同的组词造句规则”[④]。他提出书面语存在的若干种不同于口语的形式：

（1）口语书面语相互对应

口语：就是……也……；把+NP；要是……就；在……方面很（有）A/V

书面：即使……也……；将+NP；倘若……就；A/V于（适/敢/用/忙/便……）

（2）口语里没有的句法格式

A/V 而 A/V（少而精）

为 NP 所 V（为之所动）

［NN］之 A（品种之多、质量之好，是近年来少有的）

［ADV+为］+VV（深为不满、广为流传、大为惊讶）

为 NP 而 V（为现代化而努力奋斗）

（3）书面语独立发展的新形式

进行+［VV］：进行批判

加以+［VV］：加以批判

遭到+［VV］：遭到批判

---

① 冯胜利：《书面语语法及教学的相对独立性》，载《语言教学与研究》2003 年第 2 期。

② 徐晶凝：《对外汉语口语教学语法大纲的构建》，载《语言教学与研究》2016 年第 4 期。

③ 李泉：《基于语体的对外汉语教学语法体系构建》，载《汉语学习》2003 年第 3 期。

④ 冯胜利：《书面语语法及教学的相对独立性》，载《语言教学与研究》2003 年第 2 期。

举行+［NN］：举行会议

（4）书面语独有的句法运作

从美国过境/过境美国　　从波黑撤军/撤军波黑

在中南海讲学/讲学中南海　　在北京城火爆/火爆北京城

在陵云崖遇险/遇险陵云崖　　在昆明湖荡舟/荡舟昆明湖

李泉（2003）认为，对外汉语教学语法体系应由共核语法、口语语法和书面语语法三部分构成。“现有教材和各类语法大纲中的语法，绝大多数都属于共核语法。共核语法是汉语语法的基本规则，是学习和掌握汉语不可或缺的内容。但是，共核语法仅仅是掌握所学语言及其语法的最低量，而不是语法学习的全部内容，严重点说，仅仅掌握共核语法是不能很好地进行恰当得体、有实际意义的口语和书面语交际的”①。对外汉语教学中，应该先教授共核语法的内容，等学习者具备一定的语言基础之后，可以适当教授一些纯口语语法或纯书面语语法的内容。

第二节　语法教学必要性之争

语法的重要性不容置疑，要想用某种语言进行交际，就得遵循这种语言的语法。如果说出来的话违反语法，就会让人感到莫名其妙，甚至产生误解，也就不能达到交际的目的。作为语言能力的一个重要组成部分，语法能力的强弱在很大程度上影响着语言水平的高低。

① 李泉：《基于语体的对外汉语语法体系构建》，载《汉语学习》2003 年第 3 期。

但是，语法真的需要教吗？早在几百年前，就有研究者质疑语法教学的作用。著名的外语教育学家约瑟夫·韦伯（Joseph Webbe）曾经说过："没有人能够带着语法规则的脚镣飞快地奔向语言的目标。""通过阅读、写作和口语的练习……无论我们是否愿意，语法的所有东西都会毫不费力地强加到我们身上。"①

约瑟夫·韦伯是较早质疑语法教学价值的教育学家之一，但他不是最后一位有此质疑的人。事实上，关于语法教学作用的争论一直没有停歇过，整个语言教学的历史，可以说就是支持和反对语法教学的历史。对于语法作用的不同态度，在很大程度上构成了不同教学法的重要差异，比如翻译法、听说法和交际法的差异在很大程度上就是由对语法教学的不同看法决定的。对语法教学的不同态度，甚至造成不同教师和不同学习者的差异。

一、反对语法教学的理由

（一）来自第二语言习得实践的印象

从第二语言学习实践中得到的一些印象，让人们质疑语法教学对于第二语言习得的作用。

首先，儿童不学语法也能学会说话。我们都知道，儿童在习得母语的时候是不学语法的，但照样能学会母语。

其次，不少成年人通过自然习得的途径学会第二语言。在中国的一些不同民族杂居的地区，有不少成年人是在长期的与

① ［英］斯科特·索思伯里著，邹为诚译：《朗文如何教语法》，人民邮电出版社，2011年。

其他民族群众共同生活、工作的过程中，逐渐学会其他民族的语言。

此外，学好了语法未必就能获得较强的语言交际能力。学过外语的人都知道，一个把某种外语语法学得很好的人，或许能够得到比较高的考试分数，但未必就能够流利地用这种外语去表达。

（二）来自理论研究的证据

1. 克拉申的监控理论

克拉申的监控理论由习得与学习的区别假说、自然习得顺序假说、监控假说、输入假说和情感过滤假说构成。

语言习得与语言学习的区别假说认为，有意识学习语言与无意识习得语言是有区别的，是学习者在第二语言习得过程中经历的两种不同的心理过程。通过这两种不同的心理过程获得的语言知识也具有不同的性质：习得的知识是下意识获得的，属于不可言说的程序性知识；学习的知识是有意识获得的，属于可以明确说出来的陈述性知识。两种知识相互独立，无法转换（无接口）。在言语表达中，习得的知识是语言理解与生成的主要源头，而学习的知识仅仅用于语言输出的监控和调整。有意识学到的知识无法转变为无意识的语言能力。

自然习得顺序假说认为，与儿童母语习得一样，成人学习第二语言时也存在自然习得顺序，与它们被教的顺序无关。语法教学对第二语言习得的过程起不了什么作用。

监控假说认为，通过有意识学习获得的知识只是用来监控学习者的语言输出过程，在成人第二语言学习中的作用相当于一个监控器和编辑器，能起的作用十分有限。传统语言教学由于过于重视语法规则，可能导致学习者监控过度，影响学习者语言的流利度。

输入假说是克拉申习得理论的核心部分，回答了语言教学领域最重要的问题——人们是怎样习得一种语言的。输入假说认为，人们习得一种语言，必须通过理解信息或接受可理解的语言输入。如果学习者在习得过程中大量接触“i+1”水平的语言材料，他们便会在理解信息的同时，自然而然、不知不觉地习得新的语言知识。

克拉申的观点得到很多人的支持，如斯基翰（Skehan，1998）、迪盖瑟（Dekeyser，1998）等，他们都认为正式的语法课只能使学生获得陈述性知识，而不能培养学生正确使用语言形式的过程性能力，因为这两种知识在大脑中以不同的体系存在，其间没有接口。

2. 第二语言习得与母语习得过程相同理论

很早就有研究者研究发现，母语的习得存在一个自然发展顺序。后来，许多第二语言研究者研究发现，第二语言习得也存在一个自然发展顺序。Dulay & Burt（1974）等研究者通过研究第二语言学习者对英语语素的学习发现，不管学习者的母语是什么语言，他们在掌握英语语素时都表现出相似的顺序。还有研究者考察了不同环境下学习者的习得情况，发现在不同环境下学习某一语言的学习者的习得顺序也存在类似之处。

这些研究成果促使研究者们提出第二语言习得与第一语言习得过程相同的理论。那么，既然第一语言习得过程中不需要正规的语法学习，第二语言的语法也可以无意识地自然习得。

3. 普遍语法理论

普遍语法理论认为，人生来头脑中就有个语言习得机制，其中包含一套普遍语法，由原则和参数组成。儿童接触了第一语言的语料后，就给普遍语法原理赋予第一语言的参数值，从而习得了第一语言的语法。同样，接触了第二语言的语料，人就自然习得了第二语言的系列参数值，从而习得第二语言的语法。因此，第二语言的习得是普遍语法与第二语言输入相互作用的结果。

二、支持语法教学的理由

（一）来自第二语言习得与教学实践的印象

首先，语法教学可提高成人第二语言学习的效率。虽然成年人也可以通过自然习得的途径获得第二语言，但这是有条件的，至少需要经常、大量地接触目的语。而对于成年人来说，由于其认知发展成熟，具备归纳、抽象、推理等能力，所以显性学习（explicit learning）可以大为缩短学习时间，提高学习效率。

其次，缺失了语法教学的语言学习，效果可能并不理想。比较典型的例子是沉浸式语言教学项目。沉浸式语言教学指的是在一个相对封闭的环境中，要求学生全方位、全时间段只能使用目标语言，从而阻断母语的干扰，在短时间内形成目标语言的思维习惯，以达到灵活运用该语言的目的。有研究者对加拿大的法语沉浸式教学项目（French immersion project）进行考察后发现，在这一教学模式下，学生在学了几年法语以后，尽管理解能力不错，口语也很流利，但是表达技能与母语者相比仍有很大差距，特别是在语法能力方面，依然存在不少错误，甚至形成了“石化”现象。

（二）来自理论研究的证据

1. 注意假说

注意假说是由施密特（Schmit，1990；2001）提出的。该假说认为，在语言输入进入更深层次的头脑加工过程中，“注意”起着不可或缺的作用，是把输入转化为吸收的必要条件。学习者的学习过程如下图所示：

输入(input)———→吸收(in-take)———→输出(output)
注意

施密特认为，“注意”在学习者把“输入”转向“吸收”的过程中起着关键作用。某个语言形式习得的前提之一，是学习者必须有意识地注意到这个形式，并知道这一形式在输入中表达的具体含义。当然，仅有注意并不能保证习得的实现，但它却至少是“输入转向吸收的必要条件”。既然注意在语言学习中具有如此重要的作用，语法教学自然就是非常必要的，语法教学无疑是引起学习者注意的有效途径。

此外，有研究者指出，语法教学还有一种延迟效果：即使学习者在语法教学的课堂上并没有完全掌握某个语法形式，但当他在真实交际中再次遇到这类输入时，会引起其对该语言形式的高度注意，关注其表达的意义，关注意义与形式的匹配关系，这非常有利于这一形式的习得。①

2. 可教性假说

可教性假说是由 Pienemann 提出的。Pienemann （1984）

① 参见 Spada（1997），转引自戴炜栋、陈莉萍：《二语语法教学理论综述》，载《外语教学与研究》2005 年第 2 期。

通过对10名母语为意大利语的儿童习得德语的实证研究发现，被试者在习得德语时遵循如下的发展顺序：

副词——→小品词——→倒装

如果学习者处在副词习得阶段，即使给他教授了倒装，他也不可能习得。但如果学习者已经习得了小品词（如up、down、in、out、on、off、over等），此时给他教授倒装，他就可以顺利地习得。于是，Pienemann提出了“可教性假说”。该假说认为，第二语言学习者的语言发展是有阶段性的，某些语言特征的发展具有严格的“发展顺序”，这种顺序不受学习者和学习环境因素的影响。如果语言教学超前于学习者所处的语言发展阶段，学习者就无法习得所教的内容（不可教的内容）。只有当学习者在认知和心理上对所教内容做好准备时，他们才能有效地吸收和掌握所教的内容（可教的内容）。根据该假设，如果语法教学与中介语发展阶段相吻合，符合学习者向更高层次语言能力发展的意愿，语法知识的讲授将对学习者语言能力的发展产生积极影响。①

著名第二语言习得研究学者Ellis也指出：“大量课堂教学实证研究证明，虽然课堂教学不能改变二语习得的顺序，但可以加快习得的进程，且能提高第二语言使用的准确性。”②

综上所述，在汉语作为第二语言教学中，我们既要充分认识语法教学的重要性，也要注意语法教学的策略和方法，努力追求语法教学的高效率，避免不恰当的语法教学给学生的语言

---

① 参见王建勤：《第二语言习得研究》，商务印书馆，2009年。

② 参见Ellis（1994），转引自王建勤：《第二语言习得研究》，商务印书馆，2009年。

学习特别是交际能力培养带来损害。如何在不太破坏流利性的情况下，更好地培养学生的语法能力，做到准确性与流利性的和谐统一，始终是我们应该探讨的问题，也是我们追求的目标。

第三节　语法教学在主要教学法流派中的地位

不同教学法流派关于语法教学的不同态度集中体现在以下两个问题上：

第一，教学应该以语法为纲吗？

第二，语法规则需要明确讲解（显性讲解）吗？

下面以这两个问题为线索，梳理一下语法教学在翻译法、直接法、听说法、自然法、交际法等主要教学法流派中的地位。

一、翻译法

翻译法也叫“语法-翻译法”。它把语法教学作为外语教学的基础，主张运用演绎法教语法，对语法规则进行详细讲解，要求学习者熟记语法规则，并通过翻译练习加以巩固。这种教学法流派严格地遵循语法大纲，也注重显性的语法讲解。

二、直接法

直接法注重口语教学，以句子为基本教学单位，使用对话体课文以便教给学生口语中的短句，强调通过模仿、操练、记忆，自然地形成言语习惯。

直接法抵制显性语法教学。它假设第二语言学习者获得目的语语法的方式与儿童获得母语语法的方式一样。由于第一语言是通过在语言和真实世界之间建立关系的过程获得的，所以第二语言学习者只需要浸入在目的语里，多模仿、多练习就行了。不过，直接法并非不关注语法。尽管它不主张做语法分析，但还是主张在一定阶段对语法规则进行必要的归纳和总结，通过归纳的途径教授语法规则。在组织教学方面，它仍然遵循语法结构大纲。因此可以说，直接法有语法大纲，但不主张显性的语法讲解。

三、听说法

听说法延续了直接法把口语放在首位的理念，强调以句型为中心，通过大量的反复操练培养听说能力。听说法的理论基础是行为主义心理学，行为主义把语言看作人类的一种行为方式，认为语言是通过养成正确的习惯来学到的，规则的应用在习惯养成的过程中不起作用。

听说法重视语言结构的教学，它把语言结构教学落实到句型上，并主张通过语言对比确定教学重点。听说法的教学大纲实际上是语法的。但它不主张显性讲解，在反对语法教学方面比较激烈。这种教学法流派遵循的是语法大纲，但是不主张采用显性的语法讲解。

四、自然法

自然法以克拉申的习得理论为基础，该理论认为习得比学习重要，可理解性输入是习得的关键。自然法主张在非自然的条件下（课堂教学中）最大限度地扩大对学习者的语言输入，首先集中培养理解能力，并强调通过自然习得掌握第二语言。

自然法废除了语法大纲和明确的语法讲解。课堂教学以注重内容、注重信息交流的交际性活动为主，教师的任务是给学生提供大量的可理解输入，组织学生进行交际性活动，语言形式的学习被放到课下通过作业进行。其课堂教学一般分为以下三个阶段：沉默阶段 → 早期表达阶段 → 扩展表达阶段。可以说，自然法不遵循语法大纲，也没有显性讲解。

五、交际法

交际法（Communicative Language Teaching，CLT）一反传统上以语法结构和句型为核心的教学观念，明确提出以“功能-意念”为纲。但是，交际法也不是完全不顾语法结构，大部分是兼顾结构和功能两个方面的。交际法有浅端（弱式）和深端（强式）两种形式，至少在弱式 CLT 中，并不完全反对语法教学，只是其语法教学多采用归纳的方法。交际法代表人物 Wilkins 指出：对一种语言的语法体系的习得，依然是语言学习的重要环节。语法是获得语言运用创造性的手段，缺乏语法知识会严重影响交际能力，意念大纲必须像语法大纲那样保证语法体系适当地为学生所掌握。[①] 强式 CLT 则几乎完全排斥语法教学。总体来看，交际法不遵循语法大纲，有时有显性讲解。

① 转引自吴中伟：《怎样教语法——语法教学理论与实践》，华东师范大学出版社，2007 年。

各教学法流派关于语法教学地位的认识可以归纳如下图：[1]

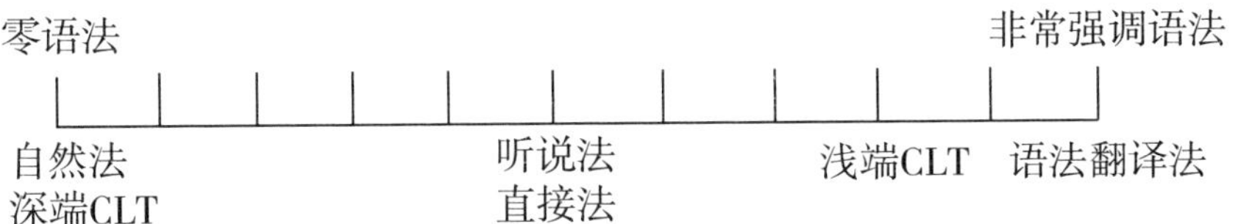

在20世纪70年代以前，大多数语言教学方法都是以语法（语言结构）为纲的，当然教学大纲的实际形式则根据教学法的理念不同而有所变化。直至交际法出现，有了像“功能”或“任务”这样的教学组织单位，才出现了其他的教学大纲。

第四节 汉语作为第二语言教学界的语法教学观

一、充分肯定语法教学的重要性

在汉语作为第二语言教学领域，无论一线教师还是研究人员，都非常重视语法教学，对语法教学重要性的认可，已成为一种共识。而且，从新中国最早的对外国留学生的汉语教学开始，到对外汉语教学学科快速发展的今天，语法教学在汉语作为第二语言教学中始终占据比较重要的位置，对语法教学的重视一直没有改变过。

陆俭明（2000）指出：“我们认为，语法教学，从总的方面说，是很重要，因为通过语法教学可以使学生能准确地理解、准确地表达，尽量减少表达（包括口头表达和书面表达）

① 参见［英］斯科特·索思伯里著．邹为诚译：《朗文如何教语法》，人民邮电出版社，2011年。

中的语法毛病。”[①]

赵金铭（2003）指出：“大家都认为，在第二语言教学中，语法教学的地位是重要的，学习语法对学习一种语言的作用是很大的。”[②]

杨惠元（2003）指出：“成年人学习第二语言一定要学习语法，他们掌握了语法规则就可以自动生成语言。在对外汉语教学中，由于教学对象是外国成年人，他们都是在掌握了母语语法系统以后开始学习汉语的，有较强的认知能力，善于使用类推的方法学习语言。他们迫切需要掌握汉语的规律和规则，以便能够举一反三，尽快提高汉语水平。所以，语法教学对于成年人学习第二语言来说，显得十分重要。”[③]

二、主张淡化语法教学

虽然语法教学的重要性得到普遍认可，但近年来关于语法到底应该如何教，人们的观念却逐渐发生了一些变化，特别是在交际教学法理念的影响下，“淡化语法教学”的主张日益被人们接受。

刘月华（2003）指出：“我们反对上课大讲语法，相反我们认为应该淡化语法教学，最好不露痕迹地教语法，让学生在

① 陆俭明：《“对外汉语教学”中的语法教学》，载《语言教学与研究》2000年第3期。

② 赵金铭：《对外汉语教学语法与语法教学》，载《语言文字应用》2002年第1期。

③ 杨惠元：《强化词语教学，淡化句法教学，也谈对外汉语教学中的语法教学》，载《语言教学与研究》2003年第1期。

不知不觉中掌握语法规则。”①

李泉（2003）也指出：“必须明确：语法教学不应占据语言教学的中心地位，不应成为语言教学的主要内容。……不应大讲语法，更不能为了讲语法而讲语法，而应让学生多接触语言事实。换言之，与其讲语法不如让学生接触有关的语言材料，这也许是掌握语法的最好途径。”②

陆俭明（2000）指出：“在对外汉语教学中，不要大讲语法，特别是不要一条一条地大讲语法规则，而要善于点拨。这对一个汉语老师来说，要求不是低了，而是高了。”③

卢福波（2010）认为：“对外汉语语法教学多数情况下不是‘讲’，是‘导’，是‘点’。所谓‘导’，是教师将抽象的语法规律通过罗列针对性很强的汉语实际的语言事实，引导学生总结规律；所谓‘点’，是在要害之处点拨学生进行认知，进行抽象概括，化解疑难为通则。对于第二语言的语法教学来说，教师的作用是引导性的，其作用在于帮助学习者认知、理解汉语的一些语法现象、使用规律，从使用的角度建立起汉语语法的认知系统。”④

由此可见，所谓“淡化语法教学”，并非反对语法教学的重要性，而是从语法教学的策略和方法视角，思考语法应该怎么教。这一主张反对灌输式的语法教学，反对条分缕析地大讲

① 刘月华：《谈对外汉语教学语法》，载《对外汉语教学语法探索》，中国社会科学出版社，2003 年。

② 李泉：《基于语体的对外汉语教学语法体系构建》，载《汉语学习》2003 年第 3 期。

③ 陆俭明：《“对外汉语教学”中的语法教学》，载《语言教学与研究》2000 年第 3 期。

④ 卢福波：《汉语语法教学理论与方法》，北京大学出版社，2010 年。

特讲语法，提倡采用简明、通俗的方式对语法规则进行点拨，简化语法教学。

经过多年的反复争论与探索，目前大多数教师和学者还是认可语法教学的，毕竟语法能力是语言交际能力的重要组成部分，掌握语法规则有助于对目的语语言的准确理解和正确运用。所以，无论语法教学在教材中是明线还是暗线处理，掌握语法规则仍是第二语言教学的基础。不过，在如何教语法、语法在语言教学中占多大比重等问题上，仍存在不同看法。目前，中国国内汉语作为第二语言语法教学遵循的基本上都是语法大纲，至于语法教学是采用显性还是隐性的方式，则视教学对象和教学内容等情况而定。

第二章

语法教学的原则与方法

第一节 语法教学的原则

一、精讲多练

这主要说的是语法教学中“讲”与“练”的比例。语法教学需要讲解，更需要操练，二者的关系可以概括为“精讲多练”。

所谓“精讲”，涉及语法讲解在“质”和“量”两个方面的要求。一方面，要少讲，这是“量”的方面的要求。也就是说，一次课上，教师所讲的语法知识不能太多，讲解所占用的课堂时间也不能太多。语法是第二语言教学中最容易让教师有“讲”的冲动的部分，但如果教师讲得太多，就会挤占学生操练和应用的时间，不利于学习者语言能力的培养。另一方面，语法讲解的方法要精当，这是“质”的方面的要求。要结合教学内容和学习者的特定情况，恰当地选择语法讲解的策略和方法，确保讲解明白、易懂。总体而言，在语法教学中，教师应该注重引导与点拨，避免灌输式教学。

陆俭明（2000）指出：“不是将所有规则都告诉学生，只把最要紧的告诉学生。表述要浅显易懂，少用语法术语。在对外汉语教学中，不要大讲语法，特别是不要一条一条地大讲语法规则，而要善于点拨。这对一个汉语老师来说，要求不是低了，而是高了。”① 卢福波（2010）也提出类似的观点。

所谓“点拨”，就是用最少的、最简单易懂的话语将语法规则的要点解释清楚。这就要求汉语教师，一方面要对有关的语法规则非常熟悉；另一方面要掌握必要的语法教学技巧和手段。教学实践中我们发现，那些得到学习者认可的好老师，大多都是善于“点拨”的老师，而新手教师在教学中遇到的一个常见问题，就是不善于“点拨”，对于学生提出的一些问题，往往越想解释清楚，却越是解释不清楚。

另一个要求是“多练”。学习语言相当于学习一种技能。大部分的技能学习都要经历以下三个阶段：学习陈述性知识→陈述性知识的程序化→程序性知识的自动化。陈述性知识就是关于某个事实、规则的知识，程序性知识是运用已有的知识去实际做一件事的能力。从第一个阶段达到第二个阶段，以及从第二个阶段达到第三个阶段，都需要经过大量反复的练习。比

① 陆俭明：《对外汉语教学中的语法教学》，载《语言教学与研究》2000 年第 3 期。

如，一名大学新生来学校报到以后，需要找到学校的食堂吃饭。第一次去食堂之前，他会向其他同学打听去食堂怎么走，别人告诉他的路线就是一种陈述性知识。然后，他按照别人告诉他的路线去寻找食堂，边走边想着应该怎么走，最后找到了食堂，这个过程就是陈述性知识的程序化，此时陈述性知识已经转化为程序性知识。以后他每天都去食堂吃饭，几天以后，他再去食堂时，已经不需要思考去食堂的路线是什么样的，而是可以自动地走到食堂，这时就达到了程序化知识的自动提取。

同样，语言学习也需要经历这样的三个阶段，才能达到自动提取第二语言相关知识的目的。以“把”字句的学习为例，需要经历以下三个阶段：

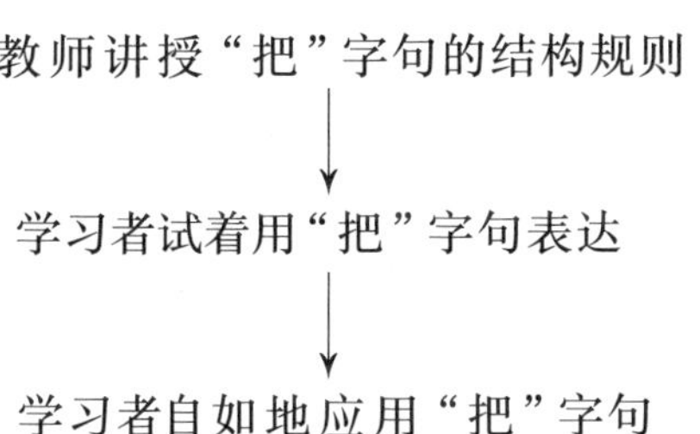

语法学习中，从第一个阶段到第二个阶段，乃至从第二个阶段到第三个阶段，都需要大量的操练和反复的实践，才能使陈述性的语法知识达到程序化和自动化的程度。学过英语的人都知道，当主语为第三人称单数时，谓语动词要加-s，可是要是真的说起英语来，人们常常会把-s丢了，这主要是因为学习者的这方面知识还没有达到自动化的程度。再比如，以英语为母语的汉语学习者在初级阶段常常会说“她是漂亮”。尽管老师一再强调汉语做谓语的形容词前面不必加“是”，可是学生还是常常出错，这也是因为学习者的这一知识尚未达到自动提取的程度。

吴中伟（2007）指出，语法能力不是靠教师讲出来的，而是靠学生练出来的。在语法教学中，教师的责任决不仅仅是把语法规则告诉学生，也不仅仅是帮助学生记住这些规则，而是要努力创造条件，让学生在尽可能接近真实的语境下，最大限度地练习、使用目的语，促进程序性知识的形成，以及程序性知识的自动化。[①]

二、兼顾形式、语义和语用

语法单位，无论是词、词组还是句子，都包含着形式、语义、语用三个不同的层面：有一定的结构形式，表达一定的意义，还有一定的使用环境。

以“动词重叠式”这个语法点为例。从形式上来说，它有一定的重叠方式，或者是AA式，或者是ABAB式；从语义上来说，它表示一定的语法意义：（1）动作为已然，表示动作的短暂、轻微。比如：她不好意思地笑笑，眨眨眼睛，红了脸。他朝我点了点头。姐姐看了看我，无可奈何地摇摇头，叹了口气。（2）动作为未然，用来缓和语气，委婉地表达建议或愿望。比如：休息休息吧。让我看看。你帮我看看吧。把这个菜给他尝尝。（3）表示经常性、反复主动进行的动作（无所谓已然或未然），重叠后表示这些动作在说话者看来很平常、轻松。比如：星期天我常常看看电视，听听音乐，休息休息。下班回家，洗洗衣服，做做饭，一会儿几个小时就过去了。从语用上来说，动词重叠式的使用要受到一定的语用限

① 吴中伟：《怎样教语法——语法教学理论与实践》，华东师范大学出版社，2007年。

制，它只用于口语和文艺语体，不用于公文语体、政论语体及科技语体。

再比如“不是X吗”这个反问句式，它有一定的结构形式：“不是+X+吗？”，表达一定的语法意义：不是+X+吗=X（实际意义与字面意义相反），具有一定的语用功能：用于表示“惊讶”“不满”和“责怪”等语气。例如：

我不是买过票了吗？（你怎么又让我买？）

我不是已经告诉你了吗？（你怎么忘了？你怎么又问？）

你不是今天上午去北京吗？（你怎么还在这里？）

如果在进行课堂操练的时候，老师提问：今天天气怎么样？学生回答：今天天气不是很好吗？那就不恰当了，因为此时的答句并不带有“惊讶”“不满”和“责怪”等语气。

因此，完整的语法教学应该包括形式、语义和语用三个方面，这三个方面的知识都需要让学生了解。如果学习者不清楚某一结构格式的语义特点、表达功能和使用环境，就可能造成语言表达失误或不得体。比如，有的留学生会说出“我生气了一点儿”这样的偏误句，其原因可能是学习者弄错了“有点儿”和“一点儿”的区别，也可能是学习者不了解“X+了+一点儿”结构的语用含义，以及嵌入该结构的词语性质。“X+了+一点儿”这一结构除表示程度较轻外，还有一种语用含义，即表示因偏离标准而令人不太满意，嵌入该结构的词语“X”一般为形容词，[①] 如：

高了一点儿/矮了一点儿　大了一点儿/小了一点儿

冷了一点儿/热了一点儿　复杂了一点儿/简单了一点儿

① 宋玉柱：《对外汉语语法教学札记》，载《汉语学习》1993年第4期。

难了一点儿/容易了一点儿

而“我生气了一点儿”这句话并不表示偏离标准之意，且“生气”是心理活动动词，不是形容词，所以不能使用上述结构，应改为“我有点儿生气”。

李泉（2003）指出：“完整的语法教学决不仅限于语言的结构形式及其规则的教学（事实上语言教学在许多情况下正是如此），语法教学的内容还应包括语言形式的表意功能，语言形式运用的条件和限制，乃至语言形式使用方面的文化规约。”①

吴中伟（2007）也指出：“我们这里所说的语法教学不仅仅指句法平面，也包括语义平面与语用平面；不仅仅局限于句子结构规则，也包括语篇规则。有时，一个句子从句法上看也许没有问题，但是结合词语的语义关系、指称特点、信息焦点等，它就不一定能成立。”②

语法教学中对语言结构的讲解和操练，总的来说涉及结构、语义和语用三个层面，但就某个具体的语法点而言，可以有所侧重。有的语法点可能侧重语义，有的侧重形式，有的侧重语用。当然，也有可能是形式与语义并重，或者形式与语用并重。

侧重结构格式的语法点，可以以“比”字句为例。“比”字句的句式语义很容易理解，语用环境也容易把握，但其结构形式多样，可以细分为以下几种：

---

① 李泉：《基于语体的对外汉语教学语法体系构建》，载《汉语学习》2003年第3期。

② 吴中伟：《怎样教语法——语法教学理论与实践》，华东师范大学出版社，2007年。

A比 B + adj.
A 比 B + adj. + 多了/得多/一点儿
A比 B + adj. + 数量短语

所以，对于“比”字句来说，教学重点应该是结构形式。

侧重语义的语法点，可以以“就”和“才”为例。这两个词都是表示时间范畴的副词，可以用在动词前面做状语，形式和语用都不复杂，区别主要在语法意义上。“就”的语法意义是表示动作行为的早、快、容易，比如“她6点就来了”；“才”的语法意义是表示动作行为的晚、慢、难，比如“他8点半才来”。

侧重语用的语法点，可以以“真”和“很”的用法为例。这两个词都是表示程度的副词，可以用来修饰形容词作状语，二者的区别主要在语用环境上。“很”用于描述性的陈述句中，“真”用于表示感叹或称赞的感叹句中。学习者如果不清楚这一区别，就可能说出“××大学是一所真好的大学”这样的偏误句。这是一个“是”字句，其功能在于表示判断，而不是表示感叹，与“真”的用法相矛盾，所以造成偏误。这个句子的修改，或者改变句式，使用形容词谓语句（××大学真好!），或者将“真”改为“很”，“很”可用于客观描写的句子。

形式、语义并重的语法点，可以以“连动句”为例。连动句的结构形式并不复杂，就是两个或两个以上动词连用，不像英语那样有非谓形式问题。但是，连动句的语义关系较为复杂，除了表示动作的先后顺序（“他开门出去了”）以外，还有两种基本语义关系需要强调：（1）两个连动项之间是动作与动作方式的关系；（2）两个连动项之间是动作与动作目的的关系。这两种连动句的形式（语序）与语义之间的对应关系特别需要提示给学生：如果表示的是动作与动作方式的关系，形式上就是方式在前，动作在后；如果表示的是动作与动作目的的关系，形式上就是动作在前，目的在后。例如：

他坐车去人民广场。（行为—方式）

他去人民广场坐车。（行为—目的）

有的留学生不清楚这两种连动句语序与语义之间的对应关系，说出“他去北京坐飞机”这样的偏误句。产生这样的偏误，可能与受到学习者母语（英语）的影响有关，如下所示：

*他　去北京　坐飞机。（他坐飞机去北京。）

He goes to Beijing by plane.

（行为）　（方式）

结构、语义与语用并重的语法点，可以以“把”字句为例。“把”字句是汉语特有的一种句式，不仅结构形式复杂，句式语义也较复杂不易理解，而且使用“把”字句时还要受到一定的语用限制，教学中这三个方面都是重点，需要较为详细的讲解和大量的操练。

总之，语法教学中，绝不能仅仅让学生明白语法点的结构特征，能够说出语法上正确的句子就行了，更重要的是让学生明白语法格式的表达功能、语用环境和使用条件。不仅要用得正确，更要用得得体。

三、循序渐进、复式递升

这是就语法教学的总体安排而言的，即：将语法教学划分为与学习者水平相对应的若干个阶段（比如初级、中级和高级），每个阶段有不同的任务和目的，按照一定的原则将各语法点分布在各个阶段内，使语法教学逐层推进。一些复杂的、难以掌握的语法项目，则分散在不同阶段教学，进行适当重复。

语法教学之所以要循序渐进、复式递升，首先是因为语法知识繁多，而初级阶段的教学时间有限，不可能在短时间内全部都学完，否则会加重学习者的学习负担，影响学习效果；其次，初级阶段学习者的词汇量还非常有限，教师很难对初级学习者进行较为深入的语法讲解，而且语法练习也会受到学习者词汇量的限制，难以练得充分，所以初级阶段只能给学生教授最基本的语法知识；此外，学习者对语法知识的认知和掌握，本身也需要有一个逐渐加深的过程，不可能一蹴而就。而对一些较难掌握的语法规则进行适当重复，能够帮助学习者更好地掌握和记忆相关的语法知识，提高学习效果。

四、结合学习者偏误

偏误是第二语言学习者规律性、系统性的错误。学习者在学习过程中出现的偏误，往往反映出他们在学习汉语过程中的认知规律，对这些规律加以归纳和分析，可以使我们的教学更有针对性，更加科学有效，收到事半功倍的效果。当然，这也对教师提出了更高的要求，要求汉语教师平时多关注和收集学习者常见的偏误类型，并具备一定的偏误分析理论知识。比如，我们知道学习者常出现下面的偏误：

＊我妈妈说我生在三点钟早上星期六，五月二十八号一九七六年。[①]

这个偏误句主要是因为学习者受到母语语序的影响，属于母语的负迁移。针对这一情况，教师在教学中应引导学生关注汉语表达时间概念时的语序。

有时候，学习者会出现下面的偏误：

＊在北京有很多好玩的地方。（比较：在北京学习汉语）

＊在家里来了很多客人。　　（比较：在家里看电视）

＊在操场上站着很多运动员。（比较：在操场上跑步）

这几个偏误句的主要问题是在处所词语前面误加了介词“在”。汉语的处所名词可以做状语，也可以做主语。做状语时，处所名词对动作进行修饰，表示动作行为是在哪儿发生的；做主语时，处所名词是谓语陈述的对象，表示“谁”或“什么”的意思。做状语时可以前加介词，组成介词短语，做主语时不能前加介词。针对这种情况，教学中教师应该提醒学生，使用处所词语时要注意它是放在句子开头做主语，还是放在动词的前面做状语，做状语时前面可以加介词，做主语时前面不能加介词。

下面的偏误也较常见：

＊有的国家，男孩比女孩很厉害；有的国家，女孩比男孩很厉害。

这个偏误句属于“比”字句使用偏误。针对这样的偏误，教师在教授“比”字句时，应该提示学生，如果要使用“比”字句表示“两相比较，差异较大”，可以将“多了”、“得多”

① 姬建国：《语法学用失误与跨文化意识》，载《第八届国际汉语教学讨论会论文选》，高等教育出版社，2007 年。

放在形容词后面，但不能在形容词前面直接加“很”等表示程度的副词。

再比如下面的偏误：

＊我身体比你不健康。

＊他比我不能吃辣的。

＊他的专业比我不强。

这几个偏误句属于“比”字句的否定形式误用。针对这种情况，教师应提醒学生，“比”字句的否定形式是“A 没有 B+形容词”，而不是“A 不比 B+形容词”，同时还应给学生解释一下“A 不比 B+形容词”的语义。

学习者的语法偏误，有的因母语的语种而异，有的则带有一定的普遍性。前者需要分别加以研究，关于后者，赵金铭（2002）曾指出，带有普遍性的错误往往出在比较体现汉语特点的那些语法规则上，比如汉语动词没有时态变化，那些表达时态意义的特殊表达方式，就是学生易于出问题的地方，汉语中特有的“把”字句、补语，也较难掌握。①

五、互动性和交际性

互动性和交际性之间存在密切的关系：互动的过程往往带有交际性，交际性往往通过互动来实现。但二者的侧重点略有不同，可以说，没有互动就没有交际，但有的互动并不是为了交际。

1. 互动性

互动式教学是一种把输入和输出有机结合起来的教学方

① 赵金铭：《外国人语法偏误句子的等级序列》，载《语言教学与研究》2002 年第 2 期。

法，有助于提高语言教学的效能。注重语言教学的互动性，其实是整个第二语言教学的一个基本原则，语法教学也不例外。

互动在第二语言习得的过程中非常重要。克拉申（1981）提出“输入假说”，指出当学习者面对可理解性输入时，语言的习得才会发生。Swain（1985）提出“输出假说”，认为在输入的过程中，人们仅仅关注意义的理解，而很少有意识地关注语言的形式方面，只有通过输出过程，学习者才能从单纯的意义理解走向语言形式的处理。Long（1985）提出了“互动假说”，认为单纯的输入或单纯的输出，都不如输入与输出相结合的方式更有利于第二语言的习得，这种输入输出相结合的方式就是“互动”。①

互动假说认为第二语言习得是互动的结果。Long（1983）指出，学习者与其他说话人的互动是语言发展过程中至关重要的一环，特别是与比他水平高的说话人的互动。互动的过程可以让学习者接触到新的语言现象，尤为重要的是，在互动中产生的意义协商（negotiation for meaning）不仅可以提高输入的可理解程度，并且可以提供关于目的语形式与功能关系的重要信息。“通过意义协商，即使输入中含有学习者不认识的单字、没掌握的语法结构，它们也会变得易于理解；同时这种互动还可以诱导对话人对学习者表达中的错误做出诸如重铸（recast）等类型的反馈，这种反馈可以帮助学习者意识到输入与输出间的差距，引导他们注意这些引发问题的语言形式。”②

---

① 吴中伟：《怎样教语法——语法教学理论与实践》，华东师范大学出版社，2007年。

② 转引自高强、李艳：《国外语言形式教学新近研究进展述评》，载《外语教学》2006年第5期。

如下例：

A：我吃饭在学校的食堂。

B：你在学校的食堂吃饭。

A：对，我在学校的食堂吃饭。

上例中，说话人 B 给说话人 A 提供了一个“重铸”性反馈，促使说话人 A 能够正确输出目的语。

此外，互动还可以避免灌输式教学的沉闷感，有助于活跃课堂气氛，激发学生的学习兴趣，降低语言学习的枯燥感。下面是关于“比”字句教学的两个案例，从中可以看出非互动式教学与互动式教学在教学效果上的区别。[①]

【案例 1】

（上一课已经学习了生词和课文，课文内容是关于上海和北京四季气候的比较）

一、展示语法点

教师：昨天我们学习了课文，知道了上海和北京的天气不一样。有什么不一样？大家能说一下吗？

学生说出课文里的相关句子，教师把这些句子写在黑板上。

二、教师讲解其中的格式

三、练习

1. 教师要求学生按照格式造句。

2. 教师要求学生准备 5 分钟后发言，比较一下家乡的气候跟当地有什么不一样。

---

① 案例引自吴中伟：《怎样教语法——语法教学理论与实践》，华东师范大学出版社，2007 年。

【案例 2】

（一个冬天的上午，教师和学生谈论气候）

教师：你家乡冬天冷吗？

学生：我家乡冬天冷 than here。

教师：我家乡比这儿冷。（板书：比 bǐ，than）

学生：（学到了一个他觉得很有用的词，感到很高兴）哦，"比"……呃，我家乡冷比这儿。

教师：哦，你家乡比这儿冷。那么，夏天呢？

学生：夏天，我家乡凉快比这儿。

教师：比这儿凉快。

学生：比这儿凉快。

教师：大概多少度？

学生：大概 20 度。

教师：真凉快。这儿的夏天最高温度有 35 度呢。

学生：（惊讶）啊！

教师：所以，你家乡的夏天比这儿凉快，凉快多了——much more，对吗？

学生：对对，凉快——凉快多了。

（教师板书：……多了。）

就上面的两个教学案例而言，案例 2 的教学互动性显然高于案例 1，学生会比较愿意参与到这样的教学中，教学效果自然也就更好。互动对于语法教学来说非常重要，是克服语法教学的枯燥感、提高教学效果的有效手段。语言教师在备课时，需要有意识地设计一些互动环节，不能只把自己讲授的内容准备好就行了。

语法教学中的互动，主要有"师—生"互动和"生—生"

互动两种类型。

教师与学生的互动可以通过师生之间的问答来实现。主要是教师提问、学生回答，有时也可以是学生提问、教师回答。比如，在教授疑问句时，教师让学生用刚刚学习的疑问句向老师提问，想问什么就问什么，这样的互动性活动也是学生比较愿意参与的。

提问是第二语言教学中非常重要的一种教学手段，可以起到启发学生思考、引导学习者输出、组织课堂教学等重要作用，同时也有效地促进了师生之间的互动。在语法教学中，教师应该善于利用提问来增加课堂教学的互动性。教师在备课时，需要对提问进行精心的设计，要思考怎样提问才能确保学习者能够顺利地、正确地输出目标结构。比如，讲练“双宾语句”时，设计的情境为“张老师病了，同学们要去医院看望张老师”，目标句是“我送张老师……”，下面的两个提问方式，后者比前者更好。

（1）“你送什么？”

（2）“你送张老师什么？”

上面的两个问题，问题（1），学生很可能用“我送花儿”或者“我送水果”等句子来回答，这样学生说出来的都不是双宾语句，无法达到操练目的。而在回答问题（2）时，学生更容易使用“我送张老师一束鲜花”或“我送张老师一些水果”等句子，这些都是双宾语句。

学生与学生之间的互动可以有很多种类型，小组活动是促进学生之间互动的一种有效手段。

2. 交际性

语言教学的最终目的是培养学习者用汉语进行交际的能

力，这种能力的培养需要通过交际性教学的途径来实现。Spada（1997）在评价第二语言习得中语法教学的效果时指出，当学习者在交际过程中再次接触通过正规语法教学而学到的语法形式时，他们对这些形式的记忆就会加深，时间会延长，而且使用这些形式的准确率也明显提高。[①]《国际汉语教师能力标准》在论述语法教学的原则时，明确提出“注重在交际活动中进行语法教学”。[②]

在各种教学法流派中，交际教学法最为强调语言教学的交际性，甚至提出“语言教学交际化”的口号。交际法认为，交际既是语言学习的目的，也是语言学习的手段。交际法主张在教学中创设接近真实交际的情景，并采用小组活动的形式，通过大量言语交际活动培养运用语言交际的能力，并把课堂交际活动与课外生活中的交际结合起来。在交际教学法影响下，人们普遍接受了这一理念。吕必松先生曾指出：“现在的课堂教学，输入和输出都没有多少信息量，缺少语言交际的真实性，而第二语言教学又不能完全脱离课堂，所以解决问题的方法就是要尽力使课堂教学‘交际化’。”[③]

课堂教学所处的环境虽然与现实生活中的交际环境不一样，但我们可以尽可能创设接近真实交际的情景，给学生安排一些交际性的活动，让他们用汉语去表达和交流，这对学习者真正掌握汉语是非常有帮助的。概括来看，语法教学的交际

---

① 戴炜栋、陈莉萍：《二语语法教学理论综述》，载《外语教学与研究》2005年第3期。

② 国家汉语国际推广领导小组办公室《国际汉语教师标准》，外语教学与研究出版社，2007年。

③ 张旺熹：《语言学习理论研究座谈会纪要》，载《语言教学与研究》1992年第4期。

性，可以通过以下途径来实现：

（1）贴近真实交际的语言材料

语法教学中，教师提供给学生的语言材料，无论是讲解时用到的例句，还是练习中用到的各种词语或句子，都应该是真实交际中可能存在的，最好是真实交际中常见的。课堂教学中出现的语言材料，应该最大限度地贴近真实交际，这样才能保证学生在课堂上学到的东西是有用的，也只有这样，才能使学生始终对语言学习保持浓厚的兴趣。

比如，讲解“才”用在名词性词语前面表示数量少、程度低的用法时，可以用“今天才10度”“我们班才4个男生”这样的句子作为例句，因为这样的例句符合现实情况，贴近学生生活，有助于激发学生的学习兴趣。

学习祈使句时，不能只带着学生练习下面的句子：请站起来！请打开门！请合上书！更应该教会学生说出“请给我一杯咖啡”“请帮我拿一张纸”等礼貌地提出请求的句子，这些句子是学生在真实交际中更为有用的句子。

练习“数+量+名”结构时，可以提问“你有几个中国朋友”“你家有几口人”等，这样的问题贴近学生生活，学生愿意回答，也容易回答。像“你有几辆自行车”“你有几个哥哥”这样的问题就不太合适，因为一个人不太可能有多辆自行车，这样所有学生的回答就都一样了。还有，学生可能回答“我没有哥哥”，这样就达不到操练的目的了。

（2）贴近真实交际的情境

语法教学中，教师常常需要创设一定的情境来帮助学习者理解目标结构的含义和用法，这些情境也应该尽可能地贴近真实交际。比如，在操练“才”用在动词前表示数量少的用法时，教师可以设计如下的提问：

你有多少个中国朋友？

你家有几口人？

咱们班有几个男（女）生？

你有几个女朋友？

这些问题都与学习者的实际生活密切相关，比较容易引起学习者的兴趣。最后一个问题“你有几个女朋友”虽然有悖常理，但却可以用来跟学生开个玩笑，如果用这个问题来提问班上一个有女朋友的男生，不管他怎么回答，都可以收到活跃课堂气氛的效果。

（3）交际性活动

交际性活动有助于促进学生使用目的语进行交际的愿望，并通过交际活动发展交际能力。在交际性活动中，学习者有机会对目的语进行意义导向的应用，这有助于促进陈述性知识的程序化，以及程序性知识的自动化。

一位教师在讲授“这、那”的用法时，设计了一个交际性活动：教师要求学生每个人给她一样东西，然后将学生交来的东西都放在讲桌上，随机拿起一样东西，问学生“这是谁的××”，并要求这件物品的所属者先用“那是我的××”来回答。第一个学生回答后，教师让学生走上讲台，将物品还给这个学生，同时要求他重复教师的行为。这个学生就拿起讲桌上的另一件物品，问“这是谁的××”，后面的学生则重复他的行为，依此类推。这样每个学生都练习到了“这、那”的使用。学生参与的积极性很高，教学收到了很好的效果。

总之，在语法教学中，教师应该尽可能为学生提供真实交际中最常用的语言材料，创设贴近真实交际的情境，引导学生在各种交际性活动中，通过对目的语的大量应用来习得目的语的语法规则。要让课堂教学成为真实交际的预演场，并使课堂教学本身成为一种交际活动，这样学生才能把在课堂上学到的语法知识用到实际的交际中去，从而提高语言交际能力。

六、效率原则

课堂时间非常有限，并且语法教学也只是课堂教学的一部分，所以尽可能提高语法教学的效率非常重要。效率是由简练、容易和效能三个因素综合而成的。

1. 简练

这是指教师的讲解越短越好。在任何一种技能培训中，简练都是一个关键因素。比如，在学习驾驶和计算机运用时，教员只讲一点儿知识，往往比讲一大堆知识更有效。教员讲得越多，学员反而越有可能变得糊涂。语言教学相当于技能培训，也需要遵守讲解简练的原则。

2. 容易

这是指容易操作，强调的是可操作性。也就是说，教师在备课和利用教学资源方面要尽可能简练，设计的教学活动也是越容易实施越好。如果教师的想法不错，但操作起来很复杂、很困难，备课时需要花费非常多的时间和精力，就不一定是最好的设计方案。同样，教师设计的课堂活动也要方便学生的参与，应该努力让学生在比较容易操作的教学活动中学到尽可能多的语言知识。

3. 效能

效能是指通过语法教学使学生真正理解并掌握语法规则。要做到这一点，需要考虑四个因素：注意、理解、记忆、动力。

“注意”是语言学习的必要条件，教师要尽可能引起学习者对语法形式或规则的注意，排除任何可能使学习者分心的因素。没有“理解”的注意也是浪费时间。所以，语法教学中教师还应注意背景信息的恰当介绍、讲解的质量并检查学生的理解情况。没有“记忆”的理解也同样是无效的，讲授的效能取决于它的可记忆情况。如果学习者“动力”不足，也会在很大程度上影响学习效果。所以，教师应该设法选择那些能吸引学习者的任务和材料，这些任务和材料应该是学习者愿意参与的、与他们的需求有关的、有可达到的目标的、有挑战性的，同时还应该提供必要的支持（包括语言的与非语言的材料）。

总之，教师提供的材料、设计的教学活动要有助于促进学习者的注意、理解、记忆和学习动力。语法教学的手段和材料要足以引起学习者对语法规则的注意，能有效帮助学习者理解并记忆语法规则，还要能吸引学习者兴趣，提升其学习动力。做到了这些，就是符合了效能原则。

效率原则是“简练”“容易”和“效能”三个方面的综合，也就是说，要在尽可能短的时间里，采用尽可能容易操作的方式，利用可以提升学习者学习兴趣的材料和方式，帮助学习者理解、记忆并最终掌握语法规则。

七、得体原则

任何一种教学，都要适合特定的教学对象、教学环境和教学内容。没有绝对好或不好的语法教学，关键要看是否与教学对象、教学环境和教学内容相适应。所以，语法教学的另一个重要原则是得体性原则，即：语法教学应该适应学习者的特定情况、适应特定的教学环境，也要与教学内容相适应。

选择语法教学的策略和方法时，至少应考虑以下因素：

学习者的年龄（儿童还是成人）

学习者的语言水平（初级还是中级或者高级）

班级的大小（20 人以下的小班，还是 30 人以上的大班）

班级的构成（单语种还是多语种）

学习者的需求（比如要通过考试）

学习者的兴趣

可用的材料和资源

学习者以前的学习经历及目前的期望

可能影响学习者态度的文化因素（比如对教师作用和地位的看法）

教学环境（私立学校还是公立学校、国内还是海外）

第二节　语法教学的方法

完整的语法教学，一般可以分为“导入—讲解（呈现）—操练（运用）”几个环节。[①] 据此，我们将语法教学的方法划分为“导入的方法”“讲解的方法”和“操练的方法”。

一、语法导入的方法

导入是语法教学的第一个环节，指教师采用一定的方法将

---

① 关于“呈现”的含义存在一定分歧，有的人认为指的是呈现语法点的形式、功能和用法，相当于讲解；有的人认为指的是展示语法点的结构格式，如：A→AA；S+把+O+V+……对于“运用”，人们也有不同认识，有的人将其作为一个独立的教学环节，突出其重要性；有的人将其并入操练环节，视为操练类型的一种，即：交际性操练。

学习者的注意力引到语法点的学习上来，让学习者对语法点的形式、语义或功能有个初步印象，为后面的讲解做铺垫。它起承上启下的作用，标志着语法教学环节的开始。有人把它作为语法教学的一个独立的环节，也有人把它作为语法讲解的一个部分，将讲解划分为“导入”和“展开”两个部分。

导入的作用主要有如下两个：第一，增加课堂互动性，吸引学生注意力，活跃课堂气氛。它最大的好处是增加了语法教学的互动性，避免出现教师唱独角戏的局面。随着互动教学理念的深入人心，近年来人们越来越重视导入的重要性，导入的方法和手段也越来越多样。第二，帮助学习者理解语法点的用法，降低学习难度。导入过程往往提供了一定的语境，可以帮助学习者更好地理解语法点的结构、语义或用法。

（一）常见的语法导入方法

1. 直接导入

这是最简单的一种导入方式。比如，“今天（现在）我们学习……”然后板书一个课文中或自编的例子。这种导入方法比较简便易行，弊端是缺乏互动性。

2. 例句导入

用课文或自编的例句导入。比如，教师在讲解“动词重叠”这一语法项目以前，先带领学生复习刚刚学过的对话，然后用对话中“我能试试这件衣服吗”这句话作为例子，导入到动词重叠式。

3. 情景导入

教师创设一定的情景，然后从情景中引导出一个例句，利用情景帮助学习者更好地理解语法点的用法。根据创设情景手段的不同，又可以分为以下几种。

（1）行为演示导入

教师演示某个动作行为，要求学生说出教师做了什么，由此导出例句，这样学生结合情景，更容易理解语法点的含义及语用环境。比如，讲授“复合趋向补语”这一语法项目时，教师先演示从讲台向学生走过去这样一个动作，然后问学生“老师做什么了”，引导学生说出“老师走过来”。再比如，讲授“把”字句时，教师先演示把一束花从一个地方放到另一个地方的动作，然后让学生说出老师做什么了，引导学生说出“老师把花放在桌子上”。

（2）实物导入

借助一定的实物设置情景，再通过提问引出语法点。比如，导入“比”字句时，教师可以事先准备一长一短的两根绳子、两支粉笔，或者一大一小的两张纸、两本书。一边展示实物，一边通过提问引导学生说出“这个比那个长”、“那个比这个短”等句子。

再比如，导入“A 是 A，……”结构时，教师可以拿出两个水杯，告诉学生红色的水杯可以保温，价格为 200 元，黄色的水杯不能保温，价格为 18 元。然后问一个学生“你要哪个杯子”，如果学生选择红色的杯子，老师追问“你为什么不要黄色的杯子”，学生会回答“黄色的杯子便宜是便宜，可是不能保温”；如果学生选择黄色的杯子，老师追问“你为什么不要红色的杯子”，学生会回答“红色的杯子保温是保温，可是太贵了”。

（3）图片导入

教师先展示一定的图片，然后通过提问引导学生说出包含语法点的例句。比如，导入“在+动词”这一结构时，教师可以先展示一张小熊吃饭的图片，然后提问“小熊在做什么”，引导学生说出“小熊在吃饭”这一例句。

（4）音频、视频导入

教师播放一段音频或视频，然后就学生听到或看到的内容提问，引导出例句。比如，讲授“可能补语”时，教师可以播放两段音频，一段的声音很清晰，一段的声音很嘈杂，并分别提问“这段声音你们听得清吗”，引导学生说出“我们听得清”和“我们听不清”这样两个例句。

4. 闲聊式导入

教师围绕某个话题，以轻松的口吻跟学生聊天，教师提问，学生回答，在师生之间看似闲聊的一问一答中把语法点带出来。当然，此时教师实际上是在有目的地引导着谈话的方向。比如，导入动态助词“过”（表示有过某种经历）时，教师故意问班上的同学“你是第几次来北京”“谁不是第一次来北京”这样的问题，然后走到不是第一次来北京的学生面前，提问“你来过北京，是吗？”这样就带出了所要讲授的语法点。这种导入方法使用起来比较方便，不需要准备其他材料，但需要教师对话题和问题进行精心设计。

5. 以旧带新导入

指用学生已经学过的语法点或词语带出新的语法点。比如，下面的这位教师在导入“有没有……？”这个语法点时，用学生已经学过的“有……吗？”这个句式来带出。

教师：美仪，你有笔吗？

学生：我有笔。

教师：（向全体学生）老师刚才说什么？

学生：（齐）你有笔吗？（PPT 呈现“有……吗？”）

教师：对，这句话我们也可以说“你有没有笔？”（PPT 呈现“有没有…… ？”）一起来。

学生：你有没有笔？

再比如，导入“N/P + 这儿/那儿”（“名词或代词+这儿/那儿”表示处所）这一语法点时，教师事先板书下面的句子：

昨天我去朋友房间聊天了。

他明天来我家。

他们在我们学校吃午饭。

然后，引导学生思考画线部分还可以怎么说，然后告诉学生正确答案，并板书：

昨天我去朋友那儿聊天了。

他明天来我这儿。

他们在我们这儿吃午饭。

通过在新旧知识之间建立联系，不仅带出了新语法点，而且学生很容易就明白了新语法点的含义。

6. 纠错导入

教师在讲授某个语法点时，先展示一些在留学生中常见的错误说法，然后带领学生一起纠正错误，最后给出正确的说法，通过正误对比使学生对所学语法点的印象更加深刻。比如，导入“处所词语做状语”（表示动作行为发生的处所）这一语法点时，教师事先板书几个错误的句子：

*我吃饭在食堂。

*我换钱在银行。

*我学习汉语在中国。

先请学生判断对错，然后告诉学生都错了，而且是外国学生常犯的错误，最后告诉学生正确的说法。这样很容易引起学生的兴趣，使其产生有利于语言学习的探究欲望。

7. 语言对比导入

教师在讲授某一语法项目时，将该语法项目在目的语中的说法与学习者的母语或媒介语进行对比，以引起学习者的兴趣，同时也加深了印象。比如，下面这个“比”字句教学的导入就使用了这一方式。

教师板书：A is thiner than B.

教师：汉语怎么说？

学生回答。

教师板书：A 比 B 瘦。

教师画线标出有差别的词语在英、汉语中的位置，引导学生关注英语和汉语的语序差异。

（二）设计导入时应注意的问题

1. 导入的目的不仅仅是带出语法点，更重要的是引导学生思考语法点的形式、功能或语用环境，帮助学生更好地理解和掌握语法点。导入的设计应该有目的性，或侧重结构感知，或侧重语义感知，或侧重功能感知。比如，在导入“动词重叠形式”这个语法点时，可以进行非重叠形式与重叠形式的对比，以引导学生思考重叠的形式和表意功能。

2. 导入的设计要合理，导入要自然、有效，不能太牵强。好的导入应该是“润物细无声”的，能够让学生在不知不觉中进入语法点的学习，并对语法点有个初步的认知。一位新手教师设计的导入就不太成功。教师要讲的语法点是“有点儿”（表示程度不太高），采用图片导入法，目标句是“这个旗袍有点儿贵”。教师先用 PPT 展示一张旗袍的图片，然后提问“这件旗袍 600 元，你们觉得贵吗？”学生们的回答很混乱，有的人说贵，有的人说很贵，有的人说不贵，结果没能引导出目标句。这个导入设计存在的主要问题是，一件 600 元的旗袍算不算贵，对于不同的人来说感受是不一样的，所以学生们很难给出一致的回答，教师也就无法导出目标句了。

二、语法讲解的方法

讲解就是把语法项目的有关规则教授给学生，帮助学生理解和掌握。尽管现在交际法受到推崇，国内也出现了淡化语法教学的主张，但是语言教学中仍然离不开对语法规则的解释和说明，这是因为：第一，虽然我们可以借助情景和例句来帮助学生自己体会语法点的语义和用法，但还是需要必要的“引导”和“点拨”，以帮助学生把对语法点结构、语义和功能的认知，从感性认识上升到理性认识。第二，尽管教材对语法点的说明通常有英语注释，学生可以阅读注释，但有时仅凭注释去理解语法点的用法是不够的。第三，有的学生不会英语，英语注释对他们来说没有用，仍然需要教师的讲解。第四，学生常常会问一些教材并未提到的语法知识，也需要教师给学生进行讲解。

对于一个汉语作为第二语言的教师来说，语法讲解并不是一件容易的事情，首先得准确地了解语法点所涉及的知识内容，其次还需要掌握一定的讲解技巧和手段。

（一）常见的语法讲解方法

1. 演绎法

指教师直接说明语法规则，然后给出若干例句。下面这位教师对“动词+不了”的讲解就使用了演绎法。

教师：大家听说过“动词+不了”吗？

学生：没有。

教师：好的，下面跟老师一起学习吧。“动词+不了”有两个意思，先看第一个意思。第一个意思是用在动词后面表示不可能或不能够。（PPT同时呈现规则说明）我们看一个例子。

PPT呈现3个例句：

作业很难，不能做。 →做不了

电脑坏了，不能发。 →发不了

自行车坏了，不能骑。→骑不了

教师：懂了吗？

学生：懂了。

教师：好，记住第一个意思啊。它的第二个意思是用在动词后面表示不可能做完某事。（PPT同时呈现规则说明）我们来看一个例子。

点的菜太多了，不能吃完。→吃不了

2. 归纳法

教师先展示一定数量的例句，然后由教师直接概括出或引导学生概括出语法规则。下面这位老师讲解动词重叠式的方法，就采用了归纳法。[1]

（刚刚复习完上节课学习的课文，课文是一段关于购物的对话，复习方式是每个学生读一句）

教师：玛丽想试衣服吗？

学生：想。

教师：（指着课文中的一句话）她怎么说的？

学生：我试试可以吗？

教师：很好。上节课我们学了“试”这个词，“试”是几个字？

学生：一个。

教师：“试试”呢？

学生：两个。

教师：两个一样吗？

学生：一样。

教师：很好，这就是我们这节课要学的动词的重叠。（PPT 呈现单音节动词的重叠方式：A→AA。）下面我们看看哪些词可以重叠，（PPT 呈现一些可以重叠的动词及其重叠式）来跟老师一起读。

学生：……

教师：很好，注意老师第二个字读得怎么样？

学生：很轻。

教师：很好。下面大家试一试，来读一下，一人一行。

学生：……

教师：喝喝什么？××。（点名某位学生）

---

① 教学案例的教学设计及讲授者为中央民族大学国际教育学院 2011 级汉语国际教育硕士肖媛。

学生：喝喝饮料。

教师：写写什么？

学生：写写字。

教师：还能写写什么？

学生：写写做业。

教师：（PPT 呈现双音节动词“学习”）大家想想，学习应该怎么重叠？是学学习习？还是学习学习？

学生：学习学习。

教师：很好，学习是几个字？

学生：两个。

教师：来看两个字的动词怎么重叠。（PPT 先呈现双音节动词重叠方式：AB→ABAB，然后呈现若干个双音节动词及其重叠式。）来我们再练习一下，一人读两个。

学生：……

教师：注意还是第二个字要读得轻一点儿。打扫打扫什么？××。

学生：打扫打扫教室。

教师：预习预习什么？

学生：预习预习课文。

教师：很好。我们看刚才的这些动词，都是什么样的动词？

学生：（沉默）

教师：有没有动作？

学生：有。

教师：所以，表示动作的动词可以重叠。我们看这几个词，能够重叠吗？（板书“怕”“喜欢”两个词）有没有人说怕怕、喜欢喜欢?

学生:没有。

教师:这样的动词是什么动词?(用手指向心脏的位置)

学生:心理动词。

教师:对,心理动词不能重叠。再看这几个动词,是我们经常用到的。(板书“是”“有”“在”三个动词)可以说“是是、有有、在在”吗?

学生:不可以。

教师:对,这样的动词也不能重叠。

这位教师共讲解了单音节动词重叠方式、重叠音节轻读、双音节动词重叠方式、动词重叠的范围限制等语法知识,都采用的是归纳法,先展示例词和例句,然后引导学生一起归纳有关的规则。

3. 对比法

通过对比凸显语法点的结构、语义或功能特点。事物的特点是通过对比体现出来的,适当的对比可以加深印象,深化认识。语法教学中的对比可以是不同语言之间的对比,即:语际对比,也可以是同一种语言内部的对比,即:语内对比。

例 1:“形容词谓语句”教学(语际对比)

英汉这两种句子的功能是相同的,都是描写句,属于对应结构,但结构形式在两种语言里有区别:英语里形容词前有 be 动词,汉语没有;汉语相应的句子里必须有“很”,而英语原文里并没有表达 very 的意思。教学中,教师可以事先板书如下的两个句子,注意在相对应的词语处用方框突显形式上的差异:

She	is	□	beautiful.
她	□	很	漂亮。

然后，教师进一步说明：（1）汉语形容词做谓语时不需要用“是”；（2）在陈述句里，形容词前往往有修饰成分，否则含有对比的意义。这里“很”表达程度的意义很弱，不一定是 very 的意思。

例 2：“有点儿”教学（语内对比）

“有点儿”是副词，表示程度不高。为了让学生准确把握其语义特征，教师将“有点儿”和“很”进行对比，并举出下面的例子：

三亚 38°　　很热

上海 28°　　有点儿热

这种对比属于目的语内部的对比（语内对比），通过这样的对比，学生不仅更容易理解所学语法点的语义特征，而且会留下深刻印象。

4. 以旧释新法

利用学生已经学过的语法知识帮助学生理解新的语法知识。比如，讲授“可能补语”时，如果学生已经学过助动词“能”的用法，就可以利用“能”的用法来解释可能补语的语法意义，将可能补语的语法意义解释为“表示能不能做某个事情”。

（二）语法讲解时需注意的一些问题

1. 语法讲解要简短

教师不应占用太多的课堂时间大讲语法规则，而要充分利用学习者的认知潜能，通过合理的教学设计引导学习者自主理解语法点的含义和用法，努力降低语法教学的枯燥感。比如，一个不太有经验的新手教师在讲“再/又”的区别时，使用了画图、用手比画和许多啰唆的话语，但是学生还是没有听明白，而且听得毫无兴趣。其实，教师完全可以随机走到班上一个学生面前，对他说“请给我一支笔”，在接过学生递过来的笔之后，教师继续对这个学生说“请再给我一支笔”（“再”要读得重一些），在学生递给教师笔的时候，教师故意不去接这支笔，而是向其他学生提问“现在笔给老师了吗”，当学生回答“没有”后，教师才接过学生递过来的笔，然后再问学生“现在笔给老师了吗”，当学生回答“给老师了”之后，教师说出“他又给老师一支笔”（“又”要读得重一些）。最后，教师简单概括一下：已经做了的事情用“又”，还没有做的事情用“再”。这样不用费太多口舌，学生很容易就明白“再”和“又”的区别了。

2. 讲解用语应适合学习者的语言水平，尽量浅显易懂，少用语法术语

语法解说要深入浅出，尽可能用学生能够听懂的语句，少用语法学术语，特别要注意避免用超出学习者语言水平的语句进行语法讲解。比如，讲解“状态补语”时可以把“状态”解释为“样子”。讲“可能补语”时可以把“可能补语表示动作行为发生的可能性”解说为“可能补语说的是能怎么样或不能怎么样”。又比如，对于表示存在的“有”字句来说，其句式特征的概括，下面的B式比A式更好：

A　处所词语+有+表示人或事物的词语

B　地方+有+人／东西

这种表存在的“有”字句，是学习者较早学习的一种简单句式，此时学习者掌握的词语还不是很多，A 式中的“处所”和“事物”这两个词有一定难度，可能是学习者尚未学过的，相对而言，B 式中的“地方”和“东西”就更为浅显易懂。

3. 讲解要准确

语法可以少讲，但是一定要讲准确。对语法规则的解释应该追求精确，避免含糊不清和错误的讲解，因为错误的讲解会导致学生的错误类推。

卢福波（2010）提到一个例子：某个留学生一直都比班上的另一个同学跑得快，有一次那个一向不如他的同学竟然得了第一，这个留学生感到很惊奇，于是对那个同学说了一句“不错啊，比我跑得更快”。这里显然应该用“还”，而他却用了“更”。当被问及为什么要用“更”时，这位留学生回答说，他曾经问过老师“他比我说得更好”和“他比我说得还好”一样吗？老师告诉他它们表达的意思一样，差不多，用哪个都可以，结果就造成了他的这个错误类推。[①] 其实，“更”是表示比较的副词，客观地表示程度增加，不带有任何语气；而“还”是语气副词，用来加强语气，有把事情往大、高、重里说的意味，带有某种情绪。教师这样随意的回答还不如不答，因为这样不准确的回答可能会误导学生，造成学习者的类推错误，是形成偏误的一个原因。

吴中伟（2007）也提到一个例子：一本教材对“呢”的用法说明如下：“呢”用在疑问句的句末，可以使语气比较缓

---

① 卢福波：《汉语语法教学理论与方法》，北京大学出版社，2010 年。

和。例如：你打算去哪儿旅行呢？你了解不了解那儿的情况呢？如果真的如上所说，那么学生学了这个语法点，要问老师什么问题的话，恐怕就得在每个疑问句后面都用上“呢”了——因为表示礼貌嘛，那不是有点儿可怕吗？[①] 实际上，并非所有疑问句的末尾都可以加“呢”，是非问句的句末就不可以加“呢”。按照这本教材的解释，学习者就可能说出“你是日本人呢？”这样的偏误句。

4. 充分利用生动、直观的教学手段辅助语法讲解

语法教学很难避免枯燥感，而一些语法规则也确实费解，所以语法教学中，教师要尽可能利用直观、生动、形象的教学手段和教具，帮助学习者更好地理解和掌握语法知识，同时也可以克服枯燥乏味的感觉。教学中可以利用的直观教学手段主要包括：实物、动作行为、图片、视频、图表、符号、公式等。

比如，学习“某个地方有某个东西/人”这一句式时，教师可以先用板书或 PPT 呈现句子的结构格式：地方（place）+有+东西/人（Sth./Sb.），然后拿出事先准备好的一个盒子，对学生说“老师今天带来一个盒子，你们想知道盒子里面有什么吗？”老师说这句话的时候，将其中“盒子里面”和“有”两个词语重读、拖长，以引起学生的注意。然后告诉学生“今天我们来学习这个新的句式”，同时用手指向板书或 PPT 上面的句子格式。这样借助直观手段表达出来的句子结构格式，以及形象、直观的盒子等实物，加上教师的问题引导，学生很容易就明白了这一句式表示的语义以及结构上的特征。

---

① 吴中伟：《怎样教语法——语法教学理论与实践》，华东师范大学出版社，2007 年。

再比如，讲解“比”字句时，可以利用下面的几个公式将“比”字句的结构特点直观地呈现出来，便于学生的理解和记忆。

A比 B + adj .

A 比 B + adj . + 多了/得多/一点儿

A比 B + adj . + 数量短语

当然，利用公式辅助语法讲解时，公式要概括得准确、恰当。有的教师将表比较的“A 有/没有 B”句式的结构格式概括为“S. +有/没有 + NP. （+这么/那么） + adj.”，似乎也正确，但这个概括式未能突出这种句式表示对两个事物进行比较的句式语义，不如“A + 有/没有 +B （+这么/那么） + adj.”更好。再比如，有的教师将“静态存现句”的结构格式概括为以下的公式：“什么地方 + V 着 + 东西”，这样的结构式容易让学生误以为这是个疑问句，可以改为：“地方+ V. 着+ 东西”。

5. 例句的设计要精当

语法讲解中，例子的使用非常重要，学生可以从例句中自己体会语法点的结构、语义和语用特点，以及语法点的使用情境（例句都反映出一定的情境）。有时候，一个好例子胜过一百句的讲解。比如：给学生讲“害怕”和“可怕”的区别时，在简单介绍一下“害怕”和“可怕”在词性和用法方面的区别后，给学生提供一个例句：“我害怕蛇，因为蛇很可怕”。这样学生很容易就明白了二者的区别。有时，对于某些语法特征，或者两个语法点之间的差异，可以通过例子适当加以夸张，突出差异，加深学生的印象。比如讲解“就”和“才”的区别时，给学生提供下面两个例句：

玛丽 18 岁**就**结婚了。

苏姗 50 岁**才**结婚。

例子如果用得不好，也可能妨碍学生对语法点的理解和掌握。比如，有的教师在讲解“比”字句时，举出“丽丽比八岁的时候漂亮”这样的例句，不符合“比”字句中比较前项和比较后项应为同类事物的规则，不但不能起到帮助学生理解的作用，反而会给学生一定的误导。

语法教学中的例句设计，应该遵循以下几个原则：

（1）典型性原则。例句要能够凸显语法点的结构、语义和语用特征。比如，上面所举的“玛丽 18 岁就结婚了”和“苏姗 50 岁才结婚”的例子，就凸显了这两个副词的语义特征。

（2）交际性原则。例句应该是真实交际中一定会出现的，最好是经常使用的。比如，有的教材在讲解“量词重叠式表示周遍义”这个语法点时，给出很多“个个姑娘都非常美”“件件衣服都非常漂亮”这种量词重叠式充当定语的例句。但根据郭晓麟（2010）的研究，在实际语料中，量词重叠式充当定语的情况非常少见。“在我们所统计的 443 例含‘个个’的句子中，‘个个’充当定语的只有 5 例，有 415 例充当的都是主谓谓语句的小主语，比如‘革命军人个个要牢记，三大纪律八项注意’。”[①]按照这一研究结果，对于“量词重叠表周遍义”这个语法点而言，更宜采用“这里的学生个个都很聪明”“她的孩子个个都是大学生”这样的例句。

（3）针对性原则。例句应尽可能贴近学习者的现实生活及交际需求，这样学习者才会比较感兴趣。

三、语法练习的方法

对语法规则的讲解可以帮助学生理解语法点的有关内容，但学习者还需要记忆所学语法知识，更重要的是通过对语法规则的学习达到能够运用目的语进行交际的目的，这就需要有大量的练习。

（一）语法练习的类型

语法练习的类型很多，从不同的角度出发，按照不同的标准，可以将语法练习分为各种不同的类型。

1. 理解性练习 / 输出性练习

根据练习的目的是帮助学习者理解语法点，还是用语法点表达，可以将语法练习分为理解性练习和输出性练习两种类型。

以理解语法点的结构、语义或功能为目的的练习为理解性练习；以使用语法点进行表达为目的的练习为输出性练习。比如，学习“动补结构”时，教师要求学生根据指令做出“站起来、坐下去、跑过来、走过去”等动作，这属于理解性练习。教师也可以自己做出“关上门、打开门、关上灯、打开

① 郭晓麟：《对外汉语教材语法教学示例的基本原则——以趋向结构为例》，载《语言教学与研究》2010 年第 5 期。

灯”等动作，要求学生说出教师做了什么，这就属于输出性练习了。

2. 口头练习 / 书面练习

通过“说”的方式进行的练习为口头练习，比如跟读、重复、回答问题、看图说话等。通过“写”的方式进行的练习为书面练习，比如组织句子、翻译、改错等。

口头练习也可以借助书面（文字）材料，即学习者需要先阅读一定的文字材料，然后再进行口头练习。这样的练习，由于学习者是通过口语完成练习任务的，而且练习目的是训练口头表达能力，所以仍属于口头练习。

课堂教学中，应该更加注重口头练习，设法让学生多开口，书面练习可以让学生在课下完成。

3. 结构性练习 / 表达性练习 / 交际性练习

根据练习过程中是注重形式还是注重意义，以及教师对练习的控制程度，可以将语法练习分为结构性练习、表达性练习和交际性练习三种类型。

（1）结构性练习

结构性练习的特点是关注结构形式，练习的控制性程度较高，没有互动性。这种练习的目的是帮助理解和记忆，学习者在教师的严格控制下理解、记忆语法点的结构和用法。练习中提供的材料严格地控制着学习者的输出，学习者无须动太多脑筋，目的是达到熟练化。重复、替换、变换、扩展、选择答案、完成句子、组织句子、改错、翻译等都属于此类练习。

①重复

重复指教师要求全体学生一起重复教师或某个学生说出来

的语句。重复的可以是短语，也可以是句子。这种练习中，教师通常会给出“再来!”“你来!”这样的指令，或者用手势予以暗示。

重复并不是无序的、随意的，而应是有目的的、有所设计的。需要重复的往往是教师讲解过程中引导出来的典型例句，操练过程中学生说出来的好句子，以及难度较高的句子。

② 替换

替换指教师给出一个或一组例句，并在例句的相应词语下面画线，要求学生将画线词语替换为其他词语，重新组织出一句话。有时，为了降低难度，可以提供可供替换的词语。比如，练习“时段补语”时，教师给出如下的例句和替换词语：

昨天你锻炼了多长时间？
昨天我锻炼了半个小时。

跑	一个小时
游	45 分钟
走	一个半小时
参观	两个小时

学生只要用右边方框中的词语替换例句中的相应词语，就可以组织出若干个汉语句子。

③ 扩展

扩展是词语教学中常用的操练方法，一般用于练习词语的搭配。语法教学中也可以利用这种操练方式。以“结果补语”的教学为例，可以通过扩展操练，帮助学习者掌握动词与结果补语之间的搭配关系。汉语中，哪些词语可以充当结果补语？常见的可以做结果补语的动词或形容词有哪些？什么样的动词需要搭配什么样的结果补语？对于母语者来说是不说自明的，但对于外国留学生来说，则需要一点点去积累。教学中，教师可以说出一个个动词，让学生说出可以与这个动词搭配的结果补语，如下：

看——看懂、看明白、看清楚、看完……
听——听懂、听明白、听清楚、听完……
洗——洗干净、洗完……
吃——吃完、吃光……
打扫——打扫完、打扫干净……

④ 变换

变换指教师给出某一结构，要求学生变换成相应的另一种结构。如下例：

用“被、叫、让”改说句子：

- 一个姑娘捡到我的钱包以后，给我送来了。
- 他不小心把杯子打碎了。
- 大风把树上的苹果刮掉了。
- 玛丽把我的书借去了。
- 她把那些旧杂志都卖了。

上述几种结构性练习适合在课堂教学中应用，下面的几种则更适合在课下进行。

⑤ 组织句子

指的是要求学生把教师或教材给出的词语组织成完整的句

子，用于帮助学生掌握语法点的结构特征。如下例：

看了 他 一个 电视 晚上 →
学校 我们 回 的 来 八点 →
去 他 教室 了 进 →

⑥ 选词填空

要求学生从提供的若干个词语中选择一个恰当的填入空白处，可用于帮助学生辨析易混淆词语的不同用法。如下例：

我________不认识他。（完整/完全）

⑦ 语序练习

在一句话的几个若干个位置标注字母，让学生选择括号中的词语应该放在哪个字母所代表的位置上。如下例：

a 他常常 b帮助我们，c 我 d 喜欢他。（真）

⑧ 翻译

教师说出学生的母语或媒介语，要求学生翻译成目的语，或者相反。

（2）表达性练习

表达性练习的特点是关注意义的表达，控制程度低于结构性练习，缺乏互动性。这种练习的目的是运用，学习者为表达意义而自主选用语言形式，但没有交际对象。

①看图（视频）说话

教师呈现事先准备好的图片或播放视频，要求学生边看边用目标结构描述图片或视频的内容。比如，练习“趋向补语”

时，教师播放事先录制好的某个人上楼、下楼、进门、出门等动作行为的视频，让学生一边看视频，一起说出“××走上去了”“××走下来了”“××走进来了”“××走出去了”等句子。

② 介绍情况

要求学生用目标结构介绍某方面的情况。比如，练习“把”字句时，可以请学生介绍最拿手的一道菜的制作经过。练习“从……到……”结构时，可以请学生介绍一下从教室到食堂（医院/邮局/银行）怎么走。练习“比”字句时，可以请学生介绍一下自己的国家跟中国有什么不同之处。

（3）交际性练习

交际性练习的特点是意义导向，控制性程度较低，互动性强。这种练习的目的也是运用。教师引导学生在接近真实交际的情景中使用目的语完成各种任务，学生为表达意义而自主选用语言形式，强调学生之间的互动性和意义协商。问答、商讨、辩论赛、表格调查、角色扮演、完成真实交际任务（如“点菜”）等属于此类练习。

① 问答操练

问答操练是一种简便易行的交际性练习，而且有助于促进师生互动，增加课堂教学的交际性，效率较高，因而是语法教学中常用的练习方法。问答操练可以是单纯的口头练习，也可以同时辅以图片、文字、实物等。

问答操练虽然属于交际性练习，但也有一定的控制性，这种控制性主要体现在教师对问题的设计上，教师的提问可以起到引导和控制学生输出的作用。

问答操练中的提问也有多种情况。提问句中可以出现目标结构，也可以不出现目标结构。有时候一个问题就能引导出目标句；有时候则需多次提问才能引导出目标句。有时候单纯的口头提问就可以引导学习者的输出；有时候则需要辅以手势或公式等手段。以下面两段问答操练为例：

例 1：练习“可能补语”

师：这个菜很辣，你吃得了吗？

生：我吃得了。/ 我吃不了。

例 2：练习“对……来说”

师：这件衣服，老师穿可以吗？

生：不可以。

师：为什么？

生：太大了。

师：那我们可以怎么说？（手指向黑板上的结构格式）

生：这件衣服对老师来说太大了。

从提问句中是否包含目标结构来看，例 1 中，教师的提问句中包含了目标结构（吃得了），可以给学生提供一个模仿的范本；而例 2 中，教师的几个问题中都没有出现目标结构（对……来说），而是引导学生自己说出来。从引导输出所用的提问次数来看，例 1 只用一次提问就引导学生说出了目标句；而例 2 则通过三次提问才引导出目标句。从是否需要其他辅助手段来看，例 1 不需要其他辅助手段，教师的提问本身就可以引导学生正确输出；而例 2 则需要教师借助手势、板书等手段，才能引导学生正确输出目标句。

语法教学中，教师在设计操练环节的提问时，应该注意以下两点：一是问题应符合交际性原则，提出的问题要密切结合学习者的实际生活和交际需要，最好是学习者日常生活中常用的；二是要注意问题的能产性，也就是说提出的问题可以引发多种不同的回答。

问答操练中，教师的提问可以不借助图片和文字，也可以辅以图片、文字、实物等。需要注意的是，应尽可能多利用图片和实物，避免让学生读汉字。这主要是基于以下两个考虑：一是认读汉字对学习者来说有一定难度，有可能成为操练中的障碍；二是这种情况需要学习者在文字、语义和客观事物三者之间进行转换，也增加了学习难度。

② 角色扮演

这是指让学生表演课文中的对话，或表演学生自编的对话。比如，练习“询价的句式”和“人民币的称呼法”时，如果课文就是购物时询价的对话，可以让学生几人一组，表演课文对话。如果课文中没有这样的对话，则可以让学生先自己编写购物时询价的对话，然后在全班面前表演。

有时候，也可以让班上的某个学生扮演记者，对其他同学进行采访，这也是学生比较愿意参与的一种交际性练习。比如，练习“是……的”强调句时，教师先示范扮演一位记者，采访班上的一个学生，提出“你是什么时候开始学习中文的”“你是什么时候来中国的”等问题，然后再分别找几位学生扮演记者，随机地采访班上的同学，要求使用“是……的”句型提问和回答。

③ 商讨

教师将学生分成几人一组，给大家提出一个需要解决的问题，让组内同学互相商量解决办法。比如，练习“双宾语句”时，教师可以让学生几人一组，商量一下给生病的某个老师或学生送什么礼物好，要求学生用“我要送 sb. +sth”来表达。再比如，练习“比”字句时，教师可以让学生分组讨论一下，如果他们的朋友来了住在哪个酒店好，为什么。

④ 辩论赛

这也是一种互动性较强的交际性练习，但需要教师选择的辩论题目能够调动起学生的辩论兴趣。比如，练习“比”字句时，可以将学生分成两组，以“结婚好还是不结婚好”为题进行辩论，一组的辩题是“结婚比不结婚好”，另一组的辩题是“不结婚比结婚好”。

⑤ 游戏

游戏的趣味性较强，而且游戏过程中学生之间可以互动，所以必要的时候可以适当安排一定的课堂游戏。比如，练习“方位词”和“往……一点儿”结构时，可以让学生做一个“贴鼻子”的游戏：在黑板上画一个人物或动物的头像，但不画出鼻子，找一个学生手持背面粘有胶带纸双面胶的纸质“鼻子”，眼睛被蒙住，在其他学生的帮助下把纸鼻子贴在头像上面。又如，操练“有”字句时，可以让学生做一个猜物品的游戏：先选择几个学生，背对黑板站在教室的前面，教师用 PPT 呈现一张上面放着各种物品的桌子，请一位背对黑板的同学猜测 PPT 中的桌子上有什么，并用疑问句形式（桌子上有……吗）表达出来，要求坐在下面的同学用“桌子上有/没有……”来告诉这位同学她猜测的结果。这位同学猜完后，下一个背对着黑板的同学继续猜测，以此类推。学生每猜对一次，教师会给她的衣服上贴一朵小花。通过这样的游戏，学生将“有”字句的肯定式、否定式、疑问式都练习到了，而且趣味性很强。再比如，练习“形容词重叠式”时，可以让学生做一个“猜猜他是谁”的游戏：将学生分成两人一组，其中一人口头描述班上某个同学的样子（比如“她的眼睛大大的，她的头发长长的”），另一人猜说的是谁。游戏的最后，也可以请班上一个同学做口头描述，让全班同学一起猜猜他说的是谁。

⑥ 完成真实交际任务

这是指设计一些在现实生活中也会出现的交际性任务，让学生运用目的语完成任务。比如，操练“把”字句时，可以安排一个“布置房间”的任务：把学生分成两个人一组，每组有若干个家具卡片和一张画着空房间的白纸，二人合作布置房间。一个人说，另一个人摆放，然后互换角色。

又如，操练“询价的句式”时，可以安排一个“购买商品”的任务：把学生分成几个组，其中一组为售货员，手里有一些商品卡片。其他几组为顾客，几个顾客组学生手里有相同价值的模拟钱币。要求几个顾客组的学生分别前去购买商品，看看哪个组买的东西最多。

再比如，操练“S + 时间状语 + 地点状语 + VP”这一句式时，可以安排一个表格调查的任务，把学生分成四人一组，每个组发一张调查表，要求调查组内同学的行为并报告调查结果。表格可以设计成下面这样：

人	时间	地点	事情
老师	昨天中午	在食堂	吃饭

语法练习的方法还可以有很多，语言教师也可以在教学实践中，根据自己的经验，结合特定的教学内容，开发出一些适

合特定教学对象的语法练习。无论如何，语法教学中应该保证练习的量要足，练习的种类也应丰富多样。正如吴中伟（2007）所言，在交际性原则得到越来越多认同的今天，人们已经普遍认识到，如果某个教师在教学中只有讲解，没有练习，那几乎是一个不合格的教师；如果他在教学中不仅有讲解，而且有足量的练习，那就是一个合格的教师；如果他不仅有大量的练习，而且讲解准确、生动，练习设计形式多样，生动有效，不仅有机械性练习，而且还有交际性练习，那差不多就是一个优秀的教师了。[①]

（二）语法练习中需注意的问题

1. 目的明确、操练有效

不管采用何种练习方式，一定要注意练习的目的要明确，这样才能确保练习的有效性。有的老师上课，课堂气氛很活跃，热热闹闹，学生活动得也很充分，可是却没有什么实际效果，学生在练习以前不会说的，练过以后仍然不会说，这样的操练就是无效操练。所谓“有效”，主要有两层含义：一是对某语法点的练习应与对该语法点的解说相一致；二是练习的结果应与练习设计的目标一致。比如，有的教师在练习“把”字句时，安排的改错题中有这样一道题目：＊你不忘把书带来。（正句：你别忘了把书带来。）但是，这个偏误句与“把”字句的结构特征无关，其问题是“不”与“别”的误用，这个句子为祈使句，应该用“别、不要”来表示否定，而不能用“不”表示否定。此外，这个句子也不是典型的“把”字

① 吴中伟：《怎样教语法——语法教学理论与实践》，华东师范大学出版社，2007年。

句（“把”字短语做谓语），而是一个“把”字短语做宾语的句子。

又如，一位教师在操练“如果……就”时，由于设置的情景不当，没有达到有效操练的目的。教师问：“同学们都来了吗？”学生回答：“都来了”，教师说：“如果大家都来了，我们就开始上课吧，一起来”。实际上，在这样的情景下，应该使用“既然……那么”这一组关联词语，因为“大家都来了”是既成事实，而不是假设的情况。“如果……就”所关联的复句，前一分句表示的是某种假设的情况。

再比如，一位教师在操练“A 没有 B + adj.”这种比较句时，提问学生“你坐公交还是坐地铁”，学生回答“坐公交”后，教师接着提问“为什么你坐公交”，学生便使用“比”字句回答“公交比地铁……”，练习没有达到应有的目的。其实，教师可以提问学生“为什么你不坐地铁”，学生自然就会用“地铁没有公交……”来回答了。

2. 练习应有层次性

如果一个语法点需要安排几种练习的话，这些练习活动应该按一定的顺序排列，而不是杂乱无章的。基本原则是：由易到难，由结构性练习过渡到交际性练习。这样也符合语言学习“理解→记忆→运用”的学习顺序。比如，下面这个关于“把”字句操练顺序的安排就比较合理。[①]

① 吴中伟：《怎样教语法——语法教学理论与实践》，华东师范大学出版社，2007 年。

- **口头完成句子**

  请把书打________。

  房间太脏了，我们把房间打扫________吧。

  昨天，我们忙了一天，把房间布置________。

  这张桌子没有用，我们把它搬________吧。

  请你把词典递________。

- **把括号里的词语放在合适的位置上**

  他把我的照相机借走了 （昨天）

  他把画挂上去 （没）

  把写字台放在门旁边（别）

  你把洗衣机放到卫生间去 （应该）

- **改错**

  *我把一本词典买到了。

  *他把房间没打扫干净。

  *我把他打。

  *我把饭吃得很满意。

- **互动活动：两个人一起布置房间**

3. 练习难度应适合学习者水平

这里所说的练习难度包含两个意思：一是认知难度；二是语言难度。对于儿童来说，应注意练习的认知难度，语法练习的形式应该是学生容易理解的，给学生的任务是学生有能力完成的。对于成人来说，除非指令不清楚，否则一般不会有认知难度，但特别要注意语言难度。练习中所使用的词语、句子尽量是学生学过的，如果一定要使用学生没学过的词语，则需要进行适当的处理，比如注出拼音或使用词卡。一定要避免用较难的词语来练习比较容易的语法点。比如，有的教师操练“形容词重叠式”时，引导学生说出一个例句“我把宿舍打扫得干干净净的”，这是一个“把”字句，动词后面带有补语，而学习者学习形容词重叠式这个语法点通常是在比较初级的阶段，不一定学习过补语和“把”字句。其实，这位教师完全可以用一张小动物的图片引导学生说出下面一些比较简单的例句：

它的眼睛大大的。

它的耳朵长长的。

它的嘴巴小小的。

4. 注重整句输出

句子是最基本的交际单位和表达单位。即使正在练习的语法点是词语项或句子成分项目，练习的过程中也要尽量让学生输出句子，把目标结构（词语或句子成分）放在句子中，以了解其在句子结构中的位置、语序，要注意培养学生的“句感”。

5. 创设恰当的操练情境

任何语言形式都是在一定语境中使用的，所以语法练习特别是交际性练习，也需结合一定的情境来进行。创设操练情境时，应遵循以下几个原则。

（1）操练情境应该与语法点的用法相吻合。教师所创设的情境，应该具有使用语法点的最大可能性。比如，单音节形容词重叠式（AA 的）一般用于描写人或事物的外表、外貌、状态等，比如：她的头发长长的。她的眼睛大大的。她的嘴巴小小的。操练这个语法点时，教师设置让学生描述动物或人物外貌这样的情境是比较恰当的。一位不太有经验的新手教师在讲练“有点儿”的用法时，所设置的情境就不一定要用“有点儿”来表达。她当时设置的情景是：教师在学生面前咳嗽，然后问学生“老师怎么样了”，结果学生的回答是“老师咳嗽了”“老师病了”等，没有一个学生用她事先设计的目标句“老师今天有点儿咳嗽”来回答。

（2）操练情境应该是真实交际中经常能够遇到的。

（3）操练情境应该尽可能贴近学习者的现实生活。

6. 练习指令明确、简短、易懂

语法练习时的指令可以分为语言指令和非语言指令两种类型。语言指令比如“再来！”“你来！”等，非语言的指令包括教师的手势和眼神等。

此外，练习指令还可以分为“对练习形式及要求进行说明的指令”和“启动练习的指令”两种类型。结构性练习一般只需要有启动练习的指令即可，交际性练习则往往需要对练习的形式及要求进行说明。如果是分小组进行练习，对练习形式的说明还包括“分组”的部分。无论语言指令还是非语言的指令，都应该做到明确、简短（简单）、易懂。

7. 合理分配练习机会

分配练习机会的原则：第一，集体操练与个别操练相结合（合唱—独唱—合唱）。独唱的好处，一是便于检查个别学生的学习情况，发现问题；二是让学生有适度的紧张和焦虑感。合唱的好处在于每个人都可以参与，不敢说的可以跟着别人说。第二，尽可能把操练机会分配给更多的学习者。一般来说，语法练习中，合唱应该多一些。分组练习（小的集体练习）较好地克服了全体练习与个别练习的弊端，是一种比较好的语言练习方式。

8. 充分利用直观、形象的教学手段

语法练习的过程中，也可以借助实物、图片、照片、音频、视频等直观、形象的教学手段。比如，操练“比”字句时，可以利用各种方便找到的实物来设置情境。操练结果补语时，可以借助两张有趣的图片设计一个问答操练。图片及问答如下：

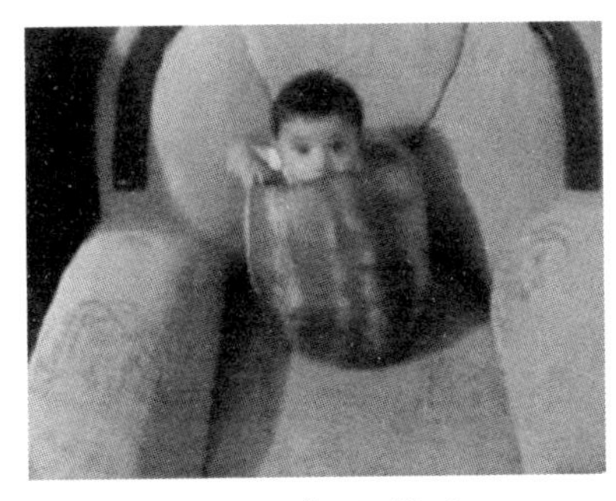

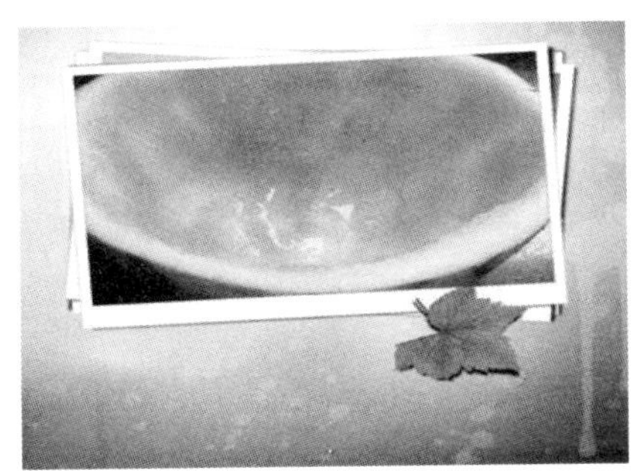

教师：他在做什么？

学生：他在吃西瓜。

教师：他吃完了吗？

学生：他吃完了。（目标句）

9. 及时给学生正面反馈

操练过程中，教师应适时、适度地给予学生一定的正面反馈，帮助学生树立信心，增强学生的学习兴趣。教师的反馈可以采用不同的方式，但一定要注意自然、适度，不能太夸张。

10. 适度纠错

纠错是一种比较复杂的教学手段，目前学术界关于要不要纠错、什么时候纠错、用什么方式纠错等，已经开展了大量研究，但仍然存在较大分歧。语法练习过程中纠错的基本原则有两个：（1）纠错要适度。既不能完全不纠错，放任学生的错误，这样可能导致学生偏误的“石化”现象；但也不能太过频繁地纠错，以免影响学生的学习兴趣。（2）纠错的方式要恰当。教师的纠错方式既要能让学生清晰地意识到问题所在，又不能引起学生的抵触，或伤害学生的自尊心，打击学生的自信心。

第三章

语法教学的组织与实施

第一节　语法教学的不同组织形式

一、集中的语法教学与分散的语法教学

目前，汉语作为第二语言语法教学主要有两种教学组织模式：集中的语法教学和分散的语法教学。

集中的语法教学指专门开设的“语法”课，相对集中、系统地学习汉语语法知识，通常安排在高年级，作为选修课。有些学校开设的 HSK 辅导课中包含一门语法辅导课，也类似这种语法选修课。分散的语法教学指把语法项目分散到精读、口

语、听力等课型中，每一课讲授几个语法点，结合课文、练习等教授语法点，使学习者逐步掌握汉语语法知识。

集中的语法教学有一定难度，不宜安排在初级阶段，需要学习者积累了一定的语法知识和词汇量，并有了一定的汉语语感以后才能进行，所以通常安排在中级或高级阶段。分散的语法教学有如下一些优点：知识点单纯，难点不集中，语法点出现在具体的语境中，便于学习者体会和理解语法点的具体用法。本章所讨论的内容主要是这种分散的语法教学。

二、不同课型的语法教学

1. 汉语作为第二语言教学的课程设置模式

目前，无论是国内还是海外，无论是长期班还是短期班，汉语教学的课程设置模式主要有以下三种类型：

（1）按语言技能分课型设课

这是国内对外汉语教学机构较为常见的教学组织模式，通常分设综合（精读/读写）、口语、听力、阅读、写作等课型，有的还开设汉字课、文化课等课型。对各项语言能力分别进行训练，通过听、说、读、写各种渠道学习和掌握汉语。

（2）按教学任务分课型设课

这是北美汉语教学中常见的教学组织模式，通常分为大班课（讲练课）、小班课（操练课）、单班课（谈话课）等课型。大班课的任务是讲练课文和语言点，小班课的任务是对语言点和重点词语进行操练，单班课的任务是围绕话题进行对话练习，对大班课和小班课的内容进行查漏补缺。

（3）不分设课型设课

在海外师资比较匮乏的地区或学校，多采用这样的教学组织模式，只开设一门综合课，在这一门课上对听说读写能力进行综合训练。

2. 不同课程设置模式的语法教学

在按语言技能分课型设课的教学模式中，语法教学的任务主要由综合（精读/读写）课承担，特别是初级阶段的综合课中，语法教学显得比较系统、集中，往往有专门的语法教学环节。在口语、听力等其他课型中，语法教学常常是随机的、零散的，所占的课堂时间也是非常短的。

在按教学任务分课型设课的教学模式中，语言点的讲解通常由大班课承担，语言点的操练通常由小班课承担，语言点的运用则由单班课承担。

在不分课型设课的教学模式中，语法教学就在这唯一的综合课上进行。

第二节　不同学习阶段的语法教学

一般把汉语作为第二语言教学分为初级阶段、中级阶段和高级阶段三个阶段，那么，语法教学应该安排在这三个阶段中的哪个阶段？抑或分别安排在三个阶段？每个阶段的语法教学应该是什么样的？当然，有的教学模式不遵循语法大纲，无须考虑这些问题。但如果是遵循语法大纲的，要顾及语法教学的系统性，就需要对这些问题加以考量。

关于不同阶段的语法教学，主要涉及以下两个问题：一是如何把语法知识合理地分布在各个教学阶段上？二是各个教学阶段的语法应该怎么教？前者涉及语法教学的内容安排，后者涉及语法教学的策略和方法。

一、各阶段语法教学的内容

1. 初级阶段

一般认为，初级阶段是语法知识的系统性学习阶段，汉语语法系统的主体内容都应该安排在这个阶段。

吕文华（2008）指出，语法分布应与划分等级水平相适应，在同一层次循序渐进的同时，更要做到不同层次的循环递进。初级阶段为第一循环周期，可安排完整的语法体系。但第一周期的语法应是经过科学筛选的最基本、最常用、最有能产性的项目。语法尽可能通过切分划分成若干个层次，语法点宜小而简单，第一周期的语法教学应贯穿整个基础教学阶段。①

从《汉语水平等级标准与语法等级大纲》（以下简称《大纲》）来看，《大纲》的语法项目分为甲、乙、丙、丁四级，其中甲级和乙级语法项目相当于初级阶段，丙级语法项目相当于中级阶段，丁级语法项目相当于高级阶段。《大纲》前言指出，“甲级语法项目是个比较完整的体系；乙级语法项目是对甲级语法项目的补充、扩展和深化，其中包括若干精选出来的、实用意义较强的常用词语及固定格式；丙级语法项目则大部分是上述那种实用意义较强的常用词语和固定格式”。②

从一些遵循结构大纲的汉语教材对语法项目的选取和编排也可看出，初级阶段的确是语法教学的第一个循环期，包含了比较完整的语法体系。以《汉语教科书》为例，这是一套初

---

① 吕文华：《对外汉语教学语法探索》（增订本），北京语言大学出版社，2008 年。

② 国家汉办：《汉语水平等级标准与语法等级大纲》，高等教育出版社，1996 年。

级汉语教材，共72课。1—8课为语音，9—12课为口语，13-72课为语法。语法部分将汉语语法系统切分为170个语法点，每课安排3—4个语法点，结合语言材料如例句、课文等进行语法教学。

郭志良、杨惠元、高彦德主编的《速成汉语初级教程·综合课本》全套教材共4册，80课，1-10课为语音，11-80课侧重语法和功能，兼顾语音。这套教材的编写者指出，该教材“甲级语法项目（130个）尽量出齐，乙级语法项目（249个）出200个左右，丙级及等外的30多个”。[①]

杨寄洲等主编的《汉语教程》也是一套初级汉语教材，共三册6本。第一册1—9课为语音阶段，从第10课起专设第四部分“语法”。通过第一、二册建立起语法的基本结构体系。从第三册起，教材第四部分改为“词语用法”，语法教学转为以虚词教学为主。这套教材的语法部分包括明确标明为语法点的102个语法项目和散见于各课“注释”和“词语用法”部分的常用虚词及习惯表达200多个，共300多项，涵盖了语法大纲中98%的语法项目。[②]

上述安排语法教学内容的做法，与人们对汉语作为第二语言教学的一种普遍性认识有关。在国内的对外汉语教学界，一直有一种传统的看法：在初级汉语教学中，首先应该进行语音教学，然后是以语法教学为重点的阶段，再往后是以词汇教学为重点的阶段。比如，张辉、杨楠所著《汉语综合课教学法》

① 郭志良、杨惠元、高彦德：《〈速成汉语初级教程·综合课本〉的总体构想及编写原则》，载《世界汉语教学》1995年第6期。

② 刘波：《〈汉语教程〉与〈汉语教科书〉语法部分比较》，广西大学硕士学位论文，2005年。

（2006）第一章“初级汉语综合课的教学”一共三节，依次为：“语音阶段的综合课教学”“语法阶段的综合课教学”和“词汇、短文阶段的综合课教学”。很多初级阶段的汉语教材都遵循如下的编排体例：语音（短句）阶段 → 语法（对话）阶段 → 词汇（短文）阶段。

这种将汉语语法系统的主体内容都安排在初级阶段来教授的做法，也被称为“前重后轻”式，这在当前的汉语作为第二语言的语法教学中似乎已成共识。不过，关于初级阶段到底教哪些具体的语法项目，目前还缺乏统一的认识。

当然，也有研究者认为把语法教学的重担压到初级阶段不太合理，认为语言教学应该从感性到理性，从个别到概括，从一个个具体的用法到抽象的规则。所以他们认为初级阶段应该重在词汇教学，当学生到了中级阶段以后，积累了比较多的感性知识，有了一定的语感，再给学生开设语法知识的选修课，给他们一个关于语法系统的整体认识。这种观点可以称作“前轻后重”式。

陆俭明（2000）指出，在学习的初级阶段，主要是抓好语音教学、汉字教学和词汇教学，而不是语法教学。在一、二年级初级阶段，语法教学不宜过分强调，更不能直接给学生大讲语法规则。在学习汉语的初级阶段，要尽量鼓励学生敢说、敢写，多说、多写。在三、四年级阶段，学生对汉语已经有较丰富的感性认识，可适当加大语法教学的分量，可以略为系统地给学生讲一些基本的、必要的实用汉语语法知识。在初级阶段必须坚持随机教学，同时到一定阶段适当教学带总结性的、又有一定针对性的“巩固基础语法”（consolidating basic grammar）教学。[①]

总体来看，目前在汉语作为第二语言教学领域，关于不同阶段语法教学的内容安排，“前重后轻”的观点占据主流，各种大纲和教材对语法知识分布的实际处理，也多采用这一做法。

2. 中级阶段

虽然初级阶段已经安排了较为系统的语法教学，并且将汉语语法系统的主体内容都讲授给了学生，但中级阶段仍然需要进行语法教学，原因主要有以下两个。

第一，语法知识内容繁多，不可能在初级阶段把语法项目全部教完，初级阶段只能教授那些最重要、最基础、最常用的语法项目，一些有难度的、不很常用的语法项目则需要放到中级阶段学习。

第二，一些复杂的语法难点需要在中级阶段继续强化。由于初级阶段的语法教学内容多、范围广、难度大，加之受教学时限和汉语水平的制约，学习者不可能完全透彻地掌握所学内容。所以，完成初级阶段的学习之后，学习者基本上可以对汉语语法的概貌有个粗浅的了解，也能掌握一些语法项目，但对于一些有难度的、复杂的语法项目，仍然掌握得不太好，需要在中级阶段加以复习和强化。

有研究者对110位已学过初级汉语、进入中级阶段的学生进行测试和调查，从调查对象对133个甲级语法项目的掌握情况来看，还存在不少问题。初级阶段学过的一些语法项目，到了中级阶段普遍回生；许多语法项目虽已有初步了解，但碰到复杂一点儿或稍有变化的用法，就会出错。答题正确率在70%

---

① 陆俭明：《对外汉语教学中的语法教学》，载《语言教学与研究》2000年第3期。

以上的学生只占 26.36%，不到参加测试人数的 1/3。从测试结果来看，学生掌握情况较差的语法项目主要有“比”字句、“把”字句、语气助词“了”和时量补语、多项定语、趋向补语、被动句、复杂谓语等 19 项。① 这些出错率较高的语法项目是学生尚不能准确、熟练掌握的，需要在中级教材中适当予以重现和强化，帮助学生复习、消化，并学会灵活运用。

但是，由于初级阶段已经安排了比较系统的语法教学，到了中级阶段，语法教学一般就不再那么系统，通常都是随机地安排一些零散的语法项目。由于目前对中级阶段语法教学应该教什么的认识还不太统一，基本上是仁者见仁、智者见智，导致中级阶段语法教学的内容具有较大的盲目性和随意性，语法教学也成为中级阶段汉语教学的一个薄弱环节。

从教材对语法教学内容的编排，也可以看出这一点。像北京大学的《汉语中级教程》、北京语言大学的《中级汉语教程》，基本上都不再安排系统的语法内容，仅限于一些以“词语例解”“语法注释”形式出现的零散的语法点。李晓琪主编的《博雅汉语》全套书共 9 册。1、2 册为初级（起步篇），3、4 册为准中级（加速篇），5、6 册为中级（冲刺篇），7、8、9 册为高级（飞翔篇）。到初级结束时，就基本上完成了汉语语法的系统性介绍，从准中级开始，语法项目主要是词类（副词和虚词）、固定格式等一些零散的语法点。

对此，吕必松（1993）曾经提出过批评：“《中级汉语教程》在语法教学上花工夫不够，‘语法注释’部分在注释项目的选择上随意性大，没有做到有计划地在前一阶段语法教学的

① 张明莹：《中级汉语语法教学体系亟待建立》，载《北京大学学报》（哲学社会科学版）1998 年第 6 期。

基础上加以发展和深化"。[①]这是中级汉语教材的通病，对于发展学习者的语法能力并最终发展语言交际能力是不利的。

目前学术界对于中级阶段的语法教学到底应该包括哪些内容、初级和中级阶段的语法教学应该怎样衔接等问题的研究还很不充分，需要进一步开展有关的研究，以避免中级语法教学的盲目性和随意性。

张明莹（1998）对留学生语法习得情况进行调查，将初级阶段学生掌握不好的语法规则及初级阶段没有出现或讲解得不够深入的语法内容加以分析和整理，提出中级阶段的语法教学主要应包括以下三类内容。[②]

（1）需巩固、强化的语法内容

有些语法点在初级阶段涉及了，但学习者普遍掌握得不太好，需要在中级阶段进行巩固、强化，如形容词谓语句、存在句、无主兼语句、疑问代词的活用等。

（2）需扩展、深化的语法内容

有的语法点在初级阶段出现过，但受学习时限和学生汉语水平制约，介绍得比较简单、浅易，需要在中级阶段进一步扩展和深化。

比如结果补语，初级阶段只限于"看见、看懂、看清楚、看成"等简单类型，中级阶段需要扩展"走、跑、住、掉、着、翻、倒、作、为、丢、到、在、给、好、坏、遍、光"等做结果补语的类型。

---

① 吕必松：《关于中高级汉语教学的几个问题》，载《语言教学与研究》1993 年第 1 期。

② 张明莹：《中级汉语语法教学体系亟待建立》，载《北京大学学报》1998 年第 6 期。

又如趋向补语的引申意义，初级阶段只介绍“起来”和“下去”这两个，且不完全，中级阶段除了扩展“起来、下去”的其他引申义以外，还要补充“来、去、上、下、出、过、起、开、下来、出来、过来、过去、上来、上去”等做趋向补语的引申意义。

再比如，“把”字句，初级阶段只介绍了最基本的1-2个类型，中级阶段需要扩展到更复杂的类型。

（3）需增加的新内容

中级汉语语法体系既要与初级阶段相衔接，又要根据中级阶段教学的需要安排新内容，为高级阶段的学习做铺垫。比如：短语、虚词、口语常用的固定格式、句群等。

3. 高级阶段

目前，高级阶段语法教学的内容也比较混乱，现有教材中出现较多的内容为：虚词、口语常用的固定搭配以及一些跟语用有关的语法项目。

在高级阶段，外国学生出现的语用功能性质的错误占很大比例，这些语用问题在初级、中级阶段可以暂不追究，但到了高级阶段就必须追究了。比如，有一个留学生指着老师胸前的红色校徽问老师：“我的是绿色的，你的为什么是红色的？”老师回答：“你是学生，学生的校徽是绿色的，红的是老师的”。这个学生听了以后说：“我哪儿知道？”学生的最后这句话语显然是违反了言语行为的“合作原则”和“礼貌原则”，是不得体的表达。这位学生大概只知道这一反诘问句可以用来表示“强调”，而不知道其中包含着“不满、责难”的语义。再比如，一位外教在考试卷上写了这样一句话：“请给我翻译下面的英文句子（每个值四分）”，也不得体。“请给我……”

这种表达方式带有明显的口语色彩，用在试卷这种非常严肃、庄重的书面场合，是不恰当的。①

赵金铭（1996）指出，高级阶段（二年级下学期）所讲语法侧重语用功能语法，着重语用的选择和词语的应用，目的在于表达得体。②

卢福波（2010）也认为，高级阶段应以提高性、补充性及综合（整体）表达的语法教学为主，需要学习一些跟语境关系密切的句式、用法，跟预设、语境、篇章有关的副词的讲解与对比，跟表达相关的连接词语与连接手段的运用，跟表达目的相关的话题、指称、逻辑关系、搭配选择等等方面。总之，这一阶段的学习，不只是结构上的多层次关系的复杂性，还有复杂的意义关系和逻辑关系。③

总体而言，功能教学理念下的教材不太注重语法的系统性，而遵循结构大纲的教材则偏重语法的系统性。在结构大纲的教材中，一般来说，初级阶段基本完成语法系统的第一次循环，主要介绍基本用法；中高级阶段主要是拓展、深化和补充的语法知识，以虚词、固定搭配和语用项目为主。

二、各阶段语法教学的策略和方法

关于各个教学阶段的语法到底应该怎么教，目前还缺乏很明晰的认识。一般来说，初级阶段，限于学生的汉语水平，语法教学宜采用点拨的方式，多用隐性教法，注重情景的创设，

① 郑懿德：《外国留学生汉语专业高年级语法教学的实践与思考》，载《语言教学与研究》1995年第4期。

② 赵金铭：《对外汉语语法教学的三个阶段及其教学主旨》，载《世界汉语教学》1996年第3期。

③ 卢福波：《汉语语法教学理论与方法》，北京大学出版社，2010年。

注重句型操练。中、高级阶段，由于学生已具备一定的汉语基础，可以对相关语法规则进行总结、概括，可采用显性的讲解，也可以使用一些语法术语。

杨寄洲（2000）指出，“严格地说，对外汉语教学的初级阶段不是教语法，而是用语法做指导，教学生实用的句子、会话和短文。语法在教材中只是一个隐性的存在。课堂教学行为是按照语法规则进行的听说读写的言语技能操练，课堂教学的目的是让学生能说出或写出（即生成）新的正确的句子来表情达意”。①

卢福波（2010）认为，初级阶段的语法教学，内容上更适合采用化整为零，单一局部的教学处理模式，即以局部具体项为着眼点，而不以系统类别为着眼点，不做更多大知识性的综合；方法上，一般无须对语法知识做更多的解释，主要以点练形式为主，用浅显直白的话语点拨，同时以练的方式实现对语法点的理解掌握。中级阶段的语法学习，可以对局部知识做一定整合，做小局域范围内整体的和联系性的学习，逐渐从局部系统的、知识完整的角度，集零为整地进行教学，把相关性、联系性的学习放到比较重要的位置上。②

赵金铭（1996）指出，“习得者在学习汉语的过程中，首先得解决正误问题，就是得把词语的位置摆对，这就要解决语言形式问题；其次，要解决语言现象的异同问题，这是正误问题的深入，于是要涉及深层而具有隐性的语义理解；最后，要解决高下问题，就是语言的得体性问题，这是语言的应用问

① 杨寄洲：《对外汉语教学初级阶段语法项目的排序问题》，载《语言教学与研究》2000 年第 3 期。

② 卢福波：《汉语语法教学理论与方法》，北京大学出版社，2010 年。

题。这样的过程反映在语法教学的阶段划分上，正好是初、中、高级三个阶段。三个阶段的语法教学主旨各有侧重：初级阶段，也就是所谓基础汉语教学阶段，所讲语法为形式语法，讲究句法结构，掌握汉语的句型、词序，是一种语法模式教学；中级阶段（二年级上学期）所讲语法侧重语义语法，注意句中成分的语义关系及语义搭配，因此语汇的意义（包括词汇意义和语法意义）及使用的教学，占据相当的位置；高级阶段（二年级下学期）所讲语法侧重语用功能语法，着重语用的选择和词语的应用，目的在于表达得体”。①

第三节　显性语法教学与隐性语法教学

语法教学存在两种不同的处理方式：显性语法教学和隐性语法教学。

集中的语法教学即专门的语法知识课，一般都采用显性语法教学，可以使用术语，教师需要一条一条地把规则讲清楚，然后进行适当的练习。分散的语法教学中，既可以采用显性的教学方式，也可以采用隐性的教学方式。

显性语法教学和隐性语法教学的概念来源于内隐学习和外显学习这两个概念。

一、内隐学习与外显学习

1. 概念的提出

内隐学习（implicit learning）和外显学习（explicit learning）的概念是 20 世纪 60 年代由美国心理学家罗伯（Re-

① 赵金铭：《对外汉语语法教学的三个阶段及其教学主旨》，载《世界汉语教学》1996 年第 3 期。

ber）在《人工语法的内隐学习》这一研究报告中提出来的。

罗伯（1967）指出，人们能够按照两种本质不同的学习模式来完成复杂的任务，一种是外显学习模式，即在通常状况下，人们有意识地采取一定的策略来学习知识，掌握规律，并利用这些知识规律对环境做出适当的反应；另一种是内隐学习模式，即人们没有意识到控制他们行为的规则是什么，但却学会了这种规则，而且人们也没有意识到如何掌握了规则。[①] 在学校的课堂学习就属于外显学习。日常生活中有很多内隐学习的现象，比如婴儿出生后不长时间就能从人群中辨认出母亲，短短几年便能用母语进行交流，而他实际上根本不可能说出母亲的面目特征和母语的语法、语用规则。

通过外显学习获得的知识叫作显性知识。显性知识是能够用语言表达出来的知识，也叫陈述性知识。通过内隐学习获得的知识叫作隐性知识。隐性知识是不可言说但可以指导人们做事情的知识（可自动使用），也叫程序性知识。

外显学习具有目的性、有意识性、可控制性和学习性等特征。内隐学习具有如下几个特征。[②]

（1）自动性：内隐学习过程是无意识的、自动的，这是内隐学习区别于外显学习的标志性特征。（无意识性）

（2）抗干扰性：内隐学习不易受机能障碍或失调的影响，不受年龄和智商的影响，个体或者群体差异相对较小等。这是内隐学习优越于外显学习的一大特征。

---

① 转引自郭睿：《内隐学习：对外汉语教学的新视野》，载《语言教学与研究》2008 年第 6 期。

② 刘孟兰、杨微：《浅谈显性语法教学和隐性语法教学的整合》，载《黑龙江教育学院学报》2009 年第 11 期。

（3）抽象性：内隐学习的结果是跳过事物的表面特征抽象出来的，它可以概括到具有相同结构的新情境中。该特征也被称为概括性。(概括性)

（4）理解性：内隐学习的结果并非完全不能被人意识到，只是人们很难把他们完全揭示出来。

（5）高效性：在规则模糊而难以把握时，内隐学习的效果会明显优于外显学习，不仅能自动提取，还能长久保持。(稳定性)

这五个特征中，前两个是针对内隐学习的过程来讲的，后三个是针对内隐学习的结果（即内隐知识）来讲的。贝瑞（Berry 1993）也曾论证过内隐知识的这几个特征。[①]

关于这两种学习模式的功效孰优孰劣，一直以来争论不休，现在更多的研究者认同两种学习模式都非常重要，且两种学习模式常常相互依存、相互作用，具有一种协同效用。

巴亚勒斯克（Bialystok 1979）的研究证明，内隐知识在判断句子是否合乎语法时起决定作用，但进一步分析其原因时则需要外显知识。

贝瑞（Berry 1993）用实验证实，内隐学习和外显学习的效果会受规则显著程度的影响。如果规则明显，实施外显的指导对学习的帮助更大，即“寻找规则是有效的，如果你能找到它”。如果规则模糊而难以把握，内隐学习的结果相对较好。同时，贝瑞的实验还证实，当提供的外显信息与被试从环境中获得的内隐知识的表征相一致时，越早向被试提供外显的指导，效果越好；如果二者不一致，越早提供外显指导，效果

① 郭睿：《内隐学习：对外汉语教学的新视野》，载《语言教学与研究》2008 年第 6 期。

越差。

我国学者对此也做过一些研究。吴国宏、李其维（2001）指出，内隐学习和外显学习应该位于学习这根连续坐标轴的两端，无论从经验还是从理论上，我们都没有理由认为可以在这一坐标轴上找到一个明确的分界点，割断两者的内在联系。内隐认识系统和外显认识系统更应视作互为补充、相互合作的机能系统，正是它为我们提供了我们活动世界的完整信息。事实上，任何有趣的关于内隐学习的实验，都包含有外显学习的成分在内，反之亦然。①

郭秀艳、杨治良（2002）用人工语法范式进一步证实并发展了协同效应。内隐学习和外显学习存在着四种情况的相互作用，从作用上可分为协同或冲突，在贡献上可分为谁大或谁小。总之，在具体的学习过程中，内隐学习和外显学习是相互联系的。它们协同活动，使人们得以获得复杂的知识。②

二、显性语法教学与隐性语法教学

1. 显性语法教学

显性语法教学指通过教师的系统讲解和学生有意识的学习操练达到掌握语法规则的目的。语法教学的目的直接、明显，在教学中直接谈论语法规则，配合一定的关注形式的练习，强调教师的作用。

显性的语法教学把目的语的语法看作一套知识体系，强调通过教师的系统讲解和学生有意识的学习操练达到掌握语法规

① 吴国宏、李其维：《内隐学习的再解读——从认知发展角度的剖析》，载《华东师范大学学报》2001 年第 3 期。

② 郭秀艳、杨治良：《内隐与外显学习的相互关系》，载《心理学报》2002 年第 4 期。

则的目的。在显性语法教学课堂上，教师首先呈现或描述语法结构或语言点，然后组织学生进行语法练习，在学生通过模仿掌握了新句型和正确发音的基础上，再要求学生自己运用有上下文关联的语言情境来练习新学的语法结构。① 如下面的“正反问句”教学片段：

（教师先带领学生一起复习以前学过的句子“那儿的东西贵吗?”，PPT 上有例句“那儿的东西贵吗?”）

教师：今天我们再学习一种新的问法。（PPT 呈现“那儿的东西贵不贵?”）跟我读，那儿的东西贵不贵？（PPT 呈现两个例句之间的等于号）

学生：那儿的东西贵不贵?

教师：再来!

学生：那儿的东西贵不贵?

教师：“贵不贵”和“贵吗”是一样的。（PPT 呈现“贵吗=贵不贵”）“贵”是一个什么词?

学生：形容词。

教师：对，“贵”是形容词。（PPT 呈现“adj. 吗 = adj. 不 adj.”）那我们可以说“形容词 吗”和“形容词 不 形容词”是一样的。明白了吗?

学生：明白了。

教师：（PPT 呈现“好吗=”）看，“好吗”我们可以怎么说？西里。

学生：好不好。

教师：（PPT 呈现“好吗=好不好”）嗯。（PPT 呈现

① 刘孟兰、杨微：《浅谈显性语法教学和隐性语法教学的整合》，载《黑龙江教育学院学报》2009 年第 11 期。

“冷吗=”）下一个，冷吗？子林。

学生：冷不冷。

教师：（面向全班）对吗？我们可以怎么说？

学生：对不对。

显性教学法有许多具体的、行之有效的应用技巧。Rubin把显性教学法的认知技巧归纳为六点，即阐释/验证、归纳推理、演绎推理、练习、记忆和自我监控。Stern 把显性教学法常用的技巧概括为两类：一类称之为“纯理认知指导技巧”（metacognitive counseling techniques），另一类称为“引导认知学习技巧”（guided cognitive learning techniques）。前者是指教师在施教过程中给予学生的各种指导和建议，比如有关记忆、纠正错误等方法，后者是指教师在课堂上有意使用的各种技巧。①

2. 隐性语法教学

隐性语法教学指在教学中避免直接谈论所学语法规则，主要通过创设情景让学生体验目的语的规则和用法，配合对目的语的交际性运用，以达到掌握目的语的目的，强调学生的作用。

隐性的语法教学强调学生学习语法必须置身于有意义的、可理解的语言环境中，尽可能自然地习得目标语语法。② 如下面的“静态存现句”教学案例。③

① 何宇丹：《显性法和隐性法在英语语法教学中的应用》，载《沈阳教育学院学报》2007 年第 4 期。

② 刘孟兰、杨微：《浅谈显性语法教学和隐性语法教学的整合》，载《黑龙江教育学院学报》2009 年第 11 期。

③ 教学案例的教学设计及讲授者为中央民族大学国际教育学院 2010 级汉语国际教育硕士孙培建。

（教师先带领学生复习之前学过的表示位移的“把”字句，PPT 呈现结构格式：把+什么+V.+在+地方。教师通过形体演示和提问引导学生说出“老师把书包放在桌子上”“老师把书放在书包里”“老师把书包放在地上”等句子。黑板上写有静态存现句的结构格式“什么地方+〈空白〉+着+东西”。空白处后来在教学过程中被贴上不同动词的卡片）

教师：好的。我们今天要学的新的内容，来看一下。（PPT 呈现一张“书架”的图片）这是什么？

学生：书架。

教师：（PPT 呈现“书架”的汉字及拼音）很好，一起来。

学生：书架。（练习了 3–4 遍，教师分别用手势提示全班一起说及两个学生单独说）

教师：（PPT 呈现一张“柜子”的图片）这个是什么呢？

学生：柜子。

教师：（PPT 呈现“柜子”的汉字及拼音）柜子，很好，一起来。

学生：柜子。

（用同样的方法又学习了“沙发、台灯、窗帘、地图”几个词）

教师：（PPT 呈现一个空白的书房的图片）这是老师的书房，怎么样？好看吗？

学生：不好看。

教师：不好看，没有东西。

学生：是。

教师：没有关系。看。老师在做什么？（同时在 PPT 上将

“书桌”的图片移动到书房的窗户前)

学生：(教师跟学生一起）老师把书桌放在窗户的前面。

教师：那，窗户的前面有什么?

学生：窗户的前面有书桌。

教师：对，那我们也可以用今天的句子，(拿出动词“放”的词卡，给学生看一下，然后贴在黑板上所列句子格式的空白处）窗户前……放着……什么东西?

学生：窗户前放着书桌。

教师：好，我们一起来一遍。

学生：(跟教师一起）窗户前放着书桌。

教师：再来一遍。

学生：窗户前放着书桌。

教师：好。看老师现在在做什么?（在 PPT 上将“沙发”的图片移动到书房的中间)

学生：老师把沙发放在书房的中间。

教师：那书房中间……?(手指向黑板上所列的句子格式)

学生：书房中间放着沙发。

教师：非常棒。老师现在在做什么?（在 PPT 上将“柜子”的图片移动到沙发的旁边)

学生：老师把柜子放在沙发的旁边。

教师：那沙发的旁边……?（手指向黑板上所列的句子格式)

学生：沙发的旁边放着柜子。

教师：很好。(在 PPT 上将“两瓶鲜花”的图片移动到柜子上边）那柜子上放着什么?

学生：柜子上放着两瓶花儿。

教师：放得好看吗？

学生：好看。

教师：很好。我们说放得很好看，放得很整齐，我们可以用一个动词，就是……（PPT 呈现“摆”的汉字和拼音），“摆”。跟老师读一遍。

学生：摆。（在教师引导下重复了几遍）

教师：我们可以说“摆着……”，（PPT 呈现“摆+着”结构，以及一张书柜的图片，书柜上面整齐地摆着一些书）这是什么？

学生：书。

教师：很好，摆着书。（然后用手势示意学生重复）

学生。摆着书。（先是几个学生个别读，然后全班集体读）

教师：（在 PPT 上将“书柜”的图片换成“花儿”的图片）摆着什么？

学生：摆着花儿。

教师：再来复习一下。摆着什么？（PPT 呈现“书”和“花儿”的图片）

学生：摆着书。摆着花儿。

教师：好。（将“摆”的词卡贴在黑板上所列句子格式的空白处）看这里，柜子上怎么样？

学生：柜子上摆着花儿。

教师：很好，再来。

学生：柜子上摆着花儿。（学生分个别练习和集体练习重复了几遍）

教师：很好，下面看老师在做什么？（在 PPT 上将“两幅

画”的图片移动到墙上的位置）

学生：老师把画儿放在墙上。

教师：在墙上我们一般用“挂”。（PPT 呈现“挂”的汉字和拼音）来，跟老师读一下。

学生：挂。

教师：我们可以说“挂着……”（PPT 呈现一件“衣服”的图片）这是什么？

学生：衣服。

教师：挂着衣服。（用手势提醒学生一起重复）

学生：挂着衣服。

教师：我们也可以说“挂着……”（PPT 呈现“窗帘”的图片）

学生：窗帘。

教师：很好，挂着窗帘。一起来。

学生：挂着窗帘。

教师：好，我们复习一下。

学生：挂着衣服，挂着窗帘。

（用同样的方法学习了动词“贴”和“贴着地图、贴着照片”两个短语，以及“墙上贴着地图”这个存现句）

教师：（呈现摆好了各种家具的书房图片）这是老师现在的书房，好看吗？

学生：好看。

教师：好，我们来说一下老师的书房里都有什么。书桌前面有什么？

学生：书桌的前面有……

教师：有，我们可以说什么？（手指黑板上贴着的动词

“放”的卡片）

学生：书桌的前面放着一把椅子。

教师：很好，那……柜子上有什么？

学生：柜子上摆着两瓶花儿。

（接下来又引导学生说出“墙上贴着地图”“窗户上挂着窗帘”等几个句子）

教师：下面我们来活动一下，看看我们的教室里都有什么？谁看到了？告诉大家。

……

这段教学，教师采用创设情境、提问引导等方法，帮助学生理解并掌握静态存现句的用法，整个教学过程中，教师没有明确地谈论存现句的语法规则，因此是一种隐性的语法教学。

体现隐性教学法基本原理的教学技巧主要包括：（1）直接教学法技巧，即通过模仿、重复、记忆、背诵、句型操练、替换练习等机械方式促使语言习惯和自动化反应的形成，尽可能减轻学习者认知或理性思维的负担。（2）情景教学法技巧，设计各种可能的情景，营造一种近似于现实的语言环境，把语言学习置于特定的情景之中，为学习者应用语言创造条件。不管虚拟情景与现实情景之间有多大差距，在远离目的语自然情景的外语课堂上，情景教学的效果是不容低估的。（3）任务型教学法技巧，设计各式各样的任务，要求学生使用目的语来完成，完成任务被视为中心目标。①

从隐性语法教学到显性语法教学，其实是一个连续体。同是显性语法教学，存在着显豁程度的区别；同是隐性语法教

① 何宇丹：《显性法和隐性法在英语语法教学中的应用》，载《沈阳教育学院学报》2007 年第 4 期。

学，也存在着隐蔽程度的区别。下面三个关于“对……感兴趣”教学的案例，语法教学的显性程度存在显著差别。①

【案例一】

教师：我们来看课文上的一句话：“我对中国民族音乐很感兴趣。”（板书该句子）

我们来分析一下，这里呢，“对”是一个介词，介词加上宾语以后呢，构成介词短语，在这里做状语，修饰“感兴趣”。另外，“感兴趣”前面还可以有程度副词。……

明白了吗？好，下面我们讲第二个问题。

【案例二】

教师：你对中国民族音乐感兴趣吗？（板书“对……感兴趣”）

学生：我一点儿感兴趣。

教师：不是“一点儿”，要说“比较”。我们可以说“比较感兴趣”“很感兴趣”“不太感兴趣”，等等。（边说边板书）请你再说一遍。

学生：我对……对中国民族音乐比较感兴趣。

教师：很好。“对……感兴趣”也可以说成“对……有兴趣”，比如说“我对中国民族音乐比较有兴趣”。（对另一位学生）你也对中国民族音乐有兴趣吗？

学生：……

【案例三】

教师：你对中国民族音乐感兴趣吗？（板书“对……感兴趣”）

① 案例引自吴中伟：《怎样教语法——语法教学理论与实践》，华东师范大学出版社，2007 年。

学生：我一点儿感兴趣。

教师：哦，你对中国民族音乐比较感兴趣。你对中国民族音乐比较感兴趣，对吗？（边说边板书“比较”）

学生：对，我对……对中国民族音乐比较感兴趣。

教师：除了民族音乐，你还对什么感兴趣？

学生：……

上面三个教学案例，案例一是比较典型的显性语法教学，案例三是比较典型的隐性语法教学，案例二基本上也属于隐性语法教学，但其隐蔽程度要比案例三低一些。正是由于显性语法教学和隐性语法教学构成一个语法教学的连续体，二者之间存在一定的过渡地带或者说是模糊地带，所以很多时候，一种语法教学的样态到底是显性教学还是隐性教学，并不容易判定。

三、显性与隐性教学方法的选用

汉语作为第二语言的语法教学，是采用显性的方法更好？还是采用隐性的方法更好？什么情况下应该采用显性语法教学？什么情况下应该采用隐性语法教学？这些都是值得思考的问题。

严格说起来，这两种语法教学方式各有利弊。显性语法教学的优势在于学习者对语法知识的记忆深刻，掌握牢固，但这种语法教学以教师为中心，主要依靠教师的输入式讲解，容易造成学生不感兴趣，注意力不集中，而且不利于语言运用能力的培养。Mclaughlin 指出，基于正规学习的语言学习只能发展学习者的考试能力，而基于隐性、类比等自然习得的语言学习才能导致交际能力的产生。[①] 隐性语法教学的优势是有助于调动学习者的学习兴趣，有助于培养学习者的语感和语言运用能力，但这种教学方式要求教师在课堂上提供尽可能真实的交际环境是很困难的事情。

国内英语教学界有研究者做过一项隐性语法教学成效实验，实验班采用隐性教学法，对比班采用显性教学法。实验结果显示，实验班和对比班的笔试成绩没有显著差别，但实验班的口试成绩高于对比班的口试成绩，且差别显著。分析其原因，应该是实验班采用完成任务为巩固练习，而所布置的任务包括口语任务。实验过程中及实验后，研究者对实验班学生进行了访谈，学生普遍反映喜欢这种活动，不喜欢做语法练习题，学习兴趣明显增强，这也解释了成绩提高的原因。实验班在产出任务（包括写作及口语）中使用目标结构的数量及准确率明显高于对比班，说明隐性知识在转换为产出时，其作用高于显性知识，说明隐性语法教学有助于提高学生的交际能力。[②]

但到目前为止，语法教学到底应该采用显性教学还是隐性教学，仍然是第二语言教学领域争论不休的一个问题。与国外普遍推崇隐性语法教学不同，国内外语（主要是英语）教学界对隐性语法教学争论颇大，赞成的人士认为实施隐性语法教学可以提高学生运用语言的能力，提高学生学习英语的兴趣，改变外语教学中高分低能的现象；反对的人士强调语言知识的

① 转引自田金平：《英语语法隐性教学实证研究》，载《山西师大学报》（社会科学版）2005 年第 3 期。

② 田金平：《英语语法隐性教学实证研究》，载《山西师大学报》（社会科学版）2005 年第 3 期。

重要性，认为隐性语法教学不适宜外语背景下的语言学习，更不适宜在中国推广。

在汉语作为第二语言教学领域，随着交际法理念的影响日益深入，以及“淡化语法教学”主张的提出，隐性语法教学得到普遍认可和推崇，教师在课堂上大讲特讲语法规则的情况越来越少见了。

在选择显性或隐性教学法时，人们考虑较多的因素主要有以下两个：一是语法项目的难易度；二是学习者的有关情况。

（1）根据语法项目的难易度来选择显性或隐性语法教学

一种观点认为，复杂、难懂的语法项目适宜采用隐性教学法，而简单易懂的语法项目则适宜采用显性教法。贝瑞（Berry 1993）的实验证实，如果规则明显，实施外显的指导对学习的帮助更大。如果规则模糊而难以把握，内隐学习的结果相对较好。[①] 国内有研究者通过实验证明，内在关系明显的语言材料更适宜外显学习，而内在关系不明显的语言材料更适宜内隐学习。学习复杂任务时先应具备一个内隐知识基础，然后再试图建立外显的任务模型。[②]

另一种观点是，简单的语法点可以采用隐性教学法，用归纳的方法以求得学生的积极参与（如形容词重叠、“比”字句）；而较难的语法点则可以采用显性教学法，教师直接讲解，然后辅以练习，这样学生更容易接受一些（如“把”字句）。

① 郭睿：《内隐学习：对外汉语教学的新视野》，载《语言教学与研究》2008年第6期。

② 郭秀艳、杨治良：《内隐学习与外显学习的相互关系》，载《心理学报》2002年第4期。

（2）根据学习者的情况来选择显性或隐性语法教学

在这方面，人们考虑比较多的因素是：学习者的年龄、目的语水平、性格特征和学习习惯。

从学习者的年龄来看，对于儿童的语言教学，更适合采用隐性语法教学的方法；而对于成年人来说，则两种语法教学都可以采用。

从目的语水平来看，对于初级水平的学习者来说，更适合采用隐性语法教学；对于中高级水平的学习者来说，显性语法教学也会对其有很大帮助。

关于如何根据学习者的性格特征和学习风格选择不同的教学策略，国内学者研究较少。Brown（1994）的研究认为，分析型、场独立型、使用左脑为偏向的学习者，更倾向于靠视觉输入来使语言知识内在化（internalized），对于这样的学习者来说，更适合采用明示的、推导的方法（显性语法教学）；相反，对于理性型、场依赖型、使用右脑为偏向的学习者来说，更适合采用隐性的教学方法。①

实际上，对显性语法教学和隐性语法教学的选择，可以只涉及单个语法项目，也可以涉及语法教学的整体安排。有些语言教学模式，在语法教学方面，会整体采用显性或隐性的教学方法。比如，美国来华短期项目 ACC（美国各大学联合汉语中心）的语法教学就是整体上采用隐性语法教学的方式，在 ACC 项目的课堂教学中不会出现教师讲解语法规则的情况。

就单个语法点的教学而言，可以单纯使用隐性或显性一种教学法，也可以将二者结合起来。比如，先创设一定的情景，

① 尹枝萍、郝兴跃：《明示语法教学与暗示语法教学讨论》，载《云南师范大学学报》（哲学社会科学版）2005 年第 2 期。

让学生感悟语法点的语义、用法和语境，然后进行适当的点拨，之后再创设丰富多样的情境，引导学生结合特定情境用语法点去表达，达到掌握该语法点的目的。这种做法在国内对外汉语教学领域越来越常见，比如下面的“把”字句教学案例。①

教师：今天我们要学习一个新的语法，请大家跟我一起来学习。

学生：好的。

教师：现在，你们看老师的动作回答问题。

学生：好。

教师：（手拿一本书）这是什么？

学生：书。

教师：好，书在哪儿？

学生：书在老师的手里。

教师：（演示把书放在桌子上的动作）老师在做什么？

学生：老师放书在桌子上。

教师：好，现在书在哪儿了？

学生：书在桌子上了。

教师：好，老师做什么了？至理。

学生：老师放书在桌子上。

教师：还有别的吗？秀玲。

学生：老师放书在桌子上。

教师：佩霞。

学生：老师放到书在桌子上。

① 教学案例来源于世界汉语教学学会网站，教学设计及讲授者为陈默。

教师：这些句子都不合适。我们应该这样说，老师把书放在桌子上了。（PPT 呈现“老师把书放在桌子上了”）好，一起说。

学生：老师把书放在桌子上了。

教师：松田。

学生：老师把书放在桌子上了。

教师：非常好，一起。

学生：老师把书放在桌子上了。

教师：很好。看老师，这是什么？

学生：这是包。

教师：包在哪儿？

学生：包在老师的手里。

教师：包在老师的手里，非常好。（演示把包往门上挂的动作）老师在做什么？

学生：挂……

教师：（跟学生一起说）挂包。

学生：挂包。

教师：好，包在哪儿了？

学生：包在门上了。

教师：好，老师做什么了？

学生：老师把包挂在门上了。

教师：很好。至理，你来。

学生：老师把包挂在门上了。

教师：惠阳。

学生：老师把包挂在门上了。

教师：秀玲。

学生：老师把包挂在门上了。

教师：非常好，一起。（PPT 呈现“老师把包挂在门上了”）

学生：老师把包挂在门上了。

教师：老师把包放在桌子上了吗？

学生：老师没把包放在桌子上。

教师：哈迈德。

学生：老师没把包放在桌子上。

教师：好，一起说。

学生：老师没把包放在桌子上。

教师：（PPT 呈现“老师没把包放在桌子上”，其中“没”用彩色突出显示）大家一起读一遍。（手指向 PPT 上刚刚引导出的三个例句，三个例句并排排列，每个句子都分为主语、“把”及其宾语和后面的动词性词语三段，三段之间有空格）

学生：老师把书放在桌子上了。老师把包挂在门上了。老师没把包放在桌子上。

教师：非常好，这就是我们今天学的语法——把字句。大家跟我一起读——把字句。

学生：把字句。

教师：好，现在我们看，“老师”是什么？（PPT 在“老师”这个主语段的上方呈现英语主语一词的缩写形式“S”）

学生：主语。

教师：（一边操控 PPT，一边引导学生一起分析句子的结构）主语……把东西或者人……用一个动作……后边是在什么地方。（PPT 先是在“把”及其宾语的上方呈现“把东西/人”，然后在后面的动词性词语上方呈现“V 在+地方”）我

们要注意，“没”在“把”的前边。(手指向 PPT 上“没”字的位置)

教师：很好。(PPT 呈现“操练一”的字样及句子格式：“S+把东西/人+V 在+地方”) 现在，我们来看视频回答问题。

教师：(PPT 呈现班上一位学生的照片，学生手里拿着表) 她是谁?

学生：琼英。

教师：表在哪儿?

学生：表在琼英的手里。

教师：好，我们看琼英做什么了。(播放琼英把表挂在墙上的视频) 一藤，琼英做什么了?

学生：琼英把表挂在墙上了。

教师：好，佩霞。

学生：琼英把表挂在墙上了。

教师：好，荣辉。

学生：琼英把表挂在墙上了。

教师：好，注意你们的发音啊，不是床上，是墙上。我们一起来读。(PPT 呈现例句“琼英把表挂在墙上了。”)

学生：琼英把表挂在墙上了。

(接下来又用同样的方法练习了“奎东把地图贴在墙上了”“琼英没把地图贴在墙上”等几个句子)

第四章

汉语作为第二语言教学语法系统

第一节　汉语作为第二语言教学语法概说

一、理论语法与教学语法

一种语言，客观的语法只有一个，但对客观语法的描写、说明和解释可以有不同的方式。人们可以出于不同的目的，按照不同的理论或方法，对一种语言的语法进行不同的描写和概括，结果就出现了不同的语法体系。这形形色色的语法体系大致可以分为两种类型：理论语法（专家语法）和教学语法。理论语法比如描写语法、生成语法、认知功能语法等。

一般来说，教学语法和理论语法的区别主要体现在以下几个方面：[①]

1. 理论语法的假设性与教学语法的可靠性

理论语法在研究中可以大胆假设，并且追求理论创新，但教学语法追求描写和解释的稳妥性、可靠性，显得有些保守，虽然也经常把最新研究成果引入语法教学，但一般都是得到大多数人认可的。

2. 理论语法的排他性与教学语法的兼容性

理论语法存在学术壁垒，同一门派的学者在同一种理论指导下，采用统一的研究方法，进行深入研究，论证假设，自成一家之说，有时还互相攻击，以立自家之说；教学语法兼采众家学说，只要能把语言结构的用法说清楚即可，尽量避开有争议的说法。

3. 理论语法的学术性与教学语法的通俗性

在描写、解释语法规则时，理论语法更注重专业性，使用术语，甚至自创术语；与理论语法不同的是，教学语法则要把理论语法抽象出来的东西再具体化，还原和重现言语事实，使用尽可能少的、通俗易懂的术语。

总体来看，教学语法讲求实用，以服务教学、方便学习为宗旨。教学语法与理论语法虽然有所不同，但二者之间也有着密切的联系：理论语法为教学语法提供理论基础和解释依据，教学语法也可以在一定程度上丰富和深化理论语法。

---

① 金立鑫：《漫谈理论语法、教学语法和语用教学中语法规则的表述方式》，载《首届国际对外汉语教学语法研讨会论文集》，中国社会科学出版社，2003年。

二、对母语者的教学语法与对外国人的教学语法

教学语法又可细分为对母语者的教学语法和对外国人的教学语法，二者也存在一定的区别。

首先，两种教学语法的目标不一样。对母语者的教学语法，目的是传授语法学理论和知识，培养语言分析的能力。对外国人的教学语法，目的是教授语法规则（语法点的用法），培养语法能力（包括判断句子正误的能力和正确造句的能力）。

其次，正是由于两种教学语法的目标不同，导致两种教学语法的内容和侧重点也有所不同。一些对母语者来说不说自明的语法规则，在对母语者的教学语法中可以不讨论，可是在对外国人的教学语法中就必须交代清楚。

以动词为例，对母语者的教学语法，需要讲清动词的语法特征和分类，还要注意辨析动词与名词、形容词的区别，以便学习者可以准确鉴别出来。至于某个具体动词的用法，是不必做出说明的，只需要在各种类型的动词下面罗列一定数量的动词就可以了。而对外国人的教学语法，则不需要说明动词的语法特征，动词与名词、形容词等的区别等内容，但是对一些动词的具体用法则要做出特别说明，比如趋向动词的用法、能愿动词的用法、"是"的用法、"有"的用法、动词重叠的用法，等等。

再以副词为例，在对母语者的教学语法中，一般只介绍副词的定义、语法特征、内部小类及举例，基本不涉及某个具体副词的用法，以及相近副词的辨析等内容。但实际上副词的用法较为复杂，即使同属一个小类的副词，也是用法各异。比如，"不"和"没"，虽然都是表示否定的副词，但用法却完

全不同，“不”一般用于否定尚未发生（未然）的动作行为，或者否定某种主观意愿，而“没”则用于否定已经发生（已然）的动作行为。这种用法上的差异，对于母语者来说，是不说自明的，但对于外国留学生来说，则需要特别加以说明。

三、汉语作为第二语言教学语法的特点

1. 讲求实用，注重用法

汉语作为第二语言的教学语法，是针对汉语作为第二语言学习者的教学语法，具有教学语法的一般特点，但又不同于对母语者的教学语法，它更讲求实用性，更注重语言形式的具体用法，有人称之为“注重用法的语法”。以离合词为例，对汉语母语者讲离合词，重点是讲清楚离合动词的结构和语义特征，目的是能够分析和判定离合词。而对汉语作为第二语言学习者讲离合词，重点则是讲清楚离合词的各种离析用法，包括什么情况下可以采用离析的形式，什么情况下不能采用离析的形式，采用离析的形式时，哪些成分可以放入两个离析的成分之间，如果有多个词语同时放入离析成分之间的话，它们之间的语序如何，等等。

2. 兼顾结构、语义和语用

语法单位都有一定的（结构）形式，表达一定的语义，并且是在一定的语用环境中使用的。汉语作为第二语言的教学语法，应该兼顾结构、语义和语用三个层面。

有的研究者将汉语作为第二语言的教学语法称为“讲条件的语法”，这也有一定道理。语言形式的运用，往往会受到一定因素的制约，是有条件限制的。只有符合限制性条件的结构形式才是正确的，才可以运用。语言形式所受到的限制与制

约，有的属于句法层面，有的属于语义层面，有的属于语用层面。

（1）句法限制

“你把玻璃擦”不可以说，是因为“把”字句中的动词不能是光杆动词，“把”字句使用上的这一条限制就属于句法限制。

（2）语义限制

“拜访张老师”可以说，“拜访中国”不可以说，这是因为“拜访”一词要求与之搭配的词语具有“+人”这样的语义特征，而“中国”的词义中没有这样的语义特征，所以不能成立，这种词语组合上的限制就属于语义限制。

（3）语用限制

汉语“将”字句和“把”字句表示相同的语义，比如“把爱情进行到底”和“将爱情进行到底”意思是一样的，但是，“将”字句通常只能用于书面语中，不用于口语中，说明这两种句式的使用要受到一定的语用限制。再比如，“A 是 A，……”这一句式（比如“好是好，就是太贵了”）在口语中可以使用，用在书面语中就不恰当，该句式使用上的这一条限制也属于语用限制。

3. 注重语言对比

汉语作为第二语言教学语法的内容到底应该包括什么，这既取决于汉语的特点，也应该充分考虑汉语与学习者母语对比的结果，应该将那些既能体现现代汉语语法特点，又属于学习者难点的语法内容，纳入汉语作为第二语言教学语法的范围之内，也只有这样，才能更好地体现汉语作为第二语言教学语法的针对性和实用性。

第二节　汉语作为第二语言教学的语法体系

一、汉语作为第二语言教学语法体系的建立

汉语作为第二语言教学语法体系的建立，以 1958 年《汉语教科书》这套教材的出版为标志。《汉语教科书》的语法部分为对外汉语教学语法体系奠定了基础，也被视为新中国第一个对外汉语教学语法体系。

《汉语教科书》是新中国成立后正式出版的第一部专供外国人学习汉语的教材，在对外汉语教学发展史上具有里程碑式的意义。这套教材由追随赵元任先生从事对外汉语教学工作多年的邓懿先生主持编写，是在总结新中国成立以后八年多对外汉语教学实践的基础上编写出来的。该教材将汉语的语法系统切分为 170 多个语法项目，每课安排 3–4 个，配合课文和练习来学习和掌握这些语法项目。在教材的最后，列出一个“基本语法复习提纲”，对全书的语法项目进行总结归纳，以方便外国留学生复习语法内容。

根据教材后面的“基本语法复习提纲”，《汉语教科书》的语法体系包括“词的部分”和“句子部分”两大部分。词的部分将汉语的词划分为名词、代词、动词、能愿动词、形容词、数词、副词、介词、连词、助词和叹词 11 个词类；句子部分包括“句子分类”“主语、谓语、宾语以外的句子成分”“时间和情貌”“动词谓语句的几种句型”“否定”“强调”和“复合句”等内容。其中，“时间”介绍时间状语和时间补语；情貌包括“动作的完成”“动作的进行”“动作的持续”“动作的就

要发生”“动作的经验”；“否定”和“强调”属于表达法。这些内容体现了对于汉语作为第二语言学习者的针对性，是汉语作为第二语言教学语法不同于针对汉语母语者的教学语法的地方。

根据孙德金（2012）的研究，《汉语教科书》成书时，其语法体系主要依据的是《暂拟汉语教学语法系统》（1956），并参考了丁声树等《现代汉语语法讲话》、王力《中国语法理论》、吕叔湘《中国文法要略》等的语法思想。[①] 由此可以看出，汉语作为第二语言教学的语法系统，从一开始就与对母语者的教学语法系统之间存在着密切关系。

在汉语作为第二语言教学语法体系尚未建立起来之前，国内存在着一个针对母语者的汉语教学语法体系，即1956年公布的《暂拟汉语教学语法系统》（简称《暂拟系统》）。1984年，在对《暂拟系统》进行修订的基础上又推出了一个新的教学语法体系《中学教学语法系统提要》（简称《提要》）。这两个先后出现的教学语法系统虽然在对某些语法形式的归并及说明上有些区别，但总体框架变化不大，都属于传统语法的体系，包括词法和句法两大部分。[②]《暂拟系统》的语法框架如下图所示：

① 孙德金：《对外汉语教学语法体系的历史和现状》，载《玉溪师范学院学报》2012年第5期。

② 根据黄德智（1985）的研究，《中学教学语法系统提要》与《暂拟汉语教学语法系统》的不同主要如下：取消了“附类”和“合成谓语”以及复句中联合复句和偏正复句的划分；不采用“名物化”和“双部句”“单部句”的说法；不讲“前置宾语”；把《暂拟系统》中“复杂的谓语”（包括“谓语的连续”和“谓语的延伸”）处理为“连动句”和“兼语句”两种句型，又将“插说”按两种不同的办法分别处理；在语法单位里增补了“语素”和“句群”，在汉语中确立了五级语法单位（语素、词、短语、句子、句群）；突出了短语的地位，扩充了短语的内容；采用成分分析法和层次分析法相结合的析句方法。参见黄德智《从〈暂拟汉语教学语法系统〉到〈中学教学语法系统提要〉——教学语法研究述评》，载《吉首大学学报》（社会科学版）1985年第1期。

一　词和词的构成	二　词类
三　实词	四　虚词
五　助词和叹词	六　词的组合——词组
七　句子	八　句子成分
九　复杂的谓语	十　主谓结构做句子成分
十一　联合结构做句子成分	十二　特殊的句子成分
十三　句子成分的倒装和省略	十四　单部句
十五　复句	十六　复句的紧缩

总体来看，除增加针对外国留学生的“时间和情貌”“表达（否定、强调）”两个部分外，《汉语教科书》语法体系的其他内容都与《暂拟系统》相差无几。下图是《汉语教科书》和《暂拟系统》的句型系统比较，可以看出吻合度非常高。

《汉语教科书》与《暂拟系统》的句型系统比较

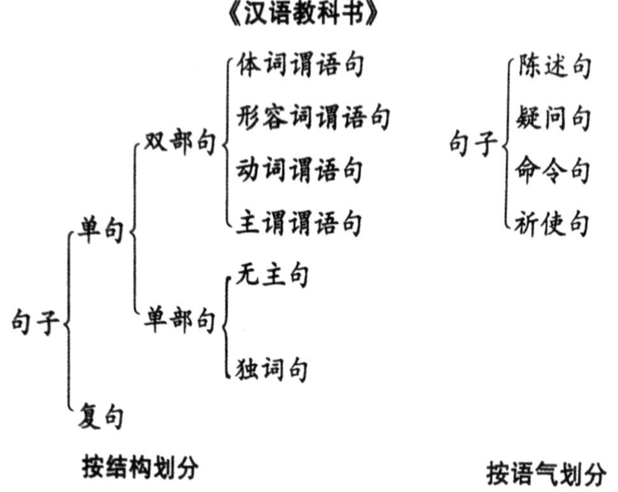

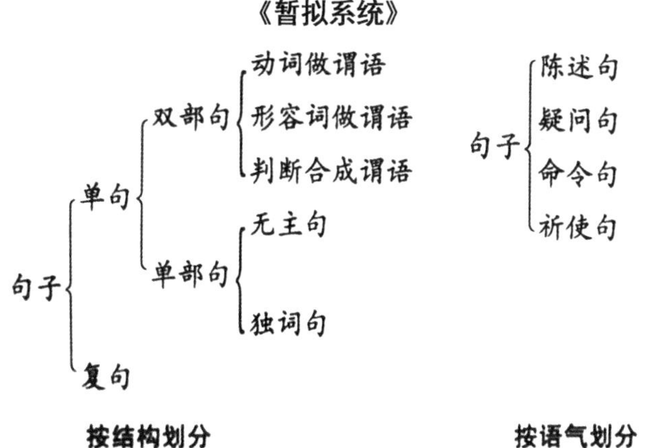

《汉语教科书》的语法体系自建立以来，一直成为对外汉语教学语法体系的基础，之后出现的语法体系基本上都是在此基础上加以调整而成。该书将语法系统切分为 170 多个语法项目，每课安排 3—4 个，这一做法也成为遵循结构大纲的教材的经典做法。

二、汉语作为第二语言教学语法体系的发展

随着汉语语法研究的发展，人们对语法事实的认识和描写进一步深入，汉语作为第二语言教学语法系统也有了一定发展，这主要体现在 20 世纪 90 年代发布的几个对外汉语教学语法大纲上。20 世纪 90 年代以来，对外汉语教学领域先后出现过几个影响比较大的语法大纲，其中影响最大的是 1995 年发布的《对外汉语教学语法大纲》和 1996 年发布的《汉语水平等级标准与语法等级大纲》。

（一）《对外汉语教学语法大纲》

《对外汉语教学语法大纲》（以下简称《大纲》）由国家对外汉语教学领导小组办公室组织编写，王还主编，1995 年

由北京语言学院出版社出版。

《大纲》的内容包括“汉字、音节、词”“词类”“词组”“句子成分”“句子”五个部分，详见下表。

《对外汉语教学语法大纲》的内容

	标题	具体内容
第一部分	汉字、音节、词	介绍汉字和音节的关系，词的构成，怎样区别词和词组，同音词，兼类词。
第二部分	词类	包括名词、代词、数词、量词、形容词、动词、助动词、副词、介词、连词、助词、叹词、象声词 13 个类，详细介绍各类词的语法特征和内部小类，并就一些特定小类的具体用法进行了较为详细的说明，比如时间词、方位词，形容词“多”和“省”，几个常用的助动词，一些值得注意的副词，使用连词值得注意的几点，叹词“啊”的用法，等等。
第三部分	词组	主要包括“词组的语法特征和构成方式”“词组的分类”两个部分，提出联合词组、偏正词组、补充词组、动宾词组、主谓词组、方位词组、数量词组、介宾词组、“的”字词组、复指词组、连动词组、兼语词组和固定词组 13 类词组。
第四部分	句子成分	除主语、谓语、宾语、补语、定语、状语 6 种基本句子成分外，还列出复指成分和插说成分。
第五部分	句子	对单句从结构和功能两个角度进行分类，对复句进行分类，还列出连动句、兼语句、“有”字句、“是”字句、“是……的”句（一）、“是……的”句（二）、“把”字句、表示被动的句子、存现句、比较的方式等 10 种特殊句式。

（二）《汉语水平等级标准与语法等级大纲》

《汉语水平等级标准与语法等级大纲》（以下简称《标准与语法》）是国家对外汉语教学领导小组办公室的科研项目，由国家对外汉语教学领导小组办公室汉语水平考试部和北京语言学院汉语水平考试中心编制完成，刘英林主编，1996 年由高等教育出版社出版。《标准与语法》是对外汉语教学总体设计、教材编写、课堂教学和课程测试的主要依据，也是中国国家级汉语水平考试（HSK）的主要命题依据。

《标准与语法》的内容包括“汉语水平等级标准”和“语法等级大纲”两个部分。“汉语水平等级标准”将学习者的汉语水平划分为三等、五级标准，即：初等水平（含一级、二级标准）、中等水平（含三级标准）和高等水平（含四级、五级标准）。每一级标准都由话题内容、语言范围和言语能力三个要素构成，每一级标准都规定了学生在听、说、读、写、译（“译”只有三级、四级、五级才有）五种言语技能方面应该达到的水平。

“语法等级大纲”将对外汉语教学中的语法项目划分为四级、五层次。“四级”即甲、乙、丙、丁四个级别，其中甲、乙两级对应“汉语水平等级标准”的初等水平，乙级对应中等水平，丙级对应高等水平。“五层次”即语素、词类、词组（又称短语）、句子（包括单句、复句与多重复句）和句群（指语法句群）五个层面。

“语法等级大纲”包括语素、词类、词组、固定格式、句子成分、句子的分类、复句、多重复句、句群、动作的态、提问的方法、强调的方法、数的表示法和口语格式等 18 类语法项目。各语法项目按照一定原则分布在甲、乙、丙、丁四个等级上。甲级语法项目 129 项，乙级语法项目 123 项，丙级语法项目 400 项，丁级语法项目 516 项，合计 1168 个语法项目。“语法等级大纲”最突出的成就就是将语法项目进行分级，使得汉语作为第二语言语法教学贯彻“循序渐进”原则有了较为科学的依据。下面以几类语法项目为例，说明“语法等级大纲”的这一特点。

语素。主要内容：（1）黏着语素；（2）自由语素。关于语素的知识分布在丙级和丁级语法项目中。丙级列出一些常见的黏着语素和自由语素，丁级列出其他的黏着语素和自由语素。

词类。主要内容：（1）12类词的名称及举例；（2）兼类词；（3）离合词。关于词类的知识分布在甲、乙、丙、丁四级语法项目中。甲级列出名词、代词、动词、形容词、数词、量词、副词、介词、连词、助词、叹词、象声词12个词类的名称、内部小类及举例，动词和形容词的重叠；乙级、丙级、丁级项目依据难度等级分别列出各类词的一些具体词项；兼类词和离合词分布在乙、丙、丁三级语法项目中。

词组。主要内容：（1）根据结构划分出来的词组类型（11类）；（2）根据词组的性质和功能划分出来的词组类型（3类）。关于词组的知识分布在甲级和丙级语法项目中。甲级列出根据结构划分出来的联合词组、偏正词组、动宾词组、动（形）补词组、主谓词组、介宾词组和“的”字词组7类词组的名称及举例，以及根据词组的性质和功能划分出来的名词或名词性词组、动词词组和形容词词组3类词组的名称及举例；丙级列出联合词组、偏正词组、动宾词组、动（形）补词组、主谓词组、介宾词组、“的”字词组、数量词组、复指词组、连动词组和兼语词组等11类词组的语法功能。

句子成分。主要内容：（1）各种句子成分的名称及构成；（2）主语、宾语、补语等句子成分的语义类型；（3）定语、状语、补语等几种句子成分的复杂用法。关于句子成分的知识分布在甲、乙、丙三级语法项目中。甲级列出主、谓、宾、定、状、补六种基本句子成分的名称、构成及举例；乙级列出主语、宾语、补语的语义类型，主语与谓语之间几种特殊的语义关系，复杂的定语和状语；丙级列出几种句子成分的特殊构成及复杂用法，包括谓词性词语做宾语，主谓词组做宾语，可以带双宾语的动词的语义类型，程度补语的几种结构类型，可能补语的一些特定用法（有的多用否定形式，有的肯定否定形式都用），复杂的结果补语（带趋向补语或数量补语），趋向补语的引申意义，数量补语的不同类型，情态补语的不同类型。

句子。主要内容：（1）单句的类型，包括按结构、用途不同分类的句子；（2）一些特殊的单句句型；（3）复句的类型及多重复句。关于句子的知识分布在甲、乙、丙、丁四级语法项目中。甲级列出句子的分类及举例，包括按结构分出来的单句和复句，按谓语性质分出来的动词谓语句、形容词谓语句、名词谓语句和主谓谓语句，按用途分出来的陈述句、疑问句、祈使句和感叹句，几种特殊句型（“是”字句、“有”字句、存现句、连动句、兼语句、“是……的”句、被动句、比较句、“把”字句）；乙级列出几种特殊句型的复杂结构，涉及“是”字句、兼语句、连动句、“是……的”句、被动句、比较句、“把”字句；丙级列出几种特殊句型的更为复杂的结构格式，涉及“是”字句、“有”字句、“是……的”句、被动句、兼语句、比较句、“把”字句；丁级列出被动句、比较句、“把”字句几种句型的最为复杂的用法。

动作的态。主要介绍动作的五种态：完成态、变化态、持续态、进行态和经历态。相关知识分布在甲级和丙级语法项目中。甲级列出完成态、变化态、持续态、进行态、经历态及其表达方式并分别举例；丙级介绍动态助词“着、了、过”的特殊用法。

表达法。主要内容：（1）提问的方法；（2）数的表示法；（3）强调的方法。关于表达法的知识分布在甲、乙、丙、丁四级语法项目中。甲级列出十一种提问的方法，年、月、日、星期、钟点、钱、号码等数的表示法，以及两种强调的方法；乙级列出六种强调的方法；丙级列出反问句（强调的方法之一）的几种类型；丁级列出几种带书面语色彩的反问句。

口语格式。主要介绍一些口语常用的表达格式，如：说X就X，……。/X也得X，不X也得X。/看把……X得。口语格式分布在丙级和丁级语法项目中，丙级列出29个口语格式，丁级列出35个口语格式。

“语法等级大纲”语法项目的等级分布①

等级 项目	甲级语法	乙级语法	丙级语法	丁级语法	出现等级
语素			√	√	丙、丁
词类	√	√	√	√	甲、乙、丙、丁
词的构成				√	丁
词组	√		√		甲、丙
固定词组		√	√	√	乙、丙、丁
句子成分	√	√	√		甲、乙、丙
句子的分类	√				甲、乙、丙
几种特殊句型	√	√	√	√	甲、乙、丙、丁
提问的方法	√				甲
数的表示法	√				甲
强调的方法	√	√			甲、乙

① 刘英林：《〈语法等级大纲〉的编制与定位》，载《语言教学与研究》1997年第4期。

续表

项目＼等级	甲级语法	乙级语法	丙级语法	丁级语法	出现等级
动作的态	√		√		甲、丙
反问句			√	√	丙、丁
口语格式			√	√	丙、丁
复句	√	√	√	√	甲、乙、丙、丁
多重复句				√	丁
句群				√	丁
总计 18 项	10 项	7 项	11 项	11 项	

《标准与语法》中的“语法等级大纲”对于汉语教材中语法部分的编排及汉语作为第二语言语法教学实践都具有重要意义。在这个“语法等级大纲”问世以前，国内对外汉语教材一般都是按照《汉语教科书》的语法体系来确定语法点，该大纲问世之后，绝大多数初级汉语教材在确定语法点时都以这个“语法等级大纲”为参照。当然，也有少数教材没有参照“语法等级大纲”，而是依照编写者的经验和感觉来确定语法点。①

相对而言，《标准与语法》中“语法等级大纲”的内容比《对外汉语教学语法大纲》更为完善，也更能满足外国留学生的学习需要，这主要体现在其增加了“句群”“表达法”和“口语格式”几个部分。不过，从语法体系的角度来看，《标准与语法》中的“语法等级大纲”和《对外汉语教学语法大纲》，都与《汉语教科书》存在一脉相承的关系，均属于传统语法的范畴，包括的内容也大体相同。从《汉语教科书》创

① 杨德峰：《初级汉语教材语法点确定、编排中存在的问题——兼议语法点确定、编排的原则》，载《世界汉语教学》2001 年第 2 期。

建第一个针对外国留学生的汉语教学语法体系，一直到现在，汉语作为第二语言教学语法体系的框架始终是由三大部分组成：词法、句法和表达法。赵金铭（1996）曾指出，《汉语教科书》《汉语水平等级标准与语法等级大纲》《对外汉语教学语法大纲》这三个在汉语作为第二语言教学领域具有代表性的教学语法体系，都没有摆脱对母语者的教学语法体系的总体框架，只是对传统语法系统进行了局部调整，增加了一些针对外国留学生的语法项目。[①]

三、近年来关于改革汉语作为第二语言教学语法体系的讨论

自《对外汉语教学语法大纲》和《汉语水平等级标准与语法等级大纲》公布至今，又过去了二十年左右的时间，汉语语法学界和对外汉语教学领域都发生了令人瞩目的变化。一方面，现代汉语语法研究取得了长足的发展，对语言事实的挖掘以及对汉语语法特点的探讨进一步深入，但很多最新的研究成果还没有被吸收进汉语作为第二语言教学语法体系当中，使得目前的语法体系对一些语法事实的描写和解释尚不能令人满意。另一方面，对外汉语教学在教法和教材方面也发生了重大变化，基础汉语教材由为语法点的需要而编写的脱离社会生活的课文，变为富有交际价值的、反映广阔社会生活的课文，于是大量真实、自然的口语进入了课堂。但是，由于汉语作为第二语言教学语法体系几十年未发生大的变化，导致课文中的语

① 赵金铭：《对外汉语语法教学的三个阶段及其教学主旨》，载《世界汉语教学》1996 年第 3 期。

言变了，而描述汉语结构规律的语法体系却仍然未变，课文中出现了很多与语法规则不完全一致的语言现象，从而形成一批难句。

自 20 世纪 90 年代以来，不断有学者围绕如何改革现有语法体系进行讨论，先后发表了一批论文。有关部门也举办过专门的学术研讨会，其中比较重要的会议有两个：一个是“首届国际对外汉语教学语法讨论会”；一个是“首届汉语（二语）教学语法体系及标准建设国际论坛”。

2001 年 8 月 10—12 日，国家汉办在北京第二外国语学院举办“首届国际对外汉语教学语法讨论会”，这是汉语作为第二语言教学领域围绕对外汉语教学语法体系建设进行的一次重要讨论，会后出版了论文集《对外汉语教学语法探索》。2002 年，在上海外国语大学再次召开教学语法讨论会，就教学语法和语法教学的若干理论和实践问题展开讨论，并对已使用多年的教学语法体系是否科学以及怎样修改进行了讨论。

2015 年 12 月 12—13 日，由北京语言大学对外汉语研究中心、北京语言大学教务处和北京语言大学出版社联合主办，《语言教学与研究》编辑部、《国际汉语教学研究》编辑部和《世界汉语教学》编辑部协办的“首届汉语（二语）教学语法体系及标准建设国际论坛”在北京召开，主要围绕“汉语（二语）教学语法体系及标准建设中的基本理论问题”“汉语（二语）语法体系整体框架中的词法、句法和语体问题”“汉语（二语）教学语法体系中的语法项目确立、切分和描述问题”“汉语（二语）教学语法体系及标准建设中对语法研究新成果的吸收问题”等议题进行了讨论。这是时隔十几年后再次举办的以对外汉语教学语法体系建设为主题的比较重要的学术研讨会。这次会议还围绕对外汉语教学语法体系及标准建设问题举行了一次闭门会议，与会代表畅所欲言，讨论热烈。会后，孙德金、杨德峰、徐晶凝、李泉、高顺全、吴中伟、黄南松等学者将讨论会上的个人观点写成论文，陆续发表在 2016 年和 2017 年刊出的《语言教学与研究》和《国际汉语教学研究》上。①

近年来，学界围绕教学语法体系改革所展开的讨论，主要涉及以下几个方面的问题：第一，如何改革现有语法体系？是修订完善还是推倒重来？第二，目前最急需做的是开列语法项目的清单并编写参考语法？还是重新构建大纲？第三，如果要重建汉语作为第二语言教学语法体系，应该以哪一种语法理论为基础？第四，如何处理口语语法与书面语语法的关系？是将口语和书面语特有的语法项目融入一个整体的汉语教学语法体系当中？还是分别建立口语语法体系和书面语语法体系？第五，语法教学的单位有哪些？教学语法体系应该包含哪些内容？哪些内容不应纳入语法教学的范畴？经过多年讨论，有些问题形成了较为统一的认识，有些问题仍在争论中，但无论如何，这些讨论都在一定程度上促进了汉语作为第二语言教学语法体系研究的深入。

---

① 孙德金：《汉语作为第二语言教学语法体系研究中的两个理论问题》，载《语言教学与研究》2016 年第 2 期；杨德峰：《对外汉语教学语法体系反思及构建原则刍议——从三本语法教材谈起》，载《国际汉语教学研究》2016 年第 2 期；徐晶凝：《对外汉语口语教学语法大纲的构建》，载《语言教学与研究》2016 年第 4 期；李泉：《对外汉语教学语法体系：目的、标准和特点》，载《国际汉语教学研究》2016 年第 1 期；高顺全：《关于汉语“二语”教学语法体系及标准建设的几个问题》，载《国际汉语教学研究》2016 年第 1 期；吴中伟：《CSL 教学语法体系献疑》，载《国际汉语教学研究》2016 年第 5 期；黄南松：《对外汉语教学语法体系之反思与探讨》，载《国际汉语教学研究》2017 年第 1 期。

关于如何改革现有语法体系，目前占主流的观点是在原有体系框架内进行修订和完善，主张推倒重来的还是少数。吕文华（1992）指出，现有的对外汉语教学语法体系经受过30多年时间的检验，影响很大，在教学上是可行的，并且为广大教师所熟悉。因此，对已有的语法体系“既无必要，也无可能另起炉灶，推倒重来”。文章认为，我们完全可以在吸取语法学界最新研究成果和总结教学经验的基础上，对原有的语法体系进行修改和提高，从而形成一个新的、更加科学、更加完善的语法体系。[①] 孙德金（2012）指出，对外汉语教学语法体系“无论是初创期的面貌还是后来发展了的面貌，都还有不少值得探讨的问题。尽管如此，它的基本框架和基本思想在今天看来仍然是应该肯定的”。[②]

关于修改现有语法体系的理论基础，尽管有个别学者对以传统语法作为对外汉语教学语法体系的理论基础提出质疑，但多数学者还是坚持这一观点。孙德金（2011）明确提出汉语作为第二语言教学语法体系应该以传统语法作为理论基础。文章指出，传统语法的本质就是为语言教学服务的，具有明确的教育取向、实用取向，传统语法注重形式和意义的统一，符合教学语法的目标。从当今世界各国外语教学实践上看，教学语法的理论基础仍然是传统语法，只有德国曾尝试过在外语教学中使用配价语法，后来又改回到传统语法。文章还以“主谓谓语句”和“兼语句”为例，说明结构主义语法对对外汉语

① 吕文华：《对〈语法等级大纲〉（试行）的几点意见》，载《语言教学与研究》1992年第3期。

② 孙德金：《对外汉语教学语法体系的历史和现状》，载《玉溪师范学院学报》2012年第5期。

教学语法乃至对外汉语教学带来的负面影响，提出要谨慎地吸取其他语法理论的观点和相关研究成果。自结构主义语法理论影响汉语语法学界以后，主谓谓语句的范围大大扩大，只要句首有连续两个以上的名词性成分，就判为主谓谓语句。于是"这本书我看了"一类传统语法认为是宾语提前的句子，也就成了主谓谓语句。而实际上从教学的角度来看，"提宾"的说法对学生来说还是比较容易接受的，因为它把"宾语"和"受事"看成一致的内容，对那些不很关心语法概念，而且不致力于语法研究的学生来说，这种说法更易懂。随着认知语言学及其他相关理论的兴起，对外汉语教学语法也受到了影响。比如，一些学者主张引入语法化理论，对教学语法项目进行排序，还有学者主张利用认知语言学的研究成果。对这些意见需要做理性的分析，尤其是要站在第二语言教学的立场上，从教学规律、学习规律等方面加以认识。理论语法无疑是教学语法的源泉，教学语法需要不断从理论语法中吸取营养。但毕竟二者有着根本目标上的不同，前者重在"明理"，后者重在"致用"，在吸收理论语法的成果时必须充分考虑教学上的需要及操作上的可能性，不能用理论语法代替教学语法。① 吕文华（2015）也认为，传统语法理论是中外教学语法中最常见的理论基础，修改"语法体系"的理论基础自然也不例外。②

---

① 孙德金：《传统语法：对外汉语教学语法的基础——黎锦熙先生诞辰 120 周年纪念》，载《语言教学与研究》2011 年第 6 期。

② 吕文华：《修改对外汉语教学语法体系二题》，载《国际汉语教学研究》2015 年第 1 期。

近年来，关于语法的语体特征或者说语体差异，已引起汉语语法研究者越来越多的关注，出现了不少研究成果。学者们普遍认识到研究语法必须考虑语体因素，并应该对口语语法和书面语语法分别进行细致的研究。如果不正视不同语体的语法差异，就无法开展科学的语法研究。胡明扬（1993）指出，如果把反映不同语体不同特点的语法现象，反映不同语言系统不同特点的语法现象作为一个统一的对象来研究，那么有很多困难恐怕就是长期难以克服的。① 方梅（2007）认为语体是决定语句结构和语篇结构的重要因素。② 有研究者提出应该对书面语和口语这两种语体做进一步的细分，划分出书面语和口语的内部语体。陶红印（1999）提出在书面语体内部进一步区分操作性语体与非操作性语体，简练、文气语体与非简练文气语体。③ 还有的研究者指出语法的语体差异不仅仅体现在口语和书面语方面。冯胜利（2010）认为语体应从语言的交际性来定义，它是人们说话交际时标识“说者与听者”之间相互关系的产物。文章提出“语体必两极对立而后成存”的理论，并认为“正式与非正式（书面体/口语体）”“典雅与便俗（文雅体/白话体）”是构成语体的两对基本范畴。④ 在汉语作为第二语言教学领域，人们也开始思考如何在对外汉语教学语法体系中合理处置语法项目的语体差异。李泉（2003）指出，以往各类语法大纲的制定，教材中的语法说明和注释，以及人们对教学语法体系的研究和构想，乃至于实际课堂教学，都缺

① 胡明扬：《语体和语法》，载《汉语学习》1993 年第 2 期。

② 方梅：《语体动因对句法的塑造》，载《修辞学习》2007 年第 6 期。

③ 陶红印：《试论语体分类的语法学意义》，载《当代语言学》1999 年第 3 期。

④ 冯胜利：《论语体的机制及其语法属性》，载《中国语文》2010 年第 5 期。

乏语法教学和研究的语体观念。而语体的教学和研究，在对外汉语教学理论和实践中应占有十分重要的位置，因为第二语言教学或外语教学的根本目的是培养学生的语言交际能力，本质上说是培养学生运用目的语语体的能力。他提出建立基于语体的对外汉语教学语法体系构想，认为对外汉语教学语法体系应由共核语法、口语语法和书面语语法三部分构成。共核语法就是所谓的中性语体的语法，即普通话口语和书面语共用的语言材料和表达方式。共核语法是目的语语法的核心所在，是任何语法大纲的基础，反映着目的语语法的基本面貌，也是学习和掌握口语语法和书面语语法的途径和手段，是扩充和深化语法内容的前提和依凭。他还提出建立这样一个教学语法体系的模式有两种：一是采取现有各类语法体系或大纲中的某种结构方式（如词类、词组、句类、句式、语篇等）按初中高或甲乙丙丁的等级序列排列语法项目，并分别标注语法项目的语体属性；二是分别建立共核语法、口语语法、书面语语法三个子系统，每个子系统内部依照某种结构方式将各自的语法项目按初中高或甲乙丙丁等级序列排列起来。前者语法自身的体系性鲜明，后者则更加突出了语体语法的特点。[①] 徐晶凝（2016）则尝试构建了对外汉语口语教学语法大纲的体系框架。文章认为，口语语法的本质特征是与口语表达功能密不可分的，口语语法体系的建立应以功能作为统领之纲。在研制口语教学语法大纲时，还应考虑到词汇-语法项目、口语次语体、体系内语法项目与备用语法项目、参考语法等问题。她所构建的口语语法体系包括结构范畴语法、情态范畴语法和话语范畴语法，并

① 李泉：《基于语体的对外汉语教学语法体系构建》，载《汉语学习》2003年第3期。

具体论述了三大范畴各自所下辖的语法项目。[①]

关于教学语法的范围以及语法单位的层级，现在大多数人都认为语法单位应该包括语素、词、短语、句子、句群五级。起初，《汉语教科书》的语法系统只包含词、词组和句子三级语法单位。《汉语教科书》虽然接受了结构主义描写语法的一些影响，但其语法体系的框架仍然是传统语法的。传统语法是“句本位”，核心内容是词法和句法，语法单位是“词-词组-句子”。后来，随着汉语语法本体研究领域普遍将语法单位扩展至语素和句群（语素、词、短语、句子、句群共5级语法单位），对外汉语教学领域也有研究者提出，从培养学习者语言能力的角度出发，应该将语法单位向两头延伸，向下扩展至语素，向上扩展至句群乃至篇章。比如，吕文华（1994）就明确提出，应将传统语法的三级语法单位（词、词组、句子）改为五级单位（语素、词、短语、句子、句群）。[②] 目前，这种将语法单位扩展至语素和句群的观点已被大多数人接受。1996年出版的《对外汉语等级标准与语法等级大纲》就明确其语法项目包括语素、词类、词组、句子和句群五个层面。刘月华等（2001）编写的《实用现代汉语语法》（增订本）也在原书基础上增加了“篇章”一章。[③] 不过，也有研究者（孙德金：2006；2012；2016）反对这种观点，主张狭义语法观。孙德金（2012）指出，《汉语水平等级标准与语法等级大纲》由于将语法单位扩展至语素和句群，对语法项目的理解过于宽

① 徐晶凝：《对外汉语口语教学语法大纲的构建》，载《语言教学与研究》2016年第4期。

② 吕文华：《对外汉语教学语法探索》，语文出版社，1994年。

③ 刘月华等：《实用现代汉语语法》（增订本），商务印书馆，2001年。

泛，所以将大量语素列为语法点，导致该大纲所列语法项目非常多（1168 个）。例如，在《汉语水平等级标准与语法等级大纲》中，下面的语素都被列入丙级语法单位：

【丙 021】丽（美丽、壮丽……）

【丙 022】民（人民、民主、公民、民间、民用……）

【丙 023】秘（秘密、秘书……）

【丙 024】慎（慎重、谨慎……）

孙德金（2016）明确表示，“我们主张的语法是关于构词用词和组词成句的一套规则，句子是语法的最大单位，词是语法的基本单位，只是在认识构词规则的时候才需要语素这个最小的语法单位”。①

目前，关于对外汉语教学语法系统到底应该如何建立，很多问题还在讨论之中。正如吕文华（2015）所指出的，“修改‘语法体系’已历经二十多个春秋，有收获，也有缺憾。其间一些改革意见在教学中得到体现，如语素和语段（句群）的教学进入了语法大纲和教材，语法描写开始注意吸收语义和语用的研究成果，语法教学从集中在初级阶段已逐步向中、高级阶段延伸，等等，使我们看到了曙光。但改革的步伐是缓慢的，改革的成效并不尽如人意。参与者基本是单打独斗、各说各话，讨论也是热一阵冷一阵，没有形成气候”。② 国内对外汉语教学界基本上还是沿用现有语法体系，框架是传统语法的，但在具体语法项目的选取上因人而异，所选语法项目的内

---

① 孙德金：《汉语作为第二语言教学语法体系研究中的两个理论问题》，载《语言教学与研究》2016 年第 2 期。

② 吕文华：《修改对外汉语教学语法体系二题》，载《国际汉语教学研究》2015 年第 1 期。

容和数量都存在一定差异。此外，学者们普遍意识到现阶段应该进一步加强对汉语语法事实的挖掘与描写，并对现有研究成果进行梳理，尽快吸收到对外汉语教学语法体系中。

第三节　语法项目的选取与编排

一、语法项目的选取与切分

除专门的语法课外，一般情况下受教学时间和教材容量的限制，不必要也不可能在一套教材中包含汉语语法系统的全部内容，通常都是按照一定的原则，选取一定数量的语法项目。吕文华（1987）指出，作为语言教学的教科书，它的语法体系与语法书相比，所要求的完整性和系统性是相对的、有所选择的，决不必勉强求全。[①] 吕文华（2008）进一步指出，对外汉语教学语法体系不需要对语法进行全面、系统的介绍，而要从交际的需要出发去选择规范、实用的语法项目。[②]

教学语法体系不同于理论语法体系的一个重要特点就是，教学语法的内容构成要具有教学上的可操作性，通常是以一个一个的语法项目呈现出来的。语法项目的选择需要根据语言教学的目标加以确定，哪些该教？哪些能教？要遵循一定的原则。语法项目确定后，还要根据第二语言学习规律和教学规律加以合理分解，排序，使教学在合理有序的状态下进行。从

① 吕文华：《汉语教材中语法项目的选取和编排》，载《语言教学与研究》1987 年第 3 期。

② 吕文华：《对外汉语教学语法探索》（增订本），北京语言大学出版社，2008 年。

《汉语教科书》开始，教学语法体系就是以分解排序后的语法项目的形式呈现的，而不是按照纯知识结构安排的，比如因果复句并非像理论语法体系那样安排在最后。[①]

关于语法项目的选取，主要涉及两方面的问题：第一，哪些内容是必须教给学生的？哪些内容是可以不教给学生的？换句话说，应该按照什么样的原则选取语法项目？第二，选取语法项目时是否应该顾及语法的系统性？是否应该从语法体系的每个部分中都选取一定的语法项目？前者涉及语法项目选取的原则，后者涉及语法项目的系统性。

（一）选取语法项目的原则

目前，人们在选取语法项目时考虑比较多的因素主要有三个：一是体现汉语的特点；二是针对学习者的难点；三是满足交际需要，也就是说应该把那些日常交际常用的语法点教给学生。

词类中，名词中表示人或事物的名词可以不必讲，但方位名词的用法就必须要讲，否则学生可能说出“桌子有一本书”这样的病句。动词中，行为动词的用法不必讲，但判断动词、趋向动词、能愿动词的用法及动词的重叠方式必须讲，否则学生可能说出“老师进去教室了”“他不能游泳，以前没有学过”“我正在休息休息，朋友来了”这样的病句。形容词中，形容词重叠方式是必须要讲的。数词中，基数词、序数词不必多讲，但概数的表达方式必须讲，否则学生可能说出“我今年二十岁多”这样的病句。量词中，常用的量词需逐个介绍，

① 孙德金：《对外汉语教学语法体系的历史和现状》，载《玉溪师范学院学报》2012 年第 5 期。

特别是量词与名词的搭配关系，即什么样的名词前面用什么样的量词。副词、助词、连词、介词和语气词都是封闭性的词类，数量有限，而且这些词类中的每一个词都有特定用法，其中常用的也需要逐个讲练。

短语中，主谓短语、动宾短语、偏重短语、中补短语等可以不必讲，但“的”字短语和介词短语的用法必须讲。

句子成分中，主语、谓语、宾语可以不讲或不重点讲，但定语、状语、补语则需要重点讲练，各类补语的构成、语序等都是教学的重点。否则学生可能说出“小林打球得很累”“他讲很好，你们应该听下去”“她练了太极拳一年”这样的病句。

句型中，“把”字句、存现句、主谓谓语句、比较句等汉语特有的句式是必须讲的，否则学生可能说出“她打扫她的房间很干净”“他放他的书在桌子上”“从公园里一个人走出来”等病句。

（二）语法项目的系统性

目前的各种汉语教材，从选取语法项目时是否考虑语法教学的系统性角度来看，主要有两种情况：一种是注重语法的系统性，即从词、词组（结构）、句子到复句，面面俱到。如北京语言大学的《基础汉语课本》、《实用汉语课本》、《汉语教程》（一年级），北京大学的《汉语初级教程》等。另一种是不注重汉语语法的系统性，完全根据学生或教学的需要从《大纲》里的语法项目中进行挑选。如黄政澄主编的《标准汉语教程》，虽然只出了 78 个语法点，但这些语法点绝大多数都是学生学习汉语的难点，比如说多项定语和多项状语的顺序，教材就作为两个语法点编排在课文里面了。[①]

确定语法点时注重汉语语法的系统性虽然可以展示汉语语法的全貌，便于学生了解汉语语法的系统，特别是可以为将来从事汉语研究或教学工作的学生打下很好的语法基础。但是，由于太重视汉语语法的系统性，追求大而全，其结果是：一方面使得汉语的语法复杂化了，给人以汉语的语法点数不胜数的感觉，这样必然会给学生太大的压力，挫伤他们学习的积极性；另一方面所出的语法点也不可能具有针对性，也就是说课本上所讲的语法点有些并不是学生所希望讲解的。教材中经常可以发现这种情况，比如说《汉语初级教程》的很多语法点，像“和”“每”“以后”“些”V“一些”以及“动词谓语句”“连动式”“从…到…”等，并不是学生学习的难点，根本没有必要把它们当作语法点。《汉语教程》中的“动词谓语句”“越来越……”“一边……一边……”也同样没有必要作为语法点。[②]

确定语法点不考虑语法的系统性，指的是主要从学生出发，把他们学习汉语的难点从《大纲》中挑选出来作为语法点，进行精讲精练，这么做能够加深学生对语法点的印象，使学生能够真正掌握汉语的语法难点。但是也应当看到，由于从《大纲》中选择语法点时缺乏一些具体的、科学的操作方式，因此也同样容易受到主观因素的影响，有些该确定为语法点的却没有作为语法点，而不该作为语法点的却被确定为语法点

① 杨德峰《初级汉语教材语法点确定、编排中存在的问题——兼议语法点确定、编排的原则》，载《世界汉语教学》2001 年第 2 期。

② 杨德峰《初级汉语教材语法点确定、编排中存在的问题——兼议语法点确定、编排的原则》，载《世界汉语教学》2001 年第 2 期。

了。像强调方式，《大纲》甲级语法项目中列了 2 个，乙级语法项目中列了 6 个，但《标准汉语教程》却只选了 1 个甲级项，即“不是…吗”反问句，其他 7 个项目都没有选。其实强调方式正是留学生学习的难点之一，应该作为重点加以介绍。与此相反，有些非难点语法项目，像“连动句”“人民币表示法”“都”等，该教材却作为语法点出现了。[1]

选取语法项目时，可以将系统性与针对性结合起来，既适当考虑语言结构的系统性，尽可能将反映汉语特点的比较重要的语法项目都介绍给学习者，又要充分考虑到学习者的学习难点。通用型教材可以更多考虑语法的系统性，但也不能忽视学习难点；国别化教材则应该更多地考虑学习难点，但也要适当兼顾系统性。

（三）语法项目的切分

对语法知识进行合理的切分，是与语法项目选取相关的一个问题。所谓语法点的切分，是指把语法系统中的相关语法项目，或复杂语法项目的不同用法，合理地切分为若干个语法点，分散编排在不同的课文里。新中国最早的一套对外汉语教材《汉语教科书》，就是以切合外国人学习汉语的需要为原则，根据语言学习的规律和教学的需要，将汉语语法系统切分为 170 个语法点，每课安排 3-4 个语法点，结合语言材料如例句、课文等进行语法教学，在编排次序上注意到渐进和分散难点。

对语法点进行切分的目的主要有两个：一是减少相关语法

① 杨德峰《初级汉语教材语法点确定、编排中存在的问题——兼议语法点确定、编排的原则》，载《世界汉语教学》2001 年第 2 期。

点之间的互相干扰，减少目的语所引起的负迁移，避免学生把类似的语法点或同一语法点的不同用法混在一起；二是分散难点，化难为易，各个突破，减轻学生学习的压力。

对语法项目的选取和切分，在很大程度上决定着一套教材或语法大纲的内容。目前各类语法大纲和汉语教材，在语法内容上存在较大分歧，很难找到所出语法点完全一样的，其中很重要的一个原因就是对语法项目的选取和切分不同。比如，下面的 8 种汉语教材和语法大纲，所列语法项目的数量和内容差异很大。

八种语法大纲和汉语教材的语法项目比较

序号	名称	语法项目
1	国家汉办《汉语水平等级标准和语法等级大纲》（1996）	甲级 129 项，乙级 123 项，丙级 400 项，丁级 516 项，合计 1168 项
2	杨寄洲主编《对外汉语教学初级阶段教学大纲》（1999）的“语法大纲”	120 个语法项目
3	国家汉办《高等学校外国留学生汉语教学大纲》（2002）的“语法项目表”	初级 185 项，中级 83 项，高级 108 项，合计 376 项
4	国家汉办《国际汉语教学通用课程大纲》（2008）	112 个语法项目
5	北京大学外国留学生中国语文专修班编《汉语教科书》（1958）	170 个语法项目
6	杨寄洲主编《汉语教程》（北京语言文化大学出版社）（2004）	102 个语法项目
7	［美］姚道中、刘月华主编《中文听说读写》（1997）	一年级 120 个语法项目，二年级 104 个语法项目，合计 224 个语法项目
8	中国国家汉办和泰国教育部共同编写的《体验汉语·高中版》	189 个语法项目

造成不同教材和语法大纲所列语法项目分歧较大的主要原因有三个：一是对语法项目进行切分时的细化程度不同。比如“把”字句，有的人将之划分为3-5个类型，每一种类型作为一个项目，有的人则将之划分为十几个类型，也是每一种类型作为一个语法点，这样语法点的数量就相差了不少。下面的两张图展示了《汉语水平等级标准和语法等级大纲》和《高等学校外国留学生汉语教学大纲》两个大纲对“把”字句的不同切分。

《高等学校外国留学生汉语教学大纲》中的“把”字句项目

初等阶段语法项目（一）

077“把”字句

他把书放在桌子上。　　我把书送给他了。

请把书翻到第三页。

初等阶段语法项目（二）

054“把”字句

他把我的耳机给弄坏了。

中等阶段语法项目

031“把”字句

今天这事简直把我累坏了。

高等阶段语法项目

011 两种句式套用

李老师让学生们把作业交上来。卡尔把汉语书让人带回国了。

猫被狗把尾巴咬了一口。

二是对学习者习得难点的研究不足，造成语法项目选取时的盲目性和主观性。虽然大家都认为应该将学习者的习得难点列为语法项目，但目前我们对学习者语法习得情况的研究还很不充分，我们很难说得清到底哪些语法项目真的是学习者的习得难点，很多时候不得不凭着教材编写者或大纲编写者的教学经验进行主观判断，这就难免会存在差异了。

《汉语水平等级标准和语法等级大纲》中的“把”字句项目

甲级

主+“把”+宾+动+“一/了”+动

主+“把”+宾+动+补语(1)(结果、趋向)

乙级

主+“把”+宾 1+动(在/到/给)+宾 2

主+“把”+宾+动+“了/着”

丙级

主+“把”+宾+动+补语(2)(时量、动量、情态、介宾)

主+“把”+宾+给+动

“把”字句与其他句型套用

丁级

主+“把”+宾(施事)+动+其他

主(及物)+“把”+宾+动+其他

主+“把”+宾(施事)+动(不及物)+其他

主+“把”+宾(施事)+动+其他

主(及物)+“把”+宾+动+其他

“把”+宾+…化

“把”+宾+动+得+比…

三是对哪些内容属于语法教学的范畴认识不同。比如，有的大纲或教材把“感兴趣”“打量”等一些词汇条目也列入语法项目，使得语法项目的数量比较多。当然，将单个的虚词作为语法项目还是说得通的，但有的大纲或教材将一些动词、形容词也列入语法项目了。

二、语法项目的编排

（一）语法项目的教学顺序

汉语的语法项目有上百个甚至数百个，在教学中需要按照一定的顺序循序渐进地教授给学习者。那么，应该先教哪些项目，后教哪些项目呢？这就涉及语法项目的编排问题。语法项目的编排，不仅要考虑各语法项目的教学顺序，也要考虑出现在一课中的语法项目的数量，还要考虑如何分散难点等，是一项比较复杂的工作。

就语法项目的教学顺序而言，主要涉及两个问题：一是某个语法项目应该放在哪个阶段来教？二是假设有 A、B 两个语法项目，应该先教 A 项目，还是先教 B 项目？虽然到目前为止，对语法项目教学顺序的研究还有待进一步深入，我们还很难非常有把握地规定所有语法项目的教学阶段，也很难硬性规定各语法项目之间的教学顺序，但是语法教学还是应该遵循一定的先后顺序。这主要是因为：一方面，不可能一下子把所有语法项目都教完；另一方面，的确存在着某些语法项目更适合在较早的阶段教给学生，某些语法项目更适合晚一些教给学生这样的情况；各语法项目之间，也存在着某个语法项目放在另一个语法项目之前或之后更合适这样的情况。

事实上，在语法项目的教学顺序方面，也是存在一些共识的。比如，一般来说，大家都认可在教授“把”字句之前应该先教授补语，这是因为“把”字句的语义功能导致二者在结构上发生了联系。“把”字句表示对事物进行处置并引起结果，因此句子的主要动词后通常要有表示结果或变化的成分，其中最常用的是补语，所以若不先学补语，就很难操练“把”字句。我们对汉语教材的考察，也印证了这一认识。在姚道中、刘月华编写的《中文听说读写》（Cheng & Tsui Company）中，趋向补语出现在第 6 课，情态补语出现在第 7 课，结果补语出现在第 12 课，而“把”字句则是在第 13 课里出现的。在李晓琪主编的《博雅汉语》（北京大学出版社）中，“补语”出现在“起步篇 1”的第 28、29 课，“把”字句则最早出现在

“起步篇 Ⅱ”的第 11、12 课里。

另一个得到普遍认可的例子是，在教授“是……的”强调句之前应该先教授“了”的用法，这是由这两个语法项目在语义上的联系所决定的。“是……的”句式的功能是：就一个已经发生的事情中的某些方面（时间、地点、方式、目的、施事、伴随者等）进行说明或强调，而表示动作或情况已经发生的句子中需要使用“了”。比如“我是今年 3 月来中国的”，说话人说出这句话的前提是“我来中国”这种情况已经发生了。只有动作发生了，才能把时间、地点等作为焦点。因此，如果学习者还没有学过“了”的用法，教师讲解和学生练习“是……的”句式都会比较困难。对教材的考察也印证了这一认识。在《中文听说读写》中，“了”出现在第 5 课，“是……的”句式出现在第 15 课。在《博雅汉语》中，“了”出现在“起步篇 Ⅰ”的第 19、22、23、24 课，而“是……的”句式出现在“起步篇 Ⅱ”的第 1 课里。

语法项目的编排，不仅要考虑各语法项目的教学顺序，也要考虑出现在一课中的语法项目的数量，还要考虑如何分散难点等，是一项比较复杂的工作。

（二）语法项目编排的主要原则

1. 先易后难

一般来说，语法教学应该遵循由易到难、循序渐进的原则。比如，汉语趋向动词的用法复杂多样，不可能一下子都教给学生，需要分阶段教授。有研究者根据趋向动词的学习难度，提出趋向动词教学应遵循如下顺序。

第一阶段：学习非“来、去”的其他单纯实义空间趋向动词（上、下、进、出、回、过）单独做谓语的用法。如：

他进教室了。

第二阶段：学习“来、去”单独做谓语的用法。如：

好，我马上来。

第三阶段：学习“来、去”做实义空间趋向补语用法。如：

他拿来一本书。

第四阶段：学习“来、去”构成的表示目的关系的连动句。如：

他来北京旅游了。我去上海开会了。

第五阶段：学习表实义空间的复合趋向动词做补语的用法。如：

他拿出一本书来。他拿出来一本书。

第六阶段：分散性地学习单纯和复合趋向动词的各种引申用法。如：

天气热起来了。天黑下来了。她笑了起来。请你说下去。

第七阶段：学习趋向动词的特殊用法。如：

看来、看起来、看上去

衡量语言项目的难易度需要有一定的标准，目前学者们提出的衡量语言难度的标准主要有以下几个：结构复杂度、语义复杂度、语际跨度、类化程度、语用功能等。[①]

当然，难易度也不是语法点排序的绝对标准，比如“了”，一般都认为比较难，但必须先教，否则课文中难以出现比较自然的句子。“把”字句也是如此，虽然“把”字句是

① 邓守信：《对外汉语语法点难易度的评定》，载《对外汉语教学语法探索——首届国际对外汉语教学语法研讨会论文集》，中国社会科学出版社，2003 年。

公认的教学难点，但也必须在比较初期的阶段就学习，因为有些意思如果不用“把”字句就无法正确地表达，比如当表示主语通过一个动作使得动作的对象发生位置移动时（她把书放在桌子上)，就必须使用“把”字句。

2. 急用先学

这是指一些日常交际中经常会用到的语法项目，特别是与留学生的生存交际密切相关的语法点，应该尽早出现。比如“是”字句、“有”字句、疑问句、数词、量词等，是留学生日常交际中经常要用到的语法项目，一般的教材都出现得比较早，通常在最初的几课里就出现了。

3. 习得顺序

在已经了解学习者习得规律的情况下，也可以适当遵照学习者的习得顺序来安排语法项目的教学顺序。比如“了$_1$”和“了$_2$”。“了$_1$”为动态助词，用在动词后面，表示动作的完结；“了$_2$”为语气词，用在句子末尾，表示变化。就这两个词的教学顺序而言，一般都认为应该先教“了$_1$”，后教“了$_2$”。但有研究者通过研究发现，对于外国留学生来说，“了$_2$”的习得更为容易，提出应该先教“了$_2$”，后教“了$_1$”。

4. 便于教学

有时候，先教什么，后教什么，还需要从方便教学的角度来考虑。比如，就补语和“把”字句这两个语法项目而言，可以先教补语，然后再教“把”字句，因为“把”字句中通常要带有补语，如果不先学习补语，不便于操练“把”字句。再比如，在教“比”字句之前，应该先教数量短语，因为“比”字句中常常带有数量短语，不先学习数量短语，也不便于操练“比”字句。

5. 难点分散

这是指把相关的语法项目，或复杂语法项目的不同用法，分散编排在不同的课文里。这样做的目的，一是可以减少相关的语法点之间的互相干扰，即减少目的语所引起的负迁移，避免学生把类似的语法点或同一语法点的不同用法混在一起；二是可以分散难点，化难为易，各个突破，减轻学生学习的压力。

以“复句”为例，《汉语水平等级标准与语法等级大纲》甲级语法中列了9个关于复句的语法项目，这9个语法项目如果编排在一课中学习，会给学习者带来较重的学习负担。如果编排在连续的几课中，又显得太单调。相反，如果这些复句编排在若干非连续的课文中，就不会给人这种感觉。[①]

“能、会、要、想、可能、可以、愿意、应该、得”等助动词，在《汉语水平等级标准与语法等级大纲》里被作为一个语法项目，但这些助动词中的一些常用词比如“能”“会”等，在意义和用法上存在相似之处，很容易混淆。我们经常看到留学生在该用“能”的时候却用了“会”，或者在该用“可以”的时候却用了“能”。如果把这些语法点都编排在一课中，容易导致学习者的混淆，不便于其掌握。一般的汉语教材都把它们编排在不同的课文中，分散来学习。

“把、被、叫、让”这四个介词，《汉语水平等级标准与语法等级大纲》也是作为一个语法项目处理的，而“把”和“被”又是汉语语法难点中之难点，目前的初级汉语教材，一般都把它们作为语法点编排在不同的课文中，其目的正是为了

① 杨德峰：《初级汉语教材语法点确定、编排中存在的问题——兼议语法点确定、编排的原则》，载《世界汉语教学》2001年第2期。

分散难点，便于学生各个突破。

6. 点面结合

如上所述，对于一些相关的语法点或复杂语法点的不同用法，可以采用分散编排的方式，以降低学习难度。但另一方面，为了让学习者系统地掌握汉语语法知识，也是为了使学习者对某一语法点的不同用法或某些相关的语法点形成一个全面的认识，还需要适当地照顾到“面”，做到点面结合。也就是说，到了一定的阶段，还应该把某些语法点的不同用法或相关的一些语法点联系起来，加以归纳和总结。比如，“结果补语”“程度补语”“可能补语”“趋向补语”“数量补语”等，一般作为几个不同的语法点，编排在不同的课文中，但是为了让学习者对汉语的补语形成一个总体认识，同时也便于学习者对几种补语进行对比以加深记忆，应该适时地对这几种补语加以总结。这种对相关语法知识的总结，可以采取每隔几课安排一个复习单元或小结的方式，也可以在全书后面安排几个复习课，对全书出现的语法点进行归纳、总结。①

7. 适量原则

语法教学多安排在初级阶段，而初级阶段学习者的语言水平还很有限，所以教材中每课的语法点不宜太多，否则会加重学生的学习负担。就目前初级汉语教材的语法点编排情况来看，一课的语法点数量大多在 2-3 个。比如，邓懿等编写的《汉语初级教程》（北京大学出版社）平均每课 2. 2 个语法点，黄政澄主编的《标准汉语教程》（商务印书馆）每课平均也是 2. 2 个语法点，王国安主编的《标准汉语教程》（上海教育出

① 杨德峰：《初级汉语教材语法点确定、编排中存在的问题——兼议语法点确定、编排的原则》，载《世界汉语教学》2001 年第 2 期。

版社）平均每课 2.6 个语法点。李晓琪主编的《博雅汉语》（北京大学出版社）起步篇Ⅰ全书共 75 个语法点，分布在 27 课中，每课语法点最少的 1 个，最多的 5 个，平均每课 2.7 个语法点。一课有 3 个语法点的共 11 课，所占比例最高；一课有 2 个语法点的次之，共有 7 课；一课有 4 个语法点的共有 5 课。

杨德峰（2001）曾就一课中安排多少个语法点为宜做过一个问卷调查，并在调查结果的基础上根据教学经验提出，初级汉语教材每课中出现 2~3 个语法点为宜。当然，到底一课中编排几个语法点合适，还应该视具体情况而定。一些复杂的语法点，像“把”字句、“被”字句，一课编排一个也就足够了。①

总之，语法点安排上的先后次序取决于多种因素，包括结构本身的复杂程度、习得顺序、教学上的方便，等等，同时还要兼顾到交际中的使用频率，往往是对“急用先学”“系统安排”“循序渐进”几对矛盾在分析学生特点和教学目的的基础上综合平衡的结果。②

---

① 杨德峰：《初级汉语教材语法点确定、编排中存在的问题——兼议语法点确定、编排的原则》，载《世界汉语教学》2001 年第 2 期。

② 吴中伟：《怎样教语法——语法教学理论与实践》，华东师范大学出版社，2007 年。

第五章

实词教学知识

实词中的很多内容都可以作为词汇教学的对象，不过一些用法比较特殊的词类，特别是某些实词的一些内部小类，因用法特殊或比较复杂，往往也被作为语法教学的对象。比如趋向动词的用法、方位名词的用法、动词重叠式、疑问代词的任指用法，等等。

实词包括名词、动词、形容词、区别词、代词、副词、数词和量词，本章对名词、动词、形容词、代词、副词、数词等几类词与教学相关的知识加以说明。

第一节　名词教学知识

一、名词基础知识

名词表示人或事物的名称。根据意义的不同，名词可以分为以下几个小类。

（1）表示人或事物的名词，比如：月亮、桌子、洗衣机、建筑、性格、理想。表示人或事物的名词又可以分为具体名词与抽象名词，比如“桌子”是具体名词，“理想”是抽象名词。还可以分为个体名词与集体名词，比如“车”是个体名词，“车辆”是集体名词。

（2）表示时间的名词，比如：今天、明年、中午、星期一、夏天、现在、以前。

（3）表示处所的名词，比如：欧洲、上海、长江、北京大学、公司、学校、操场、教室、图书馆、车站、商店。表示处所的名词又可以分为专有名词和一般名词，比如“国家”是一般名词，“中国”是专有名词。

（4）表示方位的名词，比如：上、下、前、后、左、右、上边、下面。

名词最主要的语法特征是可以做主宾语，可前加数量短语不可前加副词，不能重叠，部分指人的名词可以加“们”表示复数。时间名词和方位名词有一些不同于其他名词的特殊用法：时间名词较少做主宾语，而是经常做状语；方位名词可以放在其他词语后面组成方位短语，表示处所或时间。

二、名词的常见偏误[①]

（一）时间名词的常见偏误

1. “时段”与“时点”的误用

＊ 3 点 15 分钟

＊ 走路 20 分，坐车 5 分。

＊ 我看小说看了三点钟。

＊ 六月时间很长。

＊ 我们下午两小时开始上课。

2. 时间表达法的误用

2.1　数词与“天、周（星期）、月、年”等时间名词组合时，中间能否加入“个”的误用

＊ 这两个年我在扬州学习烹饪。

2.2　“日、周、月、年”等时间连续系统的表达方式误用

＊ 今月天气好。

＊ 去年我在英国，这年我在中国。

2.3　“半”和时段名词的组合误用

＊ 我学了一半年中文。

＊ 我还有两个月半回国。

---

① 部分偏误语料来源于下列文献：李清华：《外国留学生在方位词使用上的几个问题》，载《语言教学与研究》1980 年第 4 期；陈满华：《从外国学生的病句看方位词的用法》，载《语言教学与研究》1995 年第 3 期；刘慧清：《初级汉语水平韩国留学生的时间词使用偏误分析》，载《暨南大学华文学院学报》2005 年第 3 期；羊霞：《关于留学生对时间词误用的分析》，载《现代语文》2007 年第 11 期。文中不再一一注明。

2.4 日期、时间的排列顺序不当

＊ 今天是十二号一月。

3. 时间词语的句法功能及相应的语序不当

＊ 我到中国去年四月。

＊ 他十年毕业了。

（二）处所名词的常见偏误

＊ 在北京有很多好玩的地方。

＊ 在学校来了一批外国人。

＊ 在乌镇吸引了很多游客。

（三）方位名词的常见偏误

1. 方位名词多余

＊她在中国里学习了三年汉语。

＊林达在这方面中比不上斯蒂娜。

2. 方位名词缺漏

＊我不愿意在黑板写字。

＊在飞机我感觉不舒服。

＊这张纸贴在那块大木板。

＊家的人都不知道我干了什么。

＊在这些产品没有很好的。

3. 表示人或事物的名词与方位名词搭配不当

＊吉田在床里看书。

＊我在报纸里看见了他们公司的广告。

＊他在街里没有看见一个认识的人。

＊自行车在草地下走。

＊飞机在天里飞。

＊历史里有很多有名的政治家。

＊校园上有两个大花园。

＊树里的鸟都飞了。

4. 单、双音节方位名词误用

＊花园的最中有一座雕像。

＊门外有一排树，中树很大。

＊他从里来。

＊乌特从下走来了。

＊我身上面没有很多钱了。

＊楼上面有一间电视室。

5. 方位名词与所组合词语的语序不当

＊ 我以后跑步喝很多水，以前跑步不吃东西，因为对肚子不好。

三、名词知识拓展

（一）时间名词

1. “时点”与“时段”的表达式及句法功能

时点词和时段词是不同的时间概念，具有不同的表达方式，分布特征和句法功能也有明显区别。时段时间词表示时间的长短，回答多长时间的问题；时点时间词表示某个特定时间，回答什么时候的问题。如下：

时段：3 小时 15 分　3 分 15 秒　3 小时 15 分 24 秒

时点：3 点 15　3 时/点 15 分　3 时 15 分 24 秒

对于留学生来说，最容易犯的错误是将时段词语误用作时点词语，或者相反，将时点词语误用作时段词语。其中“分”

与“分钟”、“点（钟）”与“小时”尤其容易相混。这两组词语中，每一组词语的前者表示时点，后者表示时段。

此外，与“点”连用表示时点时，“分”有时可省略。例如：

3点15分⟶3点15

从句法功能和句法分布来看，时点词语表示动作发生的时间，常常放在动词前面做状语，如：我们两点15上课。或者做谓语，如：现在1点20。时段词语表示动作持续了多长时间，常常放在动词后面做补语，如：他跑了3小时15分。

有时候，时段词语也能做状语，此时整个句子表示强调，用来说明在一定量的时间内事情的量之“大”或“小”，句中常有“就、只”等词语与之搭配，如：

一天就上了两节课。

十年里只回了一次家。

2. 时间连续系统的表达方法

涉及时间连续系统的时间名词主要是“天、星期、月、年”几个，这几个时间概念连续系统的表达方式可以分为两种情况，其中，“天”和“年”的情况类似，“星期”和“月”的情况类似。

（1）天、年

通过在时间名词前面添加“今、明、昨、后”等，表达时间连续系统。

天：今天　明天　昨天　前天　后天

年：今年　明年　去年　前年　后年

（2）星期、月

通过在时间名词前面添加“这个、上个、下个”等，表达时间连续系统。

星期：这个星期　上个星期　下个星期

月：这个月　上个月　下个月

3. 数词与时间名词组合时加入“个”的用法

“数词+个+时间名词”表示时段。量词“个”与“天、周、星期、月、年”等时间名词的组合情况比较复杂，有的时间名词前面必须加“个”，有的不能加，有的则可加可不加。具体如下：

必须加“个”：一个月

不能加“个”：两天　三周　四年

可加可不加“个”：三（个）小时　两（个）星期

4. “半”与时间名词的组合

“半+时间名词”表示时段。“半”与时间名词的组合比较复杂。基本规律如下：

（1）不足一个时段时，直接将“半（个）”用在时间词前面，如：

半分钟　半（个）小时　半天　半年　半个月　半个星期

（2）如果是在若干时段之外再加上半个时段，则要看时间词前面是否有“个”，如果时间词前面没有“个”，在时间词后边加“半”。如：

一天半　两年半　三秒半　五分半　一分半

如果时间词前面有“个”，则把“半”放在“个”的后面，如：

两个半月　三个半星期

5. 日期和时间的排列顺序

汉语表示日期和时间的时点名词的表达顺序为：年→月→日→时→分→秒。有研究者认为，这一顺序突出了“由整体到个别”的特点，因为在中国文化的理念中，集体是大于个人的。汉语时点词的这种由大到小的排列是固定的，不可随意颠倒。

（二）方位名词

1. 方位名词的隐现

方位名词的隐现，主要有以下三种情况：一是方位名词必须出现，比如“书在桌子上”，名词“桌子”后面一定要有方位词“上”。二是方位名词一定不能出现，比如“中国有很多这样的事情”，“中国”后面不能加“里、中”等方位词。三是方位名词可出现可不出现，比如“峨眉山（上）有很多游客”，处所名词“峨眉山”后面的方位词可以有，也可以没有。

方位名词在什么情况下必须出现？什么情况下不能出现？即方位名词的隐现规律，主要跟两个因素有关：一是方位词所附着词语的性质；二是整个方位短语的语义。

一般来说，方位词所附着的词语主要有以下三种：

普通名词、动词及短语　（报纸上　中华人民共和国成立前　下课以后）

处所名词　（操场上　图书馆里）

时间名词　（1990 年以前　三天后）

（1）与普通名词、动词或短语结合时

普通名词必须加方位词才能表示处所。如：

桌子上　山上　盒子里　报纸上　书包里

（2）与处所词结合时

方位名词所附着的处所名词可以细分为以下三类：

A. 地名：中国、北京、中关村、乌镇

B. 作为专名的山、河、湖、海等名称：西湖、长江、太平洋

C. 机构、组织、单位或某一活动场所的名称：学校、邮局、医院、工厂、部队、省、县、物资局、财政部、广场

A 类处所词，表示在其内部、里面时，一定不能用方位词，表示在其外部时需要用方位词。例如：

中国里（×）　　北京里（×）　　北京以南地区

B 类处所词，表示在其内部、里面时，方位词可用可不用，表示在其外部时需要用方位词。例如：

在西湖（里）游泳　　西湖南面

C 类处所词，表示在其内部、里面时，一般不用方位词，但表示强调时可以用"里、内、中、上"等，表示在其外部时需要用方位词。例如：

图书馆（里）没有人　在操场（上）跑步　操场南边

（3）与时间名词结合时

方位名词所附着的时间词语可以细分为以下三类：

A. 无明确界限的时间名词：现在、过去、将来、刚才、如今、最近

B. 表示时点的词语：1993 年、星期二、三点、早上、上午

C. 表示时段的词语：三天、12 个月、5 年、8 小时

A 类时间词，一定不能与方位词结合，不能说"现在上、最近以前"。

B 类时间词，语义上指向时间词表示的时间时，不能加方

位词，语义指向时间词表示的时间以外的时间时，可以加方位词。例如：

1993年以前　　星期二以后　　上午以前

C类时间词，语义上指向时间词表示的时间且时间词做状语时，方位词可加可不加，语义指向时间词表示的时间以外的时间时，需要加方位词。例如：

几年（里）都没有什么变化　　三天（里）做了五件事

三天以前　　两个月以后

2. 方位词与表示人或事物的名词结合时的选择关系

方位词可以附着在表示人或事物的名词后面，组成方位短语，表示时间或处所。但是，哪些名词可以跟哪些方位词结合，在汉语中是有一定规律的。外国留学生如果不了解其中的规律，就会产生困惑或者出现偏误。缑瑞隆（2004）曾提到一些留学生遇到的如下困惑：

“从电视上看到”是“从电视里看到”的意思吗？为什么灯在天花板下面吊着却说“天花板上吊着灯”？“放到地上”和“放到地下”的意思一样不一样？什么时候我应该说“放到地上”？什么时候说“放到地下”？“记在心上”和“记在心里”有区别吗？

这一类问题往往是教材上没有解释的，而且防不胜防，有时的确会将教师置于“不能不答，答又不好答”的尴尬境地，许多从事对外汉语教学的教师常为此感到头疼。[①] 其实，学习者的这些疑惑，都集中在方位词与名词结合时的选择关系上，主要是不清楚什么样的方位词可以跟什么样的名词结合。

---

① 缑瑞隆：《方位词“上”“下”的语义认知基础与对外汉语教学》，载《语言文字应用》2004年第4期。

最容易混淆的是“上、里、下”等几个常用的方位词。如下例：

上/里	上/下
大街上/大街里（×）	草地上/草地下（×）
历史上/历史里（×）	组织上/组织下（×）
班上/班里	地上/地下

有时候，似乎用“上”和“里”又是都可以的，例如：

飞机上／飞机里（强调“内”?）

汽车上／汽车里（强调“内”?）

火车上／火车里（强调“内”?）

轮船上／轮船里（强调“内”?）

（1）上／下

缑瑞隆（2004）从认知语言学的角度解释了“上、下”语义构成的差别，进而揭示它们的不同用法。文章指出，“上”不仅表示以一个平面为基准的空间位置，而且在“上”的语义中还包含有“接触”“附着”的要素。[①] 如下面的几组表达式：

A. a. 放在桌子上

b. 放在地板上

c. 长在手背上

d. 躺在床上

A组表达式所体现出来的“上”的意义是其基本义，反映了各民族人对这一空间位置认识的共同点，对于学习汉语的

① 缑瑞隆《方位词上、下的语义认知基础与对外汉语教学》，载《语言文字应用》2004年第4期。

外国人来说最容易理解。这组表达式中的“上”可以称作“$上_A$”，它是“上”的语义原型（prototype）。表示某物与一个平面“接触”并“附着”于该平面上。平面是背景（ground），是被附着物；某物是形象（figure），是附着物。被附着物通常比附着物大（虽然这不是必须的），并足以承受这种附着（这是必须的）。

B. a. 写在黑板上

b. 贴在墙壁上

c. 出现在电视上

d. （花）别在衣服上

B组表达式中的“上”可以称为“$上_B$”，其所表示的物体与平面的相对空间关系与“$上_A$”一样，不同的是方向发生了变化。其语义中明显含有［+接触］［+附着］的义素。

C. a. 吊在天花板上

b. 长在脚底板上

c. （篮子）吊在梁上

d. 粘在上牙床上

C组表达式中的“上”可以称为“$上_C$”，其所表示的物体与平面的相对空间关系也与“$上_A$”一样，只是方向发生了变化。其语义中也含有［+接触］［+附着］的义素。

“$上_A$”“$上_B$”“$上_C$”都明显与一平面有关，由于认知的一般规律，可以认为“$上_B$”“$上_C$”是从“$上_A$”引申、发展出来的。这种意义和用法的引申、发展与认知意象（image）有关。“$上_A$”“$上_B$”“$上_C$”三个表达式的意象如下图所示。

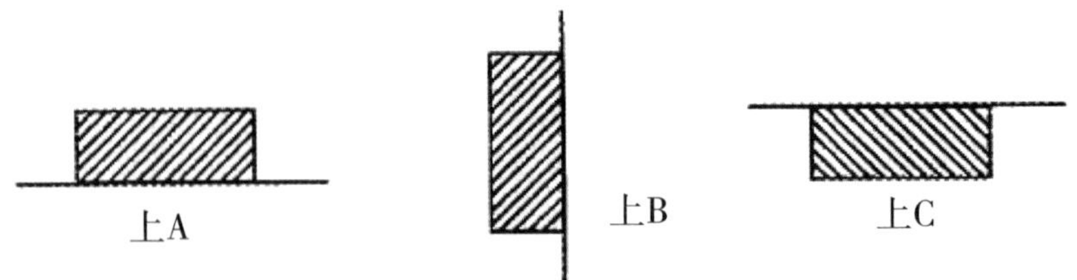

从“$上_A$”开始向“$上_C$”逐渐转化的过程，这个过程就是认知心理学中所谓的“意象加工”过程。“$上_B$”是“$上_A$”在心理上旋转90°造成的；“$上_C$”是“$上_A$”旋转180°造成的。如下图所示：

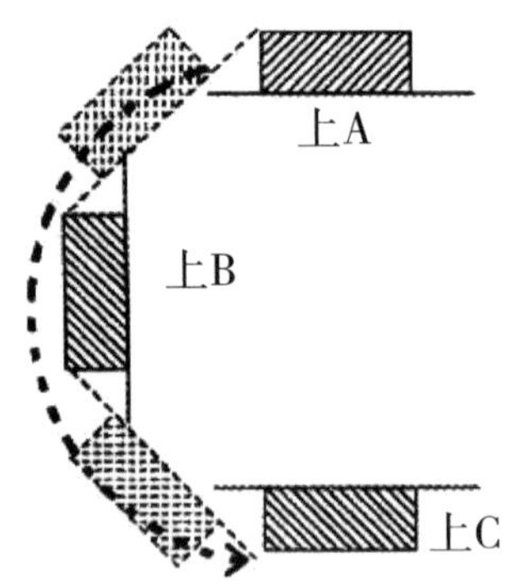

D. a. 穿在身上

b. 落在树枝上

c. 走在钢丝上

d. 种在山坡上

D组表达式中的“上”可以称为“$上_D$”，其语义中［+接触］［+附着］的义素比较明显，只是其中的被附着物不是一般意义上的平面，而是圆柱体或圆锥体的外表（曲）面。

E. a. 拿在手上

b. 坐在车上

E组表达式中的“上”可以称为“$上_E$”，其语义中明显含有［+接触］［+附着］的义素，只是其中的被附着物也不是一般意义上的平面，而是某些特定形状的物体的外表（曲）面。

F.

a. 在思想上

b. 在感情上

c. 在这个问题上

d. 在这一点上

F组表达式中的“上”可以称为“上$_F$”。如果说“上$_A$—上$_E$”的意象中都有一个“面”的话，“上$_F$”中则完全没有“面”，因而是外国人学汉语最不容易掌握和一般人最不容易说清楚的。“上$_F$”前面的词语表示的是抽象概念，“上$_F$”表示某个方面。

G. a. 守卫在边防线上

b. 屹立在海岸线上

c. 球落在球场的边线上

G组表达式仍然包含有“某物附着于一个平面”的基本要素，所不同的只是比“上$_A$—上$_E$”各表达式更明确地标示出了某物存在于“面”的位置。G组表达式中的“上”可以称为“上$_G$”，其语义中也含有［+接触］［+附着］的义素。

从上面各组表达式中“上”的用法来看，“上”的语义可以概括为：如果有一个平（曲）面A和一个物体B，且平（曲）面A足以承受或固定物体B，并且物体B与平（曲）面A接触并附着于平（曲）面A上，则表述为“物体B在平（曲）面A上”。

与“上”不同，“下”的语义中有［+空间位置］［+接触］的义素，但没有［+附着］的义素。比较下列表达式：

a. 放在桌子上——f. 放在桌子下

b. 坐在树上——g. 坐在树下

c. 扔到床上——h. 扔到床下

d. 种到山上——i. 种到山下

e. 坐到车上——j. 坐到车下

这里用“上”的表达式都有［+接触］［+附着］的意味，用“下”的表达式都没有［+附着］这个要素，基本上也没有［+接触］这个要素。再看下面的表达式：

a. 带在身上——d. 压在身下

b. 撂到枕头上——e. 塞到枕头下

c. 放在褥子上——f. 藏在褥子下

上面的这三对表达式中，用“上”的都有［+接触］［+附着］的义素，用“下”的只有［+接触］义素，而没有［+附着］义素。“下”的语义可以概括为：如果有一个平面 A 和一个物体 B，且在垂直方向上物体 B 相对于平面 A 更接近地面，并且物体 B 不附着于平面 A，则可表述为：（物体 B）在平面 A 下。这样就可以解释为什么下面表达式中的“下”不能用：

长在手背上———？长在手背下

长在脚板上———？长在脚板下

吊在天花板上———？吊在天花板下

写在黑板上———？写在黑板下

印在报纸上———？印在报纸下

穿在身上———？穿在身下

套在腿上———？套在腿下

拿在手上———？拿在手下

（2）里/上

“里”和“上”与名词的组合，一般情况下不容易相混，如“房子里”和“房子上”语义明显不同。但在表示某些特定意义时，则有可能发生混淆。吕叔湘先生在《现代汉语八百词》（1984）里谈到方位词“里”有一种用法：跟表示机构的单音节名词组合，既可指该机构，又可指机构所在的处所。如“向县里（指机构）汇报情况”，“从县里（指处所）来”等。①

陈满华（1995）考察发现，现代汉语的方位词“上”也可以用在表示机构、单位的名词后面，比如“班上”“街道上”。文章进一步考察了表示机构、单位的名词后面加“里、上”的规律，指出这类名词跟“里、上”的结合有三种情况：

A. 用“里”和“上”都可以，例如：

县里/县上　系里/系上　矿里/矿上　单位里/单位上　部队里/部队上

班级里/班级上　街道里/街道上　区里/区上　站里/站上

B. 只能用“里”，不能用“上”，例如：

所里　家里　院里　团里　车间里　公司里　报馆里　学院里　报社里

C. 只能用“上”，不能用“里”，例如：

组织上　地方上

最后得出的结论是，总的说来能用“里”的比能用“上”

---

① 吕叔湘等：《现代汉语八百词》，商务印书馆，1984 年。

的多。①

(3) 中/里

邢福义（1996）考察了“里”和“中”使用上的共同点和差异。文章指出，很多时候“X 里”和“X 中”表意相同，可以互相替换。比如：心里（+）—心中（+）｜庄子里（+）—庄子中（+）。但是，它们的用法又各有特点，许多时候是不能或不大能自由地互相替换的。比如：夜里（+）—夜中（-）｜空中（+）—空里（-）｜科里（+）—科中（-）｜途中（+）—途里（-）。

从语义来看，“X 里”和“X 中”的共同点是都可以用来表示特定处所、时间或事物的里面（内里义），这也是使用频率最高的一种意义。此外，有的意义只适合用“X 里”，包括等同义（如“云端里=云端”）、指代义（如“局里”）和划界义（如“大门里”）；有的意义一般只适合用“X 中”，包括活动义（如“谈判中”）、状态义（如“危急中”）和无限义（如“途中”）。也就是说，“X 里”和“X 中”的语义辖域存在交叉关系，既有共同点，又有差别。如下图所示：

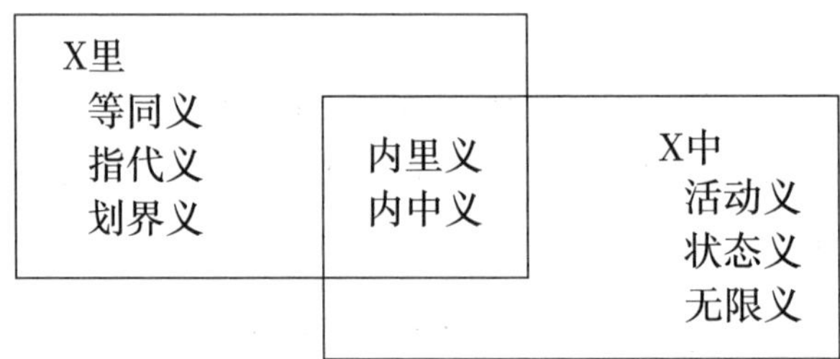

从语言形式来看，“X 里/中”的 X 通常是 NP，即名词性

① 陈满华：《“机构名词+里/上”结构刍议》，载《汉语学习》1995 年第 3 期。

词语；有时也可以是 VP 或 AP，即动词或形容词性的词语。“X 里”一般只表现为“NP 里”；“X 中”则既可以表现为“NP 中”，也可以表现为“VP 中”和“AP 中”。从这一点看，“X 中”的分布范围大于“X 里”。

在实际运用上，即使在“X 里”和“X 中”语义辖域的交叉地带（内里义、内中义）上，二者的使用也各有不同的倾向性。具体来说，“X 里”更倾向于空间性处所，“X 中”更倾向于集合性或抽象性事物，以及活动和状态。总的说来，由于“里”更加口语化，当 X 为 NP 时，“X 里”更为活跃，使用频率要比“X 中”大得多。[①]

温敏（2010）分析了“中”和“里”不同的语义特征。该文在对“里”和“中”的意义来源进行考察的基础上指出，“里”的语义特征为［+静态性］、［+具体性］、［+界限性］，“中”的语义特征为［+动态性］、［+抽象性］、［+延展性］。表示界限分明的具体实物，多用“里”，越是抽象的、没有界限的、可以延展的范围或过程，越倾向于用“中”。[②] 如：

姐姐在厨房里做饭，我在房间里看书。（“厨房”具有静态性、界限性）

忙乱中，我忘记了带工作证。（“忙乱”具有动态性）

上述第一个例句，显然比“姐姐在厨房中做饭，我在房间中看书”更合乎语感，而第二个例句则不能用“里”。下面几个句子是留学生因误用“里”和“中”而造成的偏误句：

---

① 邢福义：《方位结构“X 里”和“X 中”》，载《世界汉语教学》1996 年第 6 期。

② 温敏：《方位词里、中的语义认知分析及对外汉语教学》，载《信阳师范学院学报》（哲学社会科学版）2010 年第 2 期。

*50分钟的课堂时间中，能学到的东西很多。

（有限定词“50分钟”，边界清晰，应该用“里”）

*我决心从失败中吸取教训，在下一次的考试里拿到证书。

（“考试”虽然是名词，但经历了时间流程，具有动态发展过程，应该用“中”）

*她的爸爸在一次交通事故里丧生了。

（“交通事故”也具有动态发展过程，应该用“中”）

此外，温敏（2010）还在北京大学现代汉语语料库中对“生活+里/中”的用例进行了检索，共找到“生活中”11092例，“生活里”674例，且后者多加定语，限制范围，侧重静态，有“界限性”，如：“济南人的生活里”“姑娘们的生活里”“当前的语言生活里”。这进一步证明二者在语义特征方面的差异。

邢福义（1996）和温敏（2010）都指出，“里”带有口语色彩，“中”带有书面语色彩。如：

汾酒的幽香常留口中。

汾酒在嘴里留下很长时间香味。

方位词的用法与汉民族的认知习惯有很大关系，存在一定的规律性，但是目前我们对这种规律的研究还很不够。

3. 单音节和双音节方位词的选用

汉语中的方位词，大多数都是单、双音节成组的，如：

上—上面（边）　下—下面（边）　里—里面（边）　外—外面（边）

东—东面（边）　西—西面（边）　南—南面（边）　北—北面（边）

谢红华：（2001）考察了《汉语水平词汇与汉字等级大纲》所收的76个方位词，发现除了“对面、反面、之间”3个方位词外，其余16个单音节方位词与57个双音节方位词构成16组同义方位词：①

上—上边，上面，上头，以上，之上

下—下边，下面，以下，之下

左—左边

右—右边

前—前边，前方，前面，前头，之前，跟前，面前

后—后边，后方，后面，后头，之后

里—里边，里面，里头

内—内部，以内，之内

外—外边，外部，外面，外头，以外，之外

中—中部，中间，之中，当中

东—东边，东部，东方，东面

南—南边，南部，南方，南面

西—西边，西部，西方，西面

北—北边，北部，北方，北面

旁—旁边

底—底下

这些成对的方位词，虽然语义一样，但用法却并不完全对等，有时候可以互换使用，有时候却不能互换。如下面的偏误：

*他从里走出来。(里/里面)

① 谢红华：《单双音节同义方位词补说》，载《语言教学与研究》2001年第2期。

＊乌特从下走来了。(下/下面)

＊我身上面没有很多钱了。(身上/身上面)

＊楼上面有一间电视室。(楼上/楼上面)

吕叔湘（1965）对这一现象进行了初步考察，文章在对10万字的语料进行统计的基础上，总结出单双音节方位词选用的如下规律：[①]

（1）在名词和介词后面，单、双音节方位词都可以使用；除此以外的位置一般用双音节方位词，如：

桌子上（面）　往前（面）　前面是一条小溪

（2）跟介词结合时，“往、从、到”后可跟单音节方位词，“在”后一定要跟双音节方位词，如：

往前（面）　往左（面）　在前面

（3）表“泛向性”（引申义）的基本上是单音节方位词，如：

在……上　在……中　在……下

（4）用单音节方位词还是双音节方位词，与名词音节数的多少没有什么关系，如：

桌子上（面）　树下（面）

（5）书面语中多用单音节方位词，双音节方位词主要见于口语中。

谢红华：(2001) 以吕叔湘先生的研究为基础，统计了30万字的口语及书面语材料，从构词或组成短语的能力、语法功能、与介词结合、与名词结合、语体色彩等五个方面描写单音节方位词与双音节方位词用法上的异同，以及某些单音节方位

① 吕叔湘：《方位词使用情况的初步考察》，载《中国语文》1965年第3期。

词与同组的双音节方位词在意义上的区别。[①] 文章在单双音节方位词与介词结合、语体色彩等方面得出的结论进一步印证了吕叔湘（1965）的观点，在其他几个方面得出的结论则对这项研究有所补充。

第一，从构词能力或组成短语的能力来看，单、双音节方位词存在明显不同：单音节方位词构词能力强，双音节方位词只能构成词组。

单音节方位词构词能力强，能产性高，可与大量的单音节名词性语素结合，构成双音节词或凝固性较强的双音节词组。而且，单音节方位词构词时位置灵活，可在名词性语素前，也可在其后。如：

在前：上午　下午　前天　后天　里屋　内屋　外屋　中班　左手　右手　东门　南门　西门　北门　旁人　底层

在后：早上　晚上　眼前　事后　夜里　国内　国外　心中　河东　江南　山西　湖北　身旁　瓶底

除了“左、右”较少见于名词性语素后面外，其他单音节方位词的能产性都很强。此外，单音节方位词还可以用于量词或动词性语素前，构成新词或词组，如：

上次　下次　前半夜　后半夜　内定　中立　旁观　左顾右盼

双音节方位词基本上不能构词，但是它可以与名词、动词结合，组成表示空间或时间的方位短语；也可与介词结合，组成介词短语。而且，在与名词组成短语时，双音节方位词多居

① 谢红华：《单双音节同义方位词补说》，载《语言教学与研究》2001年第2期。

双音节名词之后，居前时一般要加“的”。如：

名词+双音节方位词：桌子上边　三人以上　窗户前面　公寓后面　饭厅里头　两个小时以内　时间和空间之外　屋子中间　中门左面　沙发右面　黄河以北　长江以南　走廊旁边　天底下

动词+双音节方位词：复习之前　考试之后　教学以外

介词+双音节方位词：从上边　从下边　往前面　往后面　往里边　在外面　在中间　向左边　向右边　朝北边　朝南边　在旁边

双音节方位词+名词：里面的屋子　旁边的门

第二，从语法功能上看，大多数双音节方位词表现出较大的自由度，可以充当主语、宾语、定语、状语等多种句子成分。如：

做主语：外面冷得很。前面茶馆，后面公寓。上边怎么交代，我怎么干。以前根本不是这样。

做宾语：姐姐在前面。进左边。

做定语：老爷就在里面旁边的屋子里呢。前面的事，后面的事。中间的门　左面的饭厅

做状语：外边溜达吧。里边歇着吧。

双音节方位词还可以构成“的”字结构，如“里面的，前边的，左边的”等等。双音节方位词中，只有“以内、以外”两个词和带“之”的组合（之上、之下、之后、之内、之外、之中）不能单独充当以上各种句子成分。

单音节方位词也可以充当主语、宾语、定语、状语等句子成分，但远比不上双音节方位词那么自由、灵活，而是要受到许多限制。其使用条件主要有以下几种：

a. 对举或连用：

上有政策，下有对策　前不着村，后不着店　他里外一把手　里三层，外三层　左右逢源

b. 书面上的一些文言说法，多与单音节动词结合：

请勿入内　　请勿外出　　内附收据

c. 极个别单音节方位词可做状语，修饰单音节动词：

外带来你这个倒霉蛋的哥哥　等待姑娘前来　独自前飞

d. 做定语时主要修饰单音节名词，而且绝对不能带“的”：

上角/ * 上角落/ * 上的角　　下角/ * 下角落/ * 下的角

前台/ * 前舞台/ * 前的台　　后台/ * 后舞台/ * 后的台

内地/ * 内地方/ * 内的地　　外地/ * 外地方/ * 外的地

第三，从与名词组合的情况来看，大多数单音节方位词对其前面名词的音节数没有任何限制，可以是单音节的，也可以是双音节的或多音节的。如：

海上　海面上　地下　草丛下　双人床下　屋里　屋子里　办公室里　门外

学院外　眼中　眼睛中　体内　厕所内　案前　背景前　树后　中华人民共和国成立后

与其他单音节方位词相比，“左、右、东、南、西、北”等较少用在名词的后面，而且它们只能出现在少数单音节名词之后，而不能出现在双音节名词之后。如：

沙发左面 / ＊沙发左

中门右边 / ＊中门右

大楼东边 / ＊大楼东

小河南边 / ＊小河南

双音节方位词则倾向于与双音节名词结合，如：

在这窗户前面站着

总不肯落在人家后头

就在马路中间

双音节方位词前出现单音节名词的情况极少，在全部的统计材料中只有 6 个，且都在口语材料中：

火旁边　树后面　城外头　房里头　屋中间

这也符合当代重音理论对词长选择的解释。重音理论认为，由两个词组成的结构中，辅助词比中心词重；重的词不能短于轻的词。[①] 在偏正结构中，右边是中心词，左边是辅助词，所以左重于右，左边不能短于右边。[②]

第二节　动词教学知识

一、动词基础知识

动词是表示动作、行为、心理活动或存在、变化、消失等的词。根据意义的不同，一般将动词分为以下几个小类：

动作行为动词，比如“学习、跑、吃、讨论、修复”；

心理活动动词，比如“喜欢、知道、觉得”；

表存在、变化、消失的动词，比如“成为、变成、消失”；

判断动词，主要是“是”；

能愿动词，比如“能、可以、得、应该”；

趋向动词，比如“来、去、上来、下去、起来”。

动词主要的语法特征是，可以做谓语或谓语中心，多数可

---

① 端木三：《重音理论和汉语的词长选择》，载《中国语文》1999 第 4 期。

② 谢红华：《单双音节同义方位词补说》，载《语言教学与研究》2001 年第 2 期。

带宾语，前面可以加“不”，大多不可以加程度副词，多数可带“着、了、过”，部分可重叠。

二、动词的常见偏误[①]

（一）不及物动词误用

＊ 下午我们出发了北京。

＊ 昨天他们送行我。

＊ 老师叫我报名这样的奖学金。

＊ 1958 年我毕业了东京大学，我以此自豪。

（二）离合动词误用

1. 离合动词误带宾语

＊ 我今天下午见面他。

＊ 玛丽结婚了杰克。

＊ 如果你不帮忙我拿上这些东西，我不能回家。

2. 离合动词未使用离析用法

＊ 我们见面了以后，谈了很多事情。

＊ 我已经理发过了。

＊ 我在天安门照相了很多。

＊ 她结过婚两次。

---

① 部分偏误语料来源于下列文献：戴国华：《日本留学生汉语动词常见偏误分析》，载《汉语学习》2000 年第 6 期；吕滇雯：《日本留学生汉语偏误分析之（一）：动词重叠》，载《汉语学习》2000 年第 5 期；王瑞敏：《留学生汉语离合词使用偏误的分析》，载《语言文字应用》2005 年第 5 期；王茂林：《留学生动词重叠式使用情况浅析》，载《语言教学与研究》2007 年第 4 期；何清强：《外国留学生动宾式离合词的两类偏误分析》，载《广西民族大学学报》（哲学社会科学版）2009 年第 4 期。文中不再一一注明。

＊ 我今天跑了步两个小时。

＊ 我今天洗澡两次了。

＊ 领导讲话完了，然后就散会了。

＊ 孩子们鼓掌着欢迎我们。

（三）动词重叠式误用

1. 动词重叠的方式错误

＊老板，请把这些文件过目过目。

＊他对我点头了点头就走了。

2. 不该用动词重叠式而用

＊我在军队的时候经常想想以前和朋友在一起过的日子。

＊我正在休息休息，朋友来了。

＊我要讲讲的故事是在美国发生的。

＊我的自行车不见了，我找找很多次，但是找不到。

3. 该用动词重叠式而未用

＊那本书我稍微翻，没仔细看。

＊在这个城市里随便看，随便走，都能发现很多有趣的事情。

＊你昨天买的这本英文书，我怎么看也看不懂，帮我教看英文，好吗？

（四）能愿动词误用

＊我今天下午有事，不会去见你。

＊他不能游泳，以前没有学过。

＊我今天必须把这本书看完，哪怕不会睡觉。

＊现在女孩子大都希望结婚以后也会工作。

＊他会挑二百斤的担子上山。

（五）趋向动词误用

1. 由语义参照点不同造成的趋向动词误代

*那时候云彩很多，太阳还没有出去。

*有一天，我到中国银行来兑换美元，碰到一个说话很凶的服务员。

*那天麦克让我来他的宿舍，我有事，没有去。

2. 趋向动词做补语时与宾语的语序不当

*我们下午三点回来学校。

*我看见他进去教室了。

*上课二十分钟的时候，他才走进来教室。

*过了几天，他想起来自己的妈妈。

3. 趋向动词的引申用法错误

*老师问我们，我们答不出去。

*她拼命地节食，于是体重减起来了。

三、动词知识拓展

（一）判断动词“是”的用法

判断动词“是”的表达作用较为复杂，主要有如下几种。

1. 表示等同

主语和宾语可以互换位置，句义不变。如：

他是这本书的作者。/一分钟是60秒。/北京是中国的首都。

2. 表示归类

宾语代表类概念，主语代表属概念，属概念包含在类概念之中，即：主语所指事物属于宾语所指事物的一部分，主语和宾语不可以互换位置。如：

我是学生。/他是美国人。/居里夫人是世界著名的科学家。/她爸爸是开车的。

3. 表示存在

靠墙是一排书架。/办公楼的前面是一个网球场。/眼前是白茫茫的一片大水。

4. 表示人或事物的特征

他是急性子。/这孩子是双眼皮。/这张桌子是三条腿。

5. 表示质料

这鞋是牛皮的。/这个碗是铜的。/这个房子是木头的。

6. 表示用途

这是坐人的，那是睡觉的。

7. 表示领属关系

这本书是他的。

上述几种用法中，最容易出错的是第 3 种（表示存在）的“是”的用法，与“有”容易混淆。如：

宿舍前面有一个商店。/ 宿舍前面是一个商店。

刘月华等（2001）认为，表存在时，“是”与“有”是有区别的。“是”表示物体占据了某一空间，该物体在那个空间是唯一的；而“有”只表示某一空间存在着某一或某些物体。① 比较：

①A：桌子上是什么？

B：桌子上是书。

②A：桌子上有什么东西吗？

---

① 刘月华等：《实用现代汉语语法》（增订本），商务印书馆，2001 年。

B：桌子上有书，还有笔。

有人将下面句子中的“是”也当作判断动词：

他是聪明。迟到是不好。他是出去了。

实际上，上述句子中的“是”表示确认、肯定的语气，口语中往往重读，应该认定为语气副词。

（二）离合动词的用法

离合词是汉语特有的一种词语现象，它可“离”可“合”，“合”的时候像词，“离”的时候像短语。如“分手”，可以说“他们俩又分手了”（合），也可以说“他们已经分了十几次手了”（离）。

离合词无论被当作“词”，还是被当作“短语”，或者像有的研究者认为的那样“非词非短语”（词和短语之间的“过渡地带”），在使用上它还是更为接近动词。比如，可以做谓语或谓语中心（他们分手了），后面可以带“了、着、过”等时态助词（分过手、分了手），也可以带补语（分手了两次、分了两次手）。所以，我们将离合词放在动词这里加以讨论。

离合词的用法比较复杂，因而成为外国留学生的一个习得难点，常给他们带来困惑，偏误率也比较高。下面是一位来自欧洲的留学生表达出来的困惑：①

在词典里我们可以找到“分手”“聊天”“跳舞”等等，说明它们都是词。可是当我们说“我是在桂林分手我的朋友的”“我们聊天了一下午”“大家高兴地跳舞起来”时，老师便会纠正我们，说我们的句子不对，正确的说法应该是：“我

① 杨庆蕙：《对外汉语教学中“离合词”的处理问题》，载《第四届国际汉语教学讨论会论文选》，北京语言学院出版社，1995 年。

是在桂林和我的朋友分手的”，或“我是在桂林和我的朋友分的手”；“我们聊了一下午天”，或“我们聊了一下午的天”，或“我们聊天聊了一下午”；“大家高兴地跳起舞来”。我真不明白一个词怎么可以分开来说，更不明白汉语里到底有多少这样的词。

1. 离合词的特点

离合词是汉语中一种非常特殊的语言单位，它既有词的一些特点，又有短语的某些特点。

首先，离合词具有词的一些特点。这些词几乎都是双音节的，而双音节往往被视为现代汉语里词的语音形式，因为现代汉语里的词多数是双音节的。其次，这类组合的两个构成成分经常结合在一起使用，而且无论“离”还是“合”，这些词语的意义都具有凝固性的特点，不是两个构成成分意义的简单相加。如“分手”表示别离、分开，而不是把手分开的意思，这跟“分苹果”“分西瓜”等不一样。“聊天”表示闲谈，而不是谈论天空或天气的意思，这跟“聊工作”“聊家务”等不同。从上述特点看，离合词很像是词。

其次，离合词又具有一些非词（短语）的特点。它们的结构比较松散、自由，两个构成成分可以拆开、分离，中间可以插入别的成分。比如“跳舞”可以说成“跳了舞”“跳着舞”“跳过舞”“跳了一会儿舞”“跳了一次舞”“跳了一个舞”等。这又不符合词的本质特征。合成词的构成成分结合紧密，不允许拆开后插入别的成分。如“动员”不能说成“动了一次员”“动了半天员”“动不了员”等，只能说“动员了一次”“动员了半天”“动员不了”。从这些特点看，它们又很像短语。

正因为离合词有时“离”，有时“合”；有的情况下必须“离”，有的情况下必须“合”，有的情况下可“离”可“合”；再加上离析后中间插入的成分也比较复杂，造成留学生掌握起来比较困难，使得离合词成为一个带有普遍性的习得难点。

2. 离合词的确定

赵淑华、张宝林（1996）指出，对离合词范围的界定，过去的研究存在着一定的片面性：或失之于“严”，对离合词全盘否定，否认它的存在；或失之于“宽”，模糊了离合词与双音动宾短语的界限，使它过于膨胀。我们认为对离合词既不应回避或否定；也不应任意扩大其范围。① 基于这一认识，该文从几种不同的角度进行观察和分析，提出了鉴定离合词的四个标准。文章根据离合词可离可合的基本特点，在《汉语水平词汇与汉字等级大纲》的3590个动词（含兼属动词和他类词的兼类词）和短语中，共选出355个可离可合的动名组合，逐一对它们进行了考察分析，在此基础上提出了鉴定离合词的以下四个标准，只要符合其中一条，即可确定为离合词。

（1）组合成分中是否含有黏着语素。凡含有黏着语素的都是离合词。在355个动名组合中，共有含黏着语素的194个，约占54.6%。其中两个构成成分都是黏着语素的29个，含一个黏着语素的165个。如：毕业、贷款、鞠躬、劳驾（两个构成成分都是黏着语素）；洗澡、睡觉（包含一个黏着语素）。

（2）搭配是否受限。如果搭配受到严格的限制，即一个

---

① 赵淑华、张宝林：《离合词的确定与离合词的性质》，载《语言教学与研究》1996年第1期。

动词性成分只能与一个名词性成分组合，或一个名词性成分只能与一个动词性成分组合的动名组合，则为离合词。在 355 个动名组合中，这种词共有 87 个，约占 24.5%。其中 56 个因含有黏着语素而已被列入离合词，其余的 31 个都是由两个自由语素组成的。如：聊天、滑冰、挂号、把关、念书、听话、要命、丢人。

（3）非动宾式而用如动宾式的是离合词。这种词数量很少，在 355 个动名组合中只有 7 个：鞠躬、洗澡、游泳、睡觉、游行、考试、登记，而且除“登记”外，其他 6 个均因含有黏着语素而已被列入离合词。但仍有必要把本项作为一个标准，因为这些词有特殊性，它们本来不是动宾式，而是联合式，后来却被人们用作动宾式，带有一种“强制转换”的意味，而且多是得到人们普遍承认的离合词。

（4）可以扩展又兼属名词或形容词的是离合词。在 355 个动名组合中，兼属名词的共有 21 个，除“签证、刹车、移民、命题、导游、存款、贷款”等 13 个因含有黏着语素，“作文”因只有一种搭配形式而已被列入离合词外，另有“编号、同事、同学、同屋”等 7 个；兼属形容词的共有 31 个，除“倒霉、灰心、得意、着急”等 12 个因含有粘着语素，“冒险、懂事、淘气、吃亏、狠心”等 5 个因搭配受限已被列入离合词外，另有“丢人、要命、吃惊、争气”等 14 个。①

3. 离合词的结构类型

从构成离合词的两个语素之间的关系来看，离合词的结构类型主要有以下几种：

① 赵淑华、张宝林：《离合词的确定与离合词的性质》，载《语言教学与研究》1996 年第 1 期。

（1）动宾型：理发、洗澡、点名、告状、丢人、吵架、散步

（2）联合型：鞠躬、洗澡、游泳、睡觉、游行、考试、登记

（3）补充型：打倒、离开、推翻、看上、拔高、抓紧、吃透

（4）主谓型：心烦、心细、心慌、心寒、心黑、眼尖、手巧

有的研究者认为像“同学”这样的偏正式词语也属于离合词，如：贾怀印是村里读书最多的人，再者她和他同过几年学，她了解他。（《昆仑》1991 年 1 期）但这样的例子非常少见，并且只见于口语表达中。

在离合动词的各种结构类型中，动宾式离合词在数量上占有绝对优势，是离合词的主体类型。在《现代汉语词典》所收词条中，明确标记为离合词的有 3310 多个，其中动宾型离合词有 3184 个，占离合词总数的 97%左右。

4. 离合动词的离析用法

离合词的离析用法主要有以下几种。

（1）当离合词表示的动作涉及一个对象（通常是人）时，为了把对象引出，有时需要使用“离”的形式，中间插入代词、名词等体词性成分。

其实，离合动词表示的动作涉及一个对象时，表达方式可以有两种：一种是采用离析的形式，将动作对象置于两个离析成分之间，这是“离”的用法；另一种是借助一个介词将动作的对象引介至动词之前，这是“合”的用法。

a. 只有“离”一种用法

当面：当我（的）面　　　沾光：沾他（的）光
请客：请他（的）客　　　点名：点他（的）名
领情：领他（的）情　　　生气：生我（的）气

b. 可“离”可“合”

告状：告他（的）状　　给他告状、向他告状
帮忙：帮他（的）忙　　给他帮忙
丢脸：丢我（的）脸　　给我丢脸
问好：问他好　　　　　向他问好
见面：见他的面　　　　跟他见面

c. 只有“合”一种用法

跟女朋友分手　　给他请假　　向老师请假

（2）当表示动作的持续、完成或有过某种经历时，需要使用离析的形式，可在离合词中间插入“着、了、过”。如：

理发：理着发、理过发、理了发
洗澡：洗着澡、洗过澡、洗了澡
发烧：发着烧、发过烧、发了烧

（3）当表达动作持续的时间、动作的数量以及动作的结果或可能性时，也需要使用离析的形式，中间插入表示结果、数量和可能性等的成分（结果补语、数量补语、可能补语），此时可以同时插入“着、了、过”。如：

散步：散了半个小时（的）步
吵架：吵了一天（的）架
洗澡：洗了两次澡

（4）在动宾式离合词的宾语之前插入数量词语（做定语），量词一般为“一”，可省略。如：

挂名：挂一个名

抽烟：抽一根烟

投票：投一张票

回话：回一个话

洗澡：洗个澡

表态：表个态

加班：加个班

理发：理个发

把关：把个关

聊天：聊个天儿

5. 离合词的重叠方式

离合词的重叠方式主要有“AAB”式、“A 了 AB”式和“A 一 AB”式三种形式，如：

AB：	AAB	A 了 AB	A 一 AB
洗澡：	洗洗澡	洗了洗澡	洗一洗澡
散步：	散散步	散了散步	散一散步
握手：	握握手	握了握手	握一握手

6. 离合词的倒装用法

饶勤（1997）指出离合词有一个变化形式——VO 颠倒为 OV，这是离合词的一种高级扩展形式，因为它必须经过一次扩展后才能实现。[①] 离合词的这种倒装用法通常用来表达较强烈的情绪。如：

这两个年轻人，婚还没结，孩子就生了。

这次考试，他连名也没报。

留学生如果不清楚这一用法，也可能出现如下的偏误：

---

① 饶勤：《离合词的结构特点和语用介析——兼论中高级对外汉语离合词的教学》，载《汉语学习》1997 年第 1 期。

＊照相也照相了，录音也录音了，你不能再后悔了。

＊它连下蛋也不做，两个月越来越胖。

（三）动词重叠式的语法意义

1. 动作为已然，动词重叠式表示动作的短暂、轻微。例如：

她不好意思地笑笑，眨眨眼睛，红了脸。/ 他朝我点了点头。/ 姐姐看了看我，无可奈何地摇摇头，叹了口气。

2. 动作为未然，动词重叠式用来缓和语气，委婉地表达主观意愿（请求、劝告、命令等）。例如：

休息休息吧。/ 让我看看。/ 把这个菜给他尝尝。/ 你能帮我擦擦车吗？

孩子该让他多锻炼锻炼。/这次非得好好教训教训他不可。

3. 表示经常性、反复地主动进行的动作（无所谓已然或未然），重叠后表示这些动作在说话者看来很平常、轻松。例如：

下班回家，洗洗衣服，做做饭，一会儿几个小时就过去了。/星期天我常常看看电视，听听音乐，休息休息。

第三节　形容词教学知识

一、形容词基础知识

形容词是表示性质、状态的词。根据意义的不同，可以将形容词分为以下两个小类：

（1）性质形容词，如：大、小、软、硬、好、坏。

（2）状态形容词，如：雪白、笔直、安静、迅速、绿油油。

形容词的语法特征主要是，可以做谓语或谓语中心语和定语，多数直接修饰名词，大多能受程度副词修饰，不能带宾语，部分可重叠。

二、形容词的常见偏误①

（一）形容词做谓语时的误用

1. 形容词误带宾语

＊要不是你告诉我，我几乎错了办法。

2. 形容词做谓语时缺漏程度副词

＊最近天气好。

＊李老师好看。

3. 形容词做谓语时前面误用语气副词“是”

＊她是漂亮。

＊去年我住在苏州，那里夏天是很热。

4. 形容词做谓语时误加“了”

＊那个火车很长了。

＊我们爬上了长城，很高兴了。

＊那天是第一次上课，我有些紧张了。

＊我才来中国上课的时候听不懂，特别是语法很难了。

＊我刚来中国时，饭菜不合口味，中国的生活很困难了。

（二）形容词重叠式使用不当

1. 不能重叠的形容词误用重叠式

＊这个商店的肉总是新新鲜鲜的。

---

① 部分偏误语料来源于下列文献：刘月华等：《实用现代汉语语法》（增订版），商务印书馆，2001 年；陆庆和：《实用对外汉语教学语法》，北京大学出版社，2006 年。文中不再一一注明。

＊北京的秋天美美丽丽的。

＊我冷冷静静地对他解释我的想法。

2. 不该用形容词重叠式而用

＊我觉得学习汉语最好的办法是多多写汉字，多多读书。

＊他检查得仔仔细细的。

＊今天游泳得真痛痛快快的。

三、形容词知识拓展

（一）形容词重叠的范围

汉语中可以重叠的形容词范围有限，并不是所有的形容词都可以重叠。朱景松（2003）对可重叠形容词的范围及比例进行考察后发现，可以重叠的形容词大约占形容词总量的三分之一。“我们观察了1212个形容词，根据语感确认其重叠的能力。在227个单音节形容词中，可以重叠的114个，约占50%；在985个双音节形容词中，可以重叠的309个，约占31%。由于双音节形容词远远多于单音节形容词，所以总的来看，可以重叠的形容词约占形容词总数的35%。”①

（二）形容词重叠的语义限制

制约形容词重叠的因素比较复杂。从语义方面来看，形容词能否重叠，主要与以下几个因素有关。②

1. 意义中量的因素

如果形容词表示的性质可以有程度上的变化，或者说具有量的可变动性，一般可以重叠；如果形容词表示的性质没有程

① 朱景松：《形容词重叠式的语法意义》，载《语文研究》2003年第3期。

② 朱景松：《形容词重叠式的语法意义》，载《语文研究》2003年第3期。

度上的比较或变化，或者说表示绝对的量或量上无以复加（无法加重），这样的形容词一般不能重叠。下面的两组形容词，A 组形容词表示的性质可以有程度上的变化，可以重叠；B 组形容词表示的性质没有程度上的比较或变化，不能重叠。

A. 矮、高、薄、厚、长、短、粗、细、大、小、淡、浓、深、浅……

B. 次、对、古、广……

2. 意义的形象性

形容词表示的性质如有明显的可感知性，常常可以重叠，或者重叠能力较强；可感知性差的形容词重叠能力也弱，甚至不能重叠。下面的两组形容词，A 组形容词表示的性质带有明显的可感知性，可以重叠；B 组形容词表示的性质没有明显的可感知性，不能重叠。

A. 薄、扁、脆、方、肥、滑、尖、辣、瘦……

B. 差（chà）、灵、贪、薄弱、出色、高深……

3. 词义的褒贬

褒义词可以重叠，或重叠能力较强；贬义词重叠能力较弱，或者不能重叠。下面的贬义形容词都不能重叠。

刁、毒、恶、蛮、粗野、狡猾、轻浮、圆滑、糟、丑陋、寒酸、懒惰、杂乱、糟糕……

（三）形容词重叠方式

形容词的重叠方式可以分为以下两种情况：

1. 单音节形容词的重叠方式只有一种：A→AA，例如：

高高（儿）　　大大　　好好儿

2. 双音节形容词的重叠方式又可细分为两种：

（1）双音节性质形容词的重叠方式为：AB → AABB 或 A里 AB，例如：

漂漂亮亮　认认真真　清清楚楚　明明白白　整整齐齐
干干净净儿　漂漂亮亮儿　糊里糊涂　马里马虎　小里小气

（2）双音节状态形容词的重叠方式为：AB → ABAB，例如：

雪白雪白　笔直笔直　漆黑漆黑

（四）形容词重叠式的语法意义

1. 表示客观的、具体形象的状态

形容词重叠式具有描述人或事物状态的功能。王力（1954）把形容词重叠式称为“绘景法”，认为“绘景法是要使所陈述的情景历历如绘”。[①] 吕叔湘（1999）把形容词重叠式称为生动形式。[②] 朱德熙（1956、1982）把形容词重叠式归入状态范畴。[③] 比较下面的句子：

她的眼睛很大。/ 她的眼睛大大的。

上面两个句子，前面的句子对“她”进行评议，后面的句子则是描述“她”的样貌（状态）。

2. 表示某种主观的、加重的量

形容词重叠式表示量的加重，肯定量的充分性，表明某种性质达到适度的、足够的量。朱德熙（1956）曾指出：“‘大大的眼睛，黑黑的皮肤，高高的鼻子，弯弯的眉毛’不是说

① 王力：《中国现代语法》，中华书局，1954 年。

② 吕叔湘主编：《现代汉语八百词（增订本）》，商务印书馆，1999 年。

③ 朱德熙：《现代汉语形容词研究：形容词的性质范畴和状态范畴》，北京大学中国语言文学系，1956 年；朱德熙：《语法讲义》，商务印书馆，1982 年。

大、黑、高、弯等属性已臻极致，而是说恰到好处。”[①] 再比如下面的句子：

小草偷偷地从土里钻出来，嫩嫩的，绿绿的。

我舒舒服服地睡了一大觉。

（五）形容词重叠式的句法功能

形容词重叠后，句法功能发生了一定变化。基式形容词主要做定语和谓语，可以做状语、补语，但也有相当多的形容词可以做主语、宾语。莫彭龄、丹青（1985）对形容词充当各种成分的比例进行了统计，发现做定语的形容词占 42.0%；做谓语的占 26.2%；做状语的占 19.1%；做宾语的占 6.03%；做补语的占 4.8%；做主语的占 1.72%。[②] 胡明扬（1995）的研究表明，形容词重叠式基本不做主语、宾语，仍有较强的做定语的能力，做状语的能力大大增强。[③] 概括而言，形容词重叠式的句法功能主要有如下几种：

1. 做状语，一般带“地”（最多）

医生轻轻地推开门。

爸爸匆匆忙忙地上班去了。

2. 做定语，一般要带“的”

她穿着厚厚的毛衣。

蓝蓝的天上飘着几朵白云。

3. 做谓语，通常用于描摹状态，一般要带“的”

---

① 朱德熙：《现代汉语形容词研究：形容词的性质范畴和状态范畴》，北京大学中国语言文学系，1956 年。

② 莫彭龄、丹青：《三大类实词句法功能的统计分析》．载《南京师范大学学报》1985 年第 2 期。

③ 胡明扬：《现代汉语词类问题考察》，载《中国语文》1995 年第 5 期。

孩子的脸红红的。

展览馆里冷冷清清的，没有几个人。

4. 做补语，表示结果，一般带“的”

屋子打扫得干干净净的。

她总是打扮得漂漂亮亮的。

5. 做宾语，要带“的”

他显得慌慌张张的。

第四节　数词教学知识

一、数词基础知识

数词是表示数目和次序的词。根据具体意义的不同，数词可以分为以下类型：

（1）基数词（整数、分数、小数），如：一、二十一、百、万。

（2）序数词，如：第一、初一。

（3）概数词，如：多、来、左右。

数词的语法特征主要是可以跟量词组成数量短语做句法成分。数量短语常做定语、补语、状语。

二、数词的常见偏误

（一）称数法偏误

1.“十”在数目中的读法错误

＊一十八位同学

＊一百十四人

2. 进位制错误

＊十千

＊几百千

（二）“二”与“两”误用

＊ 二个学生

（三）概数表达法偏误

＊我今年二十岁多。

＊他今年二十一岁多。

＊妈妈买了十二多公斤米。

＊四个来年

＊七个来天

＊五斤来米

＊一米来绳子

＊一公里来路

＊三个星期前后

＊六个月前后

三、数词知识拓展

（一）称数法

1. 进位制

汉语采用十进位制，即：十个一为十，十个十为百，十个百为千，十个千为万。每四位为一级：第一级的第一位是“个”，第二级的第一位是“万”，第三级的第一位是“亿”，第四级的第一位是“兆”。如下面的数字：

3333 3333 3333 3333
兆 亿 万 个

2. “1”的读法

(1) “1”在“百、千、万、亿”位上要读出来，如：

120：一百二十

1234：一千二百三十四

12345：一万二千三百四十五

1111123：一百一十一万一千一百二十三

(2) “1”在十位上时，如果数目在百位以下，“1”不读出来；如果是百位以上，“1”要读出来。如：

10：十

11……19：十一……十九

212：二百一十二

2313：二千三百一十三

118：一百一十八

1114：一千一百一十四

(3) 读号码时，“1”可以读为“yāo”，如：

13269562275　　601 房间

3. “0”的读法

(1) 在末尾时读为“十”，如果是百位数，可以不读出来。如：

110：一百一十 / 一百一

1230：一千二百三十

12340：一万二千三百四十

123450：十二万三千四百五十

(2) 在中间时，百位以上的数目，中间的“0”要读出来；但连续几个“0”，只读一个。如：

207：二百零七

3007：三千零七

30070：三万零七十

40007：四万零七

（二）“二”和“两”的区别

1. 数数或表示序数时，用“二”不用“两”，如：

一、二、三　　第二　　初二　　二楼

2. 表示基数时，个位数、分数和小数用“二”不用“两”，如：

十二　　三分之二　　十五点二

3. 在“十”前边用“二”不用“两”，在“百、千、万、亿”前边二者皆可，如：

二十　　二百/两百　　二千/两千

4. 在普通量词前，用“两”不用“二”，在度量衡量词前二者皆可，但在“两”和“里”前面用“二”不用“两”，如：

两个　两本　二斤/两斤　二尺/两尺　二两　二里

5. 在“半”前用“两”不用“二”，在“倍”前二者皆可，如：

两半儿　　两倍/二倍

（三）概数的表达

1. 相邻两个基数词连用

三四（个）　　五六（间）　　十一二（个）

2. 将“来、多、把、左右、前后、上下”放在数词后

20上下　500左右　十来(个)　百把(人)　十多(个)

第五节　代词教学知识

一、代词基础知识

代词是有代替、指示作用的词。根据代替功能的不同，可以将代词分为以下三类：

（1）人称代词，如：你、我、他们、咱们。

（2）指示代词，如：这、那、这儿、那儿、这里、那里。

（3）疑问代词，如：谁、哪儿、什么、怎么。

代词的语法特征与所代替的词语功能相当。代词代替哪类词，就具有哪类词的语法功能。

二、代词的常见偏误

（一）疑问代词任指用法偏误

＊我对什么事很有自信。

＊以前吸烟者在哪儿可以随便抽烟。

＊我觉得学习语言时，比什么最重要的就是口语。

＊可惜，谁也对这个问题无奈。

＊他们认为自己的生活很顺利的话，别人的生活是怎么样的也无所谓。

＊今天我得到了这月份的工资，什么东西也我给你买。

（二）代词虚指用法偏误

＊他们俩谁也帮助谁。

＊谁吐口香糖就罚。

（三）指示代词偏误

＊ 我从老师借了一本书。

＊ 我没有事的时候，就去姐姐玩儿。

（四）代词语序不当

＊ 有时候我也想“我比别人差”，可是我想这样的时候，我做什么都失败。

三、代词知识拓展

（一）疑问代词的任指用法

疑问代词的任指用法是指，疑问代词不表示疑问，也不要求回答，而是用来表示任何人或任何事物，句中常有副词“都”或“也”与之呼应，有时句首还可以用“无论”“不管”等连词，更加突出任指意义。例如：

他见到谁都叫老师。

小琴什么都没吃。

我谁也不认识。

我还哪儿都没去过呢。

无论我说什么，他都听不进去。

与疑问代词搭配的“也”和“都”的使用规律为：“也”一般用于否定式，很少用于肯定式；“都”既可以用于肯定式，也可以用于否定式。

（二）代词的虚指用法

代词的虚指用法主要有以下几种情况。

1. 单用一个疑问代词，指代说话人说不清或不想说的人或事物，如：

我好像听到了什么。

2. 同一代词前后重复使用，指代有特定范围、无确切对象的人或事物，如：

我们谁也帮不了谁。

3. 相关的两个代词对举使用，指代有特定范围、无确切对象的人或事物，如：

大家你看看我，我看看你，都不说话。

他这儿走走，那儿看看，一句话都没有说。

（三）指示代词放在表人名词或人称代词后面表示处所的用法

指示代词可以放在表示人物的名词或人称代词后面，共同组成以指示代词为中心的体词性偏正词组，表示处所。如：

李老师那儿　我这儿　玛丽那儿　我姐姐那儿

第六节　副词教学知识

一、副词基础知识

副词是限制修饰动词、形容词，表示程度、范围、时间等意义的词。

根据意义的不同，可以将副词分为以下一些小类。

程度副词，如：很、稍微、有点儿、非常、极；

范围副词，如：都、总共、只、仅仅、净；

时间、频率副词，如：马上、已经、曾经、刚、就、才；

处所副词，如：到处；

肯定、否定副词，如：不、没、必须、准、别；

情态、方式副词，如：特意、亲自、公然、赶紧、悄悄、暗暗、单独；

语气副词，如：难道、竟然、究竟、简直、索性、也许、幸亏、反正、恰恰。

副词的主要语法特征是，经常做状语，不能单说（“不、也许、有点儿、当然、马上”等例外），部分副词具有关联作用（就、越、又）。

二、副词的常见偏误[①]

（一）近义副词混用

＊ 他是一个真不讲理的人。(很/真)

＊ 我觉得应该骑自行车去，那样太方便。(很/太)

＊ 我不吃过龙虾。(没/不)

＊ 妹妹吃饭从来没喝水。(没/不)

＊ 这个句子我再做了，再错了。(再/又)

＊ 他们班上学期去长城了，我们班下学期还要去。(还/也)

＊ 我以后往往来看你。(常常/往往)

＊ 最近我一直看见他。(总是/一直)

＊ 他母亲从年轻时才抽烟。(就/才)

---

① 部分偏误语料来源于下列文献：叶翔：《外国留学生副词偏误分析》，苏州大学文学院硕士研究生学位论文，2000 年；李晓琪：《母语为英语者习得“再”、“又”的考察》，载《世界汉语教学》2002 年第 2 期；袁毓林：《试析中介语中跟“不”相关的偏误》，载《语言教学与研究》2005 年第 6 期；周小兵、王宁：《与范围副词“都”有关的偏误分析》，载《汉语学习》2007 年第 1 期。文中不再一一注明。

＊他不仅会说汉语，又会说日语。(还/又)

(二)副词语序不当

＊ 我打算不去上海。

＊ 她汉语多么说得好啊。

＊我问只一个问题。

＊ 昨晚十一点，才我回到学校。

＊ 已经我们研究了那个问题。

＊ 大家都说她唱得好，却我觉得她唱得并不好。

＊ 那家饭馆不离学校那么远。

＊ 小李从来跟别人没开过玩笑。

＊ 他在苏州一直工作。

＊ 昨天他来取书时，我把那本小说才看完了。

(三)副词多余

＊ 她从来一直没有迟到过。

＊ 现在女人也可以跟男人都一样。

＊ 他的态度十分主动，什么也都愿意做。

＊ 那座山太高，我太很累，爬不上去了。

(四)副词缺漏

＊ 他刚才气得要命呢，可是过一会儿忘了。

＊ 她很聪明，对什么事情能迅速做出判断。

(五)副词与名词混用

＊ 我刚才来中国的时候，几乎听不懂汉语。(刚/刚才)

三、副词知识拓展

（一）副词辨析的几个主要方面

1. 语法意义

很多易混副词的区别主要体现在语法意义不同上。比如：就/才、悄悄/暗暗、一连/再三、到底/终于。

“就”和“才”都可以表示时间频率，但在表示时间频率时，它们的语法意义基本上是相反的，“就”表示动作行为的早、快、容易，比如“他六点就起床了/我一个小时就把作业全写完了”；“才”则表示动作行为的晚、慢、难，比如“他八点才到教室/我两个月才看完这本书”。

“到底”和“终于”都表示经过很长时间的努力之后，最后出现了某种结果，有时可以互换。如：

三年以后，玛丽到底可以用汉语流利地表达了。

三年以后，玛丽终于可以用汉语流利地表达了。

但是，它们的语法意义及用法都存在一定区别，“到底”可用于表示不如意、不希望出现的结果，可以用于否定句；“终于”多用于如意的、希望出现的结果，一般不用于不如意的结果，很少用于否定句。例如：

他到底没把事情办成。我到底没能说服他。

一些副词的对立主要表现在动作的时态上：或用于已然，或用于未然，或用在经常性的情况，这也属于语法意义的不同。最有代表性的是“又/再”和“不/没”这两组副词。“又”和“再”的主要区别是：“又”一般用于已然的动作行为，“再”一般用于未然。“不”和“没”的主要区别是："不"否定的是未然或经常性的动作行为，"没"否定的是已然的动作行为。这两组词又是留学生汉语中介语中"石化"现象最明显的两组副词。下面是这两组副词的偏误例句：

＊来中国以前，我不学过汉语。

＊他昨天病了，所以不去上课。

（表示已然情况，用了"不"。）

＊那个地方一年四季没下雨。

＊她的男朋友从来没抽烟，没喝酒。

（表示经常性情况，用了"没"。）

＊他念错了，再念了一遍。

＊今天再发烧了，还不能去上课。

（表示已然情况，用了"再"。）

＊老师，我没听清楚，请又说一遍。

＊别着急，又等一会儿他就回来了。

（表示未然情况，用了"又"。）

2. 语用环境

有些副词的区别主要体现在语用环境不同上。比如：并/又、很/真、很/太。

"并"和"又"都是语气副词，表示强调，后接否定词语。例如：

我并不知道他要来。

我又不知道他要来。

但它们的语法意义和语义背景都有所不同：

"并"的语法意义是：强调事实不是对方所说的或一般人所想的或自己原先所认为的那样。使用"并"的语义背景是：

只有当说话人为强调说明事实真相或实际情况而来否定或反驳某种看法时才用这个语气副词“并”。比如：

A. 你认识张三吧？

B. 我并不认识张三。

“又”的语法意义：强调不存在某做法、某说法或某想法的前提条件或起因，以此来达到否定该做法、该说法或该想法的目的。使用“又”的语义背景是：当人们通过否定某种说法或想法的前提条件或起因的存在来达到否定对方的说法或想法时，就使用语气副词“又”。比如：

A. 听说你在追求张三？

B. 我又不认识张三，怎么可能追求她。

语法意义和语用背景是辨析易混副词的两个重要方面，实际上，很多易混副词的辨析都需要同时结合这两个方面来进行。比如，汉语中表示强调，可以后接否定词语的副词有好几个：并、又、确实、就、千万等，但它们的语法意义和语用背景各不相同。比如下面的几组句子：

（a）你再吃一点儿吧。

我确实不能再吃了。（确实）

（b）你就向慧玉小姐赔个不是，事情不就解决了吗？

我就不向她赔不是！（就）

（c）他卖房子的事你也知道了？

我并不知道哇。（并）

（d）你千万别收她的钱！（千万）

（e）给我倒杯水吧。

我又不是你的保姆，为什么要我给你倒水？（又）

“确实”表示对客观情况的真实性进行肯定。“就”用于加强肯定，表示意志坚决，不容改变。“千万”表示对听话人的劝告、叮嘱或请求。“并”用于加强否定的语气，有否定某种看法，说明真实情况的意味。“又”也用于加强否定语气，但它是通过否定某种说法或想法的前提条件或起因的存在来否定这种说法或想法的。

（二）几组常见易混副词的辨析

1. 到底/终于

（1）“到底”可用于表示不如意、不希望出现的结果，可用于否定句；“终于”多用于如意的、希望出现的结果，一般不用于不如意的结果，很少用于否定句。如：

他到底没把事情办成。　我到底没能说服他。

（2）用于肯定句时，“到底”修饰的动词后一定要加“了”；“终于”不需要。如：

他到底找到了一份理想的工作。　他终于找到一份理想的工作。

（3）“终于”可以用在主语前；“到底”没有这样的用法。如：

终于，他成了一名优秀的翻译。

（4）“到底”可以表示追问，相当于“究竟”“终于”没有这样的用法。如：

你到底去不去？

（5）“到底”可以用来强调原因，相当于“毕竟”“终于”没有这样的用法。如：

到底是外国人，不知道中国人的这个习惯。

2. 本来/原来

“本来”和“原来”都可以表示以前某个时期的状态，现在情况已经不那样了，如下例：

他本来姓张，后来才改姓李的。

他原来姓张，后来才改姓李的。

这里原来有一排旧房子，现在都拆掉了。

二者的区别主要有以下两点：一是“本来”可以表示按道理就应该这样，“原来”不可以，如下例：

这本书本来昨天就该还给你，拖到现在，真不好意思。

A：看来这孩子还真的有点儿不懂事。

B：本来嘛，一个孩子，能懂什么事。

二是“原来”可以表示发觉以前不知道的情况，或突然明白了某事，“本来”不可以这样用。如下例：

我还以为是谁呢，原来是你啊！

3. 反而/居然

“反而”表示的意义是：某种情况按理说（应该）产生甲结果，没想到甲结果没产生，产生了与甲结果相反的乙结果。其在句中的作用就是引出与甲结果相反的乙结果。例如：

小刘给男朋友买了一束鲜花，以为女朋友一定会高兴，没想到她不但不高兴，反而把他批评了一顿。

他感冒了，吃了药应该会好些的，没想到感冒不仅没好，反而更厉害了。

“居然”的意义中也包含“反而”所表示的“某种情况按理说（应该）产生甲结果，没想到甲结果没产生，产生了与甲结果相反的乙结果”，但它除此之外还表示说话人对不该出现的乙结果的一种评价，其在句中的作用除了要引出乙结果外，还要表达说话人对乙结果的评价。例如：

作为家长，就应该好好教育孩子，可他居然让孩子去做这种坏事，太不像话了！

他小小年纪，居然能记住这么长的诗，真是了不起！

第六章

虚词教学知识

第一节　虚词教学概说

一、虚词教学的重要性

汉语属于分析性语言，缺少严格意义的形态变化，因此虚词在汉语中起着更为重要的语法作用。比如，像“跟……见面”和“给……帮忙”这样的结构，如果没有介词，就无法正确地表意。“没去北京/没去过北京”和“写字/写的字”这两组短语，每一组短语中的一个用了虚词，另一个没有使用虚词，它们的语义就完全不同。“我和哥哥/我的哥哥”这两个短语，因为用了不同的虚词，所表示的关系和语义都不同。

正因为虚词在汉语语法中具有如此重要的作用，汉语作为第二语言学习者能不能掌握好虚词，成为他们能否学好汉语的关键因素之一。

二、虚词教学的艰巨性与长期性

由于汉语虚词的数量多，用法复杂，虚词成为汉语作为第二语言学习过程中的一个难点。据统计，汉语虚词总共有 900 多个，语法等级大纲里就罗列了 500 个。一项研究中的调查显示，在一个学期内第二语言学习者所造的 1464 个病句中，由虚词使用不当致错的竟高达 952 个，占 65%。这些数字一方面表明虚词难学、难用是有客观原因的，另一方面也反映出加强虚词教学的紧迫性和必要性。

现行的对外汉语虚词教学从宏观上看，可以分为两大部分：一是初级阶段的重点虚词教学，主要体现在初级阶段汉语教材的生词表及语法点里，这些虚词主要是汉语水平考试大纲里的甲级词，部分是乙级词。这些虚词是学生必须掌握的，因此在编写教材时对这些虚词的教学大多做了系统的安排；二是中高级阶段的普通虚词教学，主要体现在中高级阶段教材中的词语例解和练习里。这些虚词多为汉语水平考试大纲里的乙级词和丙级词，这一部分在以前的教学安排中随意性较大。

一篇在北京大学攻读博士学位的日本留学生的毕业论文，全文约 15 万字。论文基本上是文通字顺，有语法错误的句子数量不多。但一个有趣的现象是，在有语法错误的句子中，除个别错误是句型错误和实词搭配错误外，其余的基本上都是和虚词有关的错误，其中甲级虚词使用错误又占了三分之二以上。这个现象说明一个问题，这位博士生的总体汉语水平已经达到了比较高的程度（该留学生已通过答辩，获得博士学位），但是在某些虚词项目上仍然处于初级水平，“石化”现象十分明显和突出。从中我们可以得到启示：加强虚词教学，特别是初级阶段的常用虚词教学，的确是一个应该着力解决的问题。

初级阶段所涉及的虚词数量很有限，以李晓琪主编的《博雅汉语》（北京大学出版社）为例，初级起步篇Ⅰ只出现了 5 个虚词，初级起步篇Ⅱ出现了 5 个虚词，准中级加速篇Ⅰ出现了 17 个虚词，准中级加速篇Ⅱ出现了 18 个虚词。前四册书共出现虚词 45 个。

虚词的词汇意义比较抽象，且用法常常涉及语义、语法、语用等多种因素，即使高级阶段的学习者也会出现各种虚词使用上的偏误。以“了”为例，其用法相当复杂，什么时候可以用“了”，什么时候不能用“了”，涉及多方面的因素，留学生掌握起来比较困难。下面几个句子都是因为在不该用“了”的情况下用了“了”而造成偏误的。

（1）*小时候他很像了他妈妈。

（2）*我们经常一起干活儿，因此互相都知道了缺点。

（3）*我们谈了话的时候，出现了一个新问题。

（4）*干完了活以前，我们不回家。

（5）*我觉得这本词典对我有帮助，于是我劝了朋友买这本词典。

（6）*刚才我去了书店买一本书。

（7）*我是昨天买了这件衣服。

例句（1）是因为动词“像”为关系动词，不表示动作行为，所以不能带“了”；例（2）是因为动词“知道”为表示认知和心理活动的动词，也不表示动作行为，所以不能带“了”；例（3）是因为“谈话”这个谓词性词语在句中做定语，所以动词后面不能带“了”；例（4）是因为动词性词语后面有“之前”，动作显然未完成，所以不能带“了”；例（5）是因为整个句式为兼语句，其前一动词后不能用“了”；例（6）是因为整个句式为连动句，其前一动词后不能用“了”；例（7）是因为整个句子的功能是强调动作发生的时间，应用“的”，与“是”配合，构成“是……的”句式，所以不能用“了”。

虚词的意义和用法总是紧密相连、密不可分的。学习虚词词义的同时应该同步掌握该虚词的用法，这样掌握的词义才是完整的词义，离开了用法的词义，往往是有局限的，容易在学习者的中介语系统中起到误导作用，因而产生目的语的负迁移。为了使学生正确掌握常用虚词的用法，我们需要为学生全面、细致地揭示这些虚词的意义及其在使用中所关涉的各方面情况。

第二节　介词教学知识

一、介词基础知识

介词起标记作用，依附在实词或短语前面共同构成介词短语，整体修饰、补充谓词性词语，标明跟动作、性质有关的时间、处所、方式、原因、目的、施事、受事、对象等。

根据表示意义的不同，可以将介词分为时空介词、对象介词、工具介词、施事受事介词、方式依据介词等小类。

介词的主要语法特征是不能单独回答问题或单独充当谓语，通常放在名词性词语前面组成介词短语后充当句子成分。

汉语中有一些介词、动词同形的词语，要注意辨析在具体的环境里它们到底是动词还是介词。比如：在、到、朝、比、给等。如下面各例：

在：

他在中国呢。（动词）

他在中国学汉语呢。（介词）

你昨晚住在家里吗？（介词）

比：

咱俩比一比。（动词）

他比我聪明。（介词）

朝：

餐馆的大门朝着正北的方向。（动词）

餐馆的大门朝北开。（介词）

给：

他给我一本书。（动词，可加“了”）

他给我翻译了一下这句话。（介词）

介词和动词的区别主要体现在以下几点：

（1）介词不能单独回答问题或单独做谓语中心；

（2）介词不能带“着、了、过”等动态助词；

（3）介词不能受“不、没（有）”修饰；

（4）介词不能重叠。

汉语还有一些介词、连词同形的词，如：和、跟、同、与、为了、因为等，也要注意辨析在具体的语境里它们到底是介词还是连词。如下例。

和：

你和他商量一下。(介词)

名词和动词都是实词。(连词)

跟：

谁都不能跟他开玩笑。(介词)

碗跟筷子是赠送的。(连词)

介词和连词的区别主要体现在以下几点：

（1）连词所连接的前后词语可以互换位置，而句子的意思基本不变；

（2）介词前面可以出现状语，连词前面不可以；（例：你应该和他商量一下）

（3）连词有的可以省略改用顿号，介词不可以。

二、介词的常见偏误[①]

（一）该用介词而未用

1. 处所词语做状语时该用介词而未用

*我爸爸公司工作。

*我常常这个商店里买东西。

*校园里，我认识了几个朋友。

---

① 部分偏误语料来源于下列文献：赵葵欣：《留学生学习和使用汉语介词的调查》，载《世界汉语教学》2000年第2期；崔希亮：《欧美学生汉语介词习得的特点及偏误分析》，载《世界汉语教学》2005年第5期；李金静：《“在+处所”的偏误分析及对外汉语教学》，载《语言文字应用》2005年第5期；张艳华：《韩国学生汉语介词习得偏误分析及教学对策》，《云南师范大学学报》（对外汉语教学与研究版）2005年第3期；白荃：《母语为英语的学生使用汉语介词“对”的偏误分析》，载《语言文字应用》2007年第2期。文中不再一一注明。

2. 处所词语做补语时该用介词而未用

＊兔子得意扬扬的走龙王前边。

＊那一个星期我住了朋友的奶奶家。

＊星期三的晚上离开济南，星期四的早上火车就停北京站了。

3. 非及物性词语涉及动作对象时该用介词而未用

＊我想见面她，可是来不及。

＊勇敢的人结婚美女。

＊我 1985 年退役了军队。

＊无论我还是我朋友，人们都感兴趣这件事情。

＊老人说："你商量你赶车的人，到底什么地方去？"

＊我还记忆犹新那天的一夜。

＊其实我自知之明我的水平。

（二）不该用介词而用

1. 处所词语用在存现句句首时不该用介词而用

＊在北京有很多名胜古迹：故宫，香山，北海等。（学习者母语为俄语，下略）

＊在客厅旁边有厨房。（法语）

2. 处所词语作为陈述对象时不该用介词而用

＊在北京城里情况很热闹。（英语）

3. 处所词做定语时不该用介词而用

＊在炉子里的木头很香。（德语）

＊在北京的外国人很多。

（三）近义介词混用

＊小妖精们给他了解她们的生活。（英语）

＊小妹给我们表示感谢。（英语）

＊他结束以后我给他打了个招呼。（西班牙语）

＊他好多次给我们说对不起。（俄语）

＊来北京以后我发现了北京的天气比莫斯科的不一样。（俄语）

＊我母亲的脾气比父亲的相反。（法语）

＊我们对过圣诞节的事儿一起讨论了两个小时。（俄语）

（四）介词短语使用不当

1. 介词短语结构不当

＊关于研究这个问题，明天再说。

＊在打开销路，他动了不少脑筋。

2. 介词短语做定语时与中心语语序不当

＊图书馆有详细材料关于中国文化。（韩国）

＊我写信表达我的感情对他。（韩国）

3. 介词短语做动词的修饰限定成分时与中心语语序不当

＊我想学习汉语在北京语言学院。（俄语）

＊同样的内容已经发行了在山大网站上。（韩国）

＊杨老师随时找我，让我出出主意对去青岛事。（韩国）

＊昨天上午他告诉我，从7月12日到16日待着在济南。（韩国）

＊我回国以后要团聚和朋友们。（韩国）

＊我做作业按照老师讲的内容。（韩国）

＊我只用三分钟从宿舍到教学楼。（俄语）

＊可是《圣经》常常说："别怕我在跟你一起。"（英语）

4. 介词短语做状语时与其他修饰成分的语序不当

＊应该跟父亲或母亲常常在一起。（英语）

＊我从卧室的窗口刚才看到了圣诞老人！（法语）

＊如果夫妻爱自己的父母，他们的爱情一天比一天会深的。（西班牙语）

＊父亲还给我不慌不忙地、详细地说了一些中国情况。（塞尔维亚语）

5. 介词短语与主语的语序不当

＊从海边上海藻的香味吹来。（德语）

（五）逻辑问题导致的介词偏误

＊那个问题对她明白得很快，她简直非常聪明。

三、介词知识拓展

（一）介词短语及其用法

1. 介词短语的定义及构成

介词短语是介词附着在名词性词语前面组成的短语。例如：

他比我高。

我们从早上一直工作到晚上。

玛丽在教室看书呢。

关于减少事故发生的问题，我们讨论了很久。

在业务能力上，他比我强。

我喜欢用大碗吃面。

为健康干杯！

小船被巨浪掀翻了。

我们要向雷锋同志学习。

个别介词可以附着在谓词性词语前组成介词短语。如：

别把无知当有趣。

那时候很多人都把做生意当作不光彩的事。

2. 介词短语的句法功能

介词短语的句法功能主要有如下三种。

（1）做状语

这种情况最多，而且各种介词短语都可以充当状语。例如：

下午在哪儿开会？

姐姐把钥匙丢了。

关于这个问题，下午再研究。

从上个星期起，暖气就停了。

介词短语做状语，可以有两种语序：一是谓语动词前；二是主语前。可以做句首状语的介词短语非常有限，主要是“在、关于、对于、经过、根据、依照”等组成的介词短语，以及“在……上、在……中、在……下、对……来说、就……而言、当……的时候”等固定搭配（框式介词）。例如：

关于这个问题，下次开会时我们再讨论。

在20世纪80年代，下海的人还很少。

经过一个学期的努力，他的汉语进步很大。

在政府的帮助下，农民的生活逐渐好起来了。

对他来说，钱不是问题。

（2）做补语

介词短语做补语，只限于由一部分介词组成的短语。

例如：

他住在西门公寓。

她们走到教室了。

今年的收成好于往年。

可以做补语的介词短语也不多，主要是由“在”“向”“往”“到”“自”“于”“给”等介词构成的介词短语，例如：

坐在沙发上

冲向终点

开往北京

寄自美国

（3）做定语

介词短语做定语，前面需要加“的”，并且也只限于由一部分介词组成的短语。例如：

我订了一间朝南的房间。

我对他的印象不太好。

可以做定语的介词短语也很少，主要是由以下介词与名词性词语构成的介词短语：对、对于、向、朝、往、在。例如：

对他的态度

对于这个问题的看法

向北的窗户

往南的班车

在生活中的位置

介词短语充当定语一般要带“的”，只有那些“单音节+单音节”的介词短语做定语才可以不加“的”，比如：

美国对华政策

向心引力

3. 介词短语做状语与做补语的辨析

根据与动词的语序，可以将介词短语分为两类：一类是只能出现在动词之前的介词短语，主要是由“把、被、比、跟、从、朝、对”等组成的介词短语；另一类是既能出现在动词之前，又能出现在动词之后的介词短语，主要是由“在、于、给、与、向、往”等组成的介词短语。

如果把第一类介词结构放在了动词结构之后，那是比较明显的错误，容易判断出来。问题常常出在第二类介词上，比如“在”字结构，什么时候应该出现在动词的前面，什么时候应该出现在动词的后面，不同的位置在意义上有什么不同，等等，常常困扰着学习者。如下例：

* 我吃饭在学校的食堂。

如果表示从动作的对象、处所、方式、凭借等角度对动作行为进行修饰或限定时，放在动词前面做状语；介词短语做补语时，表示动作的终点、停留的位置、动作的方向等。比较下面的几个结构：

在沙发上坐着/坐在沙发上

向终点冲去/冲向终点

往北京开/开往北京

从美国寄/寄自美国

（二）介词“在”的隐现规律

留学生关于介词隐现的偏误主要集中在“在”的使用上。“在”是时空介词，主要用于引介处所词语，也可引介时间词语。

“在”的隐现偏误主要出现在引介处所词语时，即：什么情况下，处所词语前面需要用“在”？什么情况下，处所词语前面不需要用“在”？如下例：

＊在北京的外国人很多。

＊在客厅旁边有厨房。

＊我常常这个商店里买东西。

1. 处所词语前面不能加“在”的几种情况

（1）处所词语用于存现句句首，做主语

学校门口停着一辆桑塔纳。　天上飘着几朵白云。

＊在北京有很多名胜古迹。

（2）处所词语用于一般陈述句句首，做主语

中国地大物博。　北京是中国的首都。

＊在北京城里情况很热闹。

（3）处所词语做定语

桌子上的书是我的。　他买下了操场南边的房子。

＊在北京的外国人很多。

2. 处所词语前面需要加“在”的几种情况

（1）处所词语用于动词前或句首，做状语，表示动作行为发生或进行的处所

我每天在食堂吃饭。　在华山南面的一个山洞里，我们发现了一个皮箱。

但是，表示提出建议时，可以有下面的说法：

大家请里面坐吧。　外面太吵，咱们屋里聊吧。　咱们北京见！

（2）处所词语用于动词后面，做补语，表示施事或受事通过动作行为停留、固定、附着、存在的场所或位置

我把车停在学校门口了。　他就站在我后面。

但是，口语中下面的说法是可以的：

咱们坐前边吧。

今晚我就住这儿了。

笔掉地上了。

他把帽子挂衣架上了。

综合上面各种情况来看，影响处所词语前面加不加“在”的因素主要是处所词语的句法功能和句法分布，处所词语做主语、定语时，前面不能加“在”；处所词语做状语、补语时，前面要加“在”。

（三）近义介词辨析

1. 往/朝/向

“往”“朝”“向”都表示动作的方向，但具体运用时并不完全相同。我们可以说“过了十字路口往/朝/向北走”，说明三者的宾语都可以是处所或方位词。但我们可以说“他朝/向我招手”，却不能说“他往我招手”，说明“朝、向”的宾语可以是人，“往”的宾语不能是人。

同样是人做宾语，我们可以说“向他学习”，却不能说“朝他学习”，这是因为“向”可以用于抽象的动词，但“朝”只能用于人的身体动作等动词。

我们可以说“飞机飞向/往北京”，却不能说“飞朝北京”，说明“朝”不能用于结果补语。

2. 对/对于

“对”和“对于”，在表意功能、语序和色彩几个方面都存在一定区别。

（1）表意功能方面

总体而言，“对”比“对于”常用，能用“对于”的地方，基本上都可以用“对”；但能用“对”的地方，不一定能用“对于”。“对”表示的语法意义主要有三种：引进动作所面对的对象；引进动作所针对的对象；引进动作所涉及的对象。前一种情况下不能用“对于”，后两种情况下都可以用“对于”。下面具体说明。

第一，引进动作所面对的对象，此时不能用“对于”。又可细分为几种情况：

A. 引进信息传达的对象。与之搭配的动词一般是“说、讲、介绍、说明、解释、提起、表示（感谢、歉意、祝贺、问候、慰问）、陈述、发誓、撒谎、忏悔”等。如：

他对我说过这件事。

大家都对他表示祝贺。

B. 引进具有交际作用的动作的接受者。与之搭配的动词一般表示传达某种交际信息，比如“点头、摇头、笑、微笑、鞠躬、敬礼、使眼色、挤眼、招手、摆手、挥手、打招呼、发脾气”等。如：

他对我笑了笑。

他老是对我发火。

第二，引进动作所针对的对象。动作是施事者主动地针对“对”后面的宾语发出的，此时可以用“对于”。

A. 引进有目的行为的对象。搭配的动词一般是“进行、加以、予以、给予、做、采取”等带谓词性宾语的动词。如：

他们对这个问题进行了认真的研究。

对这样的违法行为应该明确加以制止。

B. 引进做出积极回应或采取相应对策的对象。如：

对不同个性的学生，应该采取不同的教育方式。

第三，引进动作所涉及的对象。所谓关涉，既非面对，也非针对，但是有一定关联（相关）。此时也可以用“对于”。又可以细分为以下几种情况：

A. 引进涉及的方面或产生作用的方面。搭配的动词一般是“有研究、有帮助、有益、有害、有利、有好处、有影响、有震动、起作用、不利”等。如：

他对京剧很有研究。

抽烟对身体有害。

经常和中国人聊天对提高口语水平有很大帮助。

B. 引进感知、思考、认识的对象。搭配的动词一般是“认识、了解、熟悉、明白、知道、精通、思考”等。如：

我对中国还不太了解。

现在我对这里的情况已经比较熟悉了。

刚来的时候，我对这里的生活很不习惯。

C. 引进对待的对象（表示态度）。搭配的动词一般是“感兴趣、对待、欢迎、满意、热情、冷淡、爱、恨、同情、关心、真诚、尊重、重视、珍惜、抱（……态度）、钻研”等。如：

他对京剧很感兴趣。

她总是对他很冷淡。　（对象为人时，不能用“对于”）

D. 引进主观性评估的对象。搭配的动词一般是“发表（意见）、看待、议论、评价、预测、估计、公认、肯定、否定、同意、赞成”等。如：

你对这件事是如何看待的？

看来，我们对事情的严重性估计不足。

我们对他的成绩应该充分肯定。

（2）语序方面

“对”更多放在主语后面，“对于”更多放在主语前面。表示对事物的态度和看法时，如果谓语有否定词语，“对”可以放在主语后面，“对于”需要放在主语前面。如：

A 对 B 不……	对于 B，A 不……
我对这件事一点儿也不了解。	对于这件事，我一点儿也不了解。
我对这种说法不能同意。	对于这种说法，我不能同意。

（3）色彩方面

“对”通用于口语和书面语中，“对于”则带一定的书面语色彩。

3. 关于/对于

“关于”和“对于”的区别主要体现在以下几个方面：

（1）意义不同

“对于”可引介动作的对象，语义上受谓语动词的支配，也可引进动作牵涉的人或事物，语义上不受谓语动词支配；“关于”只引介动作牵涉的人或事物，语义上不受谓语动词支配。如：

对于文化遗产，我们必须进行深入的研究分析。

公安人员对于案件的每个细节都调查得很详细。

对于这个问题，我的看法与你不同。

关于织女星，民间有个美丽的传说。

（2）语序不同

“关于”总是位于句首，在主语前面；“对于”可在主语前，也可在主语后。如：

教学法对于提高教学质量有很大作用。

（3）语境不同

由“关于”构成的介词短语可以出现在标题中，“对于”不可以。如：

《关于……的调查报告》　《关于……的答复》

第三节　连词教学知识

一、连词基础知识

连词是起连接作用的词。连接词、短语、分句、句子，表示并列、选择、递进、转折、因果、条件等。汉语的连词，可以根据连接作用的不同分为以下两类：

第一类是连接词或短语的连词，如：和、跟、同、与、或、及。

第二类是连接句子或分句的连词，如：而、而且、并、并且、或者、不但、不仅、虽然、但是、然而、如果、因为、所以。

连词也是留学生容易出现偏误的一类词。例如下面这篇留学生作文中的一段话，存在多处连词使用不当。

中国不只是历史悠久，文化灿烂的文明古国，而是一个令人费解的国家。世界上许多科学家、文艺学家企图打开中国这本书，为得知它的深刻性。但是到现在没有人完全了解中国的思想、文化、历史、文学的遗产。因为这国家的历史太长、思想太深刻、文化五花八门的、文学太复杂。世界上的学者要花很多时间以便完全理解中国跟他的古代史和现代史。

二、连词的常见偏误[①]

（一）缺少必要的连词

＊ 我的同学已是五十多岁，人家不能看得出来，她是那么多岁。

＊ 在首尔有很多高层建筑物，而且有很现代化的地方。首尔有一些毛病就是人太多。每一个周末很多年轻人密集在几个好玩的地方。走路的时候常常碰撞别人。而且每天上下班的时间路上车塞得很厉害。

＊ 最近每天在中国的电视，网上都有很多关于世界杯的报道。

（二）在不该用连词的地方误用连词[②]

＊我家附近有一个公园，所以我跟我的朋友天天到那里去玩。

＊山下有一条河，河里的水很清澈，所以小和尚每天一个人下山去挑水。

＊第二天，三个和尚没水了，所以他们要再去抬水。但是有一个问题，他们家里只有两个水桶，所以三个和尚吵了起来，没有人肯抬水。

---

① 部分偏误语料来源于下列文献：徐丽华：《外国学生连词使用偏误分析》，载《浙江大学学报》（社会科学版）2001 年第 3 期；谭芳芳、刘冬青：《初级水平留学生并列连词“和”使用偏误分析》，载《濮阳职业技术学院学报》2009 年第 5 期。文中不再一一注明。

② 留学生对具体连词的用法掌握不好时，常常不知道某些连词可以省略，导致繁化现象；或者用容易掌握的关联词语代替其他关联词语，因简化策略而导致泛化现象，最常见的是“因为、所以”的泛化。

＊有一天他遇到了一个空庙，所以他决定在这个庙里住下。

＊那个东方明珠塔很好看，于是附近的大楼的灯也很漂亮。

（三）连词混用

（1）近义连词混用

＊他一看就知道我的朋友是外国的，由于她是白人。（因为/由于）

＊他帮我找到这本书，然后问我："你要在阅览室看或者在家里（看）?"（或者/还是）

＊这位同学每天写很多信。不知道这是不是她的爱好或者他很想家。（或者/还是）

＊晚上我喜欢听听音乐还是看看电视。（或者/还是）

＊我觉得这本字典对我很有帮助，于是向你推荐这一本。（于是/所以）

（2）形似连词混用

＊我觉得这不是语法的问题而且是文化了解的问题。（而是/而且）

＊她的皮肤是黑黑的。这不是因为她不喜欢洗澡，但是因为她是非洲人。（而是/但是）

（四）成对使用的连词搭配错误

＊ 鲁迅不但写了很多政论作品、小说，但是还写了散文诗。

＊ 乌克兰不是山河壮丽、自然条件复杂多样、风景名胜遍布全国的国家，而且又是一个悠久的文明古国。

＊ 我学汉语学了两年半，可是到现在听的汉语写作课也是很简单的。可是中级汉语写作，不过只写几句文章。

＊我无论在乌克兰的很大城市出生了，但是对这个城市印象不深，因为我三岁的时候，我家搬到了一个很小的城市，叫德路斯克夫咔。

＊ 只要努力才能考上研究生。

＊只有你去请他，他就会来。

（五）连词语序错误

＊不但他不同意，我而且也不同意。

＊他不但来了，他的女朋友也来了。

＊他不论去不去，反正我去。

＊不但他来了，而且来得很早。

＊无论他多么忙，都坚持每天用汉语写日记。

（六）连词“和”的误用

＊ 中午，我吃饭和喝茶。

＊ 我身体很好和胃口也很好。

＊ 听力很有意思和比较容易。

＊ 我、弟弟和妹妹出去玩了。

＊ 父亲和大鱼和孩子一起回家了。

三、连词知识拓展

（一）连词“和”的用法

“和”是使用频率最高的连词，关于“和”的用法，应注意以下几点。

1. “和”只连接词或短语，不连接句子或分句。

下面两个句子，就是由于用“和”连接两个分句，造成了偏误。

＊ 我身体很好和胃口也很好。

＊ 听力很有意思和比较容易。

2. “和”连接名词性词语时，如果是多项并列，“和”通常用在最后两项之间，前面用顿号。例如：

王斌小学、中学和大学都是在北京上的。

多项并列的名词性成分，如果包含代词，通常将代词放在最后，“和”用在最后两项之间。如果将代词放在最前面，那么“和”用在第一项和第二项之间，其他项之间用顿号隔开。例如：

小兵、大宝和我一起出去了。

我和小兵、大宝一起出去了。

下面的偏误例就是由于将几个并列项中的代词项放在第一项的位置上，而其与第二项之间未使用连词“和”，而是用顿号连接，造成了偏误：

＊ 我、弟弟和妹妹出去玩了。

此句应该说成“我和弟弟、妹妹出去玩儿了”。

3. “和”连接动词或形容词性词语时，要受到一定限制。只有在下面几种情况下，“和”才可以连接谓词性词语。

（1）“和”连接的词语一般充当主语、宾语、定语（非谓语成分）

这个工作需要耐心和细致。

认真和勤奋是他的两个优点。

经过商量和挑选，他们最后买下了这所房子。

在大家的支持和帮助下，我们终于完成了这项艰巨的任务。

这个学校的报到和开学在同一天。

（2）“和”连接充当谓语的动词、形容词性词语时，需要有共用的相关成分，包括共用的宾语、补语或状语。例如：

宪法规定，国家尊重和保障人权。（共用宾语）

那座寺庙设计和兴建于2000年。（共用补语）

她虽然不像你那么年轻，但是十分能干和自信。（共用状语）

在很多人眼里，当明星总是很风光和让人羡慕的。（共用状语）

我想知道，这些文物是如何收集和保存起来的。（共用状语、补语）

下面的两个句子，就是因为“和”连接的两个谓词性词语缺少共用词语，所以造成偏误。

*中午，我吃饭和喝茶。

*她聪明和漂亮。

（二）易混连词辨析

1. 或者／还是

“或者”用于陈述句中，表示二者（或几者）必居其一。如：

星期天我常常看看书，听听音乐，或者上街逛逛。

“还是”用于疑问句中，表示说话人对事情不确定。如：

中午我们去食堂还是去饭馆？

*你要在阅览室看或者在家里？

2. 因为/由于

“因为”既可用于前一分句，也可用于后一分句；“由于”只能用于前一分句。如下例：

因为父母再也拿不出来一分钱，他不得不辍学了。

他不得不辍学了，因为父母再也拿不出来一分钱。

由于天气干燥，很多古籍的纸张都出现了破损。

*很多古籍的纸张都出现了破损，由于天气干燥。

第四节　助词教学知识

一、助词基础知识

助词是附着在实词、短语上面表示结构关系或动态等的词。下面各句中加点的词都是助词：

她戴着一顶粉红的帽子。

前几天下了一场大雨。

他愤怒地冲出了教室。

助词内部可以分为两个主要的小类：结构助词和动态助词，此外还有一些其他助词，如“们、似的”等。结构助词表示结构关系，比如，“的”用在定语与其中心语之间表示偏正关系，“得”用在谓语中心及其补语之间表示补充关系。动态助词用在动词之后，表示动作的态。

助词的语法特征主要在于助词不能单独使用，而是附着在其他词语上面起语法作用。

助词数量不多，用法各异，需要分别学习和掌握。

二、助词的常见偏误①

（一）结构助词的常见偏误

1. “的”的常见偏误

（1）误加“的”

＊我住在姑母的家。

＊我不知道你喜欢什么的颜色。

＊我们班有四十五个的人。

（2）缺漏“的”

＊这是我爸爸，这是我妈妈，这是我姐姐，这是我狗。

＊你口语不如别同学。

＊我现在要准备明天考试。

＊他每天总听他电唱机。

＊生孩子是人自由。

＊老师总用考试办法让学生读书。

（3）缺少“的”字短语中的“的”

＊你想要哪一碗？大还是小？

（4）多层定语中“的”的多余

＊我的在生活上的最大的愿望是……

＊除了这门课以外，我的别的课的成绩都是 A。

---

① 部分偏误语料来源于下列文献：［韩］韩在均：《韩国学生学习汉语“了”的常见偏误分析》，载《汉语学习》2003 年第 4 期；高霞：《英语国家学生学汉语结构助词“的”的偏误分析》，载《楚雄师范学院学报》2005 年第 2 期；郭伏良：《日本学生学习动态助词“了”的常见偏误与分析》，载《日本问题研究》2007 年第 3 期；杨骐冰、齐春红：《泰国留学生习得汉语结构助词“的”误分析》，载《西南石油大学学报》（社会科学版）2010 年第 6 期。文中不再一一注明。

＊在日本我的大部分的时间，不看电视。

2.“地”的常见偏误

（1）误加“地”

＊我有一点儿地饿。

＊他马上地跑了过来。

＊快地做作业吧。

（2）缺漏“地”

＊阿姨激动对我说：“谢谢”。

＊她漂亮向观众行了一个礼。

＊我看他那么认真修，很感动。

（3）“地”的语序不当

＊为了挣学费，他每天地拼命打工。

3.“得”的常见偏误

（1）误加“得”

＊我给你打了好几次电话才打得通。

＊老师讲得很慢、很清楚，我很容易就听得懂。

＊他只用了一天，就学得会开车了。

（2）缺漏“得”

＊车夫跑比较快。

＊他讲很精彩。

（3）该用“得”而误用了其他助词

＊有一天，我突然发现他病了很厉害。

＊他来到医院以后，医院里的气氛变了很乐观。

＊老农民感动了说不出话。

＊最近他生活了不太愉快。

＊雨下着很及时，已经两个月没下雨了。

（二）动态助词的常见偏误

1. “了”的常见偏误

（1）误加“了”

①关系动词后面误加“了”

＊昨天我去找他时，他在了家。(欧美学生)

＊小时候他很像了妈妈。(泰国)

②表示心理活动的动词后面误加“了”

＊我喜欢了这个人。

③“一边……一边”句式中动词后面误加“了”

＊我们去旅行的时候，在火车上，一边看了风景，一边说话。

④介词短语做补语时前面误加“了”

＊他出生了在美国弗吉尼亚州。

⑤主谓做宾句的谓语中心（动词）后面误加“了”

＊我听说了那个学生今年不回来了。

＊他答应了他毕业以后还要回到农村来。

＊我看见了前边站着很多人。

＊他告诉了我明天不回国。

＊昨天才知道了他结婚。

⑥动词性短语做定语时，动词后面误加“了”

＊我们去了的这些地方都很好。

＊我们谈了话的时候，出现了一个新问题。

⑦动词性短语做“以前”的定语时，动词后面误加“了”

＊干完了活以前，我们不回家。

＊来了我们学校以前，他是个工人。

＊我们去了工厂以前，不了解工厂的情况。

⑧表示经常反复发生的动作行为时，动词后面误加“了”

＊我和他常常谈了很多话。

＊每打一场篮球，我就睡了半天。

⑨动词前面有否定副词时误加“了”

＊我不买了那本书。

＊我还没看完了那本书。

（2）缺漏“了”

①动词后面带时量补语，显示动作已完结，该用“了”而未用

＊上星期二下午玛丽看三个钟头小说。

②动词后面有“以后”，显示动作已完结，该用“了”而未用

＊回答他以后，我就去学校了。

＊我不知道这个生词的意思，但是朋友说以后，我才恍然大悟。

③两个动词并用，表示前一动作完成后才或马上进行后一动作，前一动词后该用“了”而未用

＊也野山新吃饭就去学校。（日本）

＊我洗澡就去找你。（日本）

＊明天我吃晚饭去看电影。（韩国）

（3）“了”的误代

①“是……的”强调句中该用“的”的地方误用“了”

＊A：你结婚了吗？

B：结了。

A：什么时候结了婚？

B：前年结了，都有小孩儿了。

A：什么时候生了小孩儿？

B：去年生了小孩儿。

*你在哪儿上车了？

*我是昨天买了这件衣服。

*他是从美国来了。

*他们是去年十二月结婚了。

②该用“过”的地方误用“了”

*我以前看了一个统计，不吸烟的学生比吸烟的学生学得好。

*以前住了医院，当时我的旁边有一位心脏病的老人。

*长辈也有了以前自己是晚辈的时代，还有晚辈也将要长大了，以后结婚，自己的孩子。

*每个人都不能不当老人，老人也有了年轻的时间。

(4)“了”的语序不当

①动词重叠式带“了”时语序不当

*他看看了自己的手表。

②连动句中“了”的语序不当

*刚才我去了书店买一本书。

*上午我去了图书馆借一本汉语语法书。

③兼语句中“了”的语序不当

*我觉得这本词典对我有帮助，于是我劝了朋友买这本词典。

*去年，公司派了我来中国学习汉语。(韩国)

*他请了我给他当翻译。(韩国)

*他催了我去开会。(日本)

④连贯或条件关系的紧缩句，前一动词性词语中的“了”语序不当

＊费玉海吃饭了就去学校。(越南)

＊阮胡君洗澡了就来我宿舍。(越南)

⑤离合动词带“了”的语序不当

＊我跟他见面了两次。(欧美、日本、韩国、泰国、越南)

2. “着”的常见偏误

（1）误加“着”

①表示不可持续的瞬间动作的动词后面误加“着”

＊老余进着屋子，发现屋子里没有人。

②非持续性动词后面误加“着”

＊不用讲了，我知道着这个操作方法。

＊看见着她那优美的表演，我深深地感动了。

（2）缺漏“着”

①动词具有［+持续］语义特征，且前有“一直”做状语，显示动作或状态在持续，该用“着”而未用

＊这些年来，他一直都过很快乐的日子。

＊她送过我礼物，我一直珍藏

②“穿着”义动词表示状态的持续时,该用“着”而未用

＊她们穿很漂亮的衣服。

＊她戴绿色的帽子。

③具有完句功能的“着”该用而未用

＊几个快乐的孩子在公园的草地上跑。

＊她在床上躺。

＊老师在教室门口站。

＊当他们经过教室时，发现里面的灯还一直开。

④连动句中前一动词表示动作的方式或伴随状态，该用“着”而未用

＊她低头不说话。

＊欣然拿两张卡跑到六楼。

＊她拉自己的儿子上楼了。

＊她带难舍难分的心情回宾馆去。

（3）“着”的误代

①该用“了”而误用了“着”

＊我们在列车上坐着两三个小时。

＊这种虚荣和自尊保持着几十年。

＊这部电影我看着三遍了。

＊为这件事情爸爸批评着我两回。

＊丽达病着一个多星期了。

＊那个中国人不高兴地瞪着我一眼。

＊他在黑板上敲着两下。

＊电话线被小老鼠咬断着。

②该用“着”而误用了“了”

＊电视还开了，他却睡着了。（日本）

＊王先生摇了扇子走过来。

（4）该用“（正）在+动词”结构而误用“动词+着”结构

＊她寄着包裹。（韩国）

＊这些天学生们考试着。（韩国）

（5）“着”的语序不当（离合动词带“着”时语序不当）

＊晚会上，大家唱歌着，跳舞着，非常高兴。

＊我们鼓掌着，热烈欢迎我们的新同学。

＊大家正在上课着。

3. “过”的常见偏误

（1）误加“过”

①表示经常反复发生的动作行为时，动词后面误加“过”

＊刚来中国时，他总是迟到过。

＊我的朋友每天都锻炼身体过。

②表示认知、心理的动词后面误加“过”

＊你知道过这件事吗？

＊我感觉过他在注意我。

（2）缺漏“过”

＊我从来没吃这么好吃的饺子。

（3）“过”的语序不当

①连动句中“过”的语序不当

＊我去过国外旅行一次，当时我是小孩儿。

②“过”与宾语的语序不当

＊我去找你过，可是你不在家。

③离合动词带“过”时语序不当

＊我困难的时候，他帮忙过我。

（4）与“过”共现的否定词语误用

＊你去不去过北京？

＊我从不去过篮球场。

三、助词知识拓展

（一）结构助词

结构助词使用上的偏误，主要集中在“的”“地”“得”

的隐现上，主要表现为该用未用，或者不该用而用。定语后面“的”的隐现规律和状语后面“地”的隐现规律，我们将放在第七章“定语和状语及其教学”中介绍，这里主要介绍补语前“得”的隐现规律。

补语和谓语中心之间用不用“得”，与补语的类型有一定关系，有些类型的补语前面必须用“得”，有些补语的前面一定不能用“得”。

一定要用“得”的补语类型有：

（1）状态补语

洗得干干净净　说得很好　来得早

（2）可能补语的肯定式

听得懂　看得清楚　去得了　（那个地方）去得

（3）一部分程度补语

好得很　舒服得多

程度补语的构成有多种情况，其中由副词“很”和形容词“多”充当的程度补语前面需要加“得”。而像“好极了”“舒服多了”“舒服一点儿”等情况下，就不能带“得”。

一般不能用“得”的补语类型有：

（1）结果补语（如果用了“得”，就变成可能补语的肯定式）

吃完　听懂　洗干净　踢坏

（2）数量补语

去一次　看三个小时　呆五天

（3）趋向补语（如果用了“得”，就变成可能补语的肯定式）

跑上去　走下来　开进去

（二）动态助词

1. “了$_1$”/“了$_2$”

汉语有两个“了”——“了$_1$”和“了$_2$”。“了$_1$”位于谓语动词之后，表示动作的完结，是动态助词；“了$_2$”位于句尾，表示变化，是语气词。如下面的例句：

我学了三年汉语。老师又重复了一遍。他吃了三碗饭。（了$_1$）

我看了一晚上电视。她在街上转了三个多小时。（了$_1$）

我不去美国了。大家都不说话了。秋天了。天凉了。（了$_2$）

“了$_1$”和“了$_2$”不仅分布和语法意义不同，共现的成分也有所不同：“了$_1$”倾向于表示明确、具体的、可以量化的动作，句中常有表示时间和数量的词语；“了$_2$”对动词所表示的动作只报告一个比较笼统的情况，句中大多不用表示时间和数量的词语。

有时句中的“了”可能是“了$_1$”兼“了$_2$”，例如：

我吃了。花开了。姐姐结婚了。

这几个句子中，“了”既位于动词之后，又处在句尾的位置，既表示动作的完结，又表示事情发生了变化。

有时，“了$_1$”与“了$_2$”可以共现于一个句子里，此时句子的意思反而表示动作未完结，例如：

他喝了六瓶啤酒了。我学了三年汉语了。那本书我看了三遍了。

2. “了”的隐现规律

这里所说的“了”，指的是“了$_1$”，为了叙述方便，我们简称为“了”。对“$了_2$”的讨论将放在语气词一节中。

简单地说，“了”表示动作行为的完结。但实际情况较为复杂，有时候虽然表示的是已经完成的动作行为，却不能使用“了”。如下面的偏误句：

＊我决定了一放假就回国。

＊我听说了那个学生今年不回来了。

影响“了”使用的因素比较多，错综复杂。谓语动词的类型、谓语动词前面的成分、谓语动词后面的成分、整个动词性短语的句法功能以及所在句式等都影响着动词后面能否使用“了”。

（1）动词的类型

①具有明显动作性的动词（动作动词）都能加“了”表示动作的完成，如“吃、喝、跑、跳、走、听、说、打、做……”等。

②表示判断、等同等的动词（关系动词）以及能愿动词都不表示具体的动作行为，无所谓完成与否，一般不能加“了”。这样的动词如“是、叫、姓、等于、属于、能、应该、必须”等。比如，我们不能说“人属于了动物”。

③表示心理或意念活动的动词（状态动词）也无所谓完结与否，其后也不能加“了”。这样的动词如“以为、认为、觉得、企图、拥护、反对、希望、期望”等。下面的偏误就是在状态动词后面加“了”造成的：

＊我喜欢了这个人。

（2）谓语动词前边的成分

①动词前有副词“已经”，强调动作的完结，一般要用“了”。如：

我已经掌握了五百多个生词。

②动词前有“每天、常常、经常、总是”等副词，表明经常性反复发生的动作行为，即使说的是过去的情况，也不能用“了”。比如下面的偏误句：

＊我和他常常谈了很多话。

＊结婚前，每个星期六我都去了我女朋友家。

③动词前有“没”“没有”时，否定了动作的完结，不能用“了”。下面的偏误就是由此造成的：

＊我没买了东西。

＊他们没看了电视。

④两个动词并列，且每个动词前都有“一边”“一面”或“又”，构成“一边……一边……”“一面……一面……”“又……又……”句式时，强调两个动作的同时进行，无论动作完结与否都不能用“了”。下面的偏误就是由此造成的：

＊我们去旅行的时候，在火车上，一边看了风景，一边说话。

（3）谓语动词后面的成分

①表示已经完成或实现的动作，动词后又有数量补语，或者动词后的宾语有数量词修饰，因为动词后有完成的具体数量，更加强调了动作的完成，动词后必须用“了”。如：

我们顺着铁路走了四十多公里。

他看了我一眼，又朝外望去。

我今天写了三封信。

②动词后有“在、于”构成的介词结构做时间或处所补语时，强调说明的是动作发生的时间或处所，而不是动作的完成，动词后不能用“了”。下面的偏误就是由此造成的：

＊他出生了在美国弗吉尼亚州。

③谓语动词后有主谓短语充当的宾语，强调说明的是宾语所表述的事实，谓语动词后不能用“了”。下面的句子就是在主谓做宾句的中心动词后加“了”造成的偏误：

＊我听说了那个学生今年不回来了。

＊我看见了前边站着很多人。

（4）动词性词语的句法功能

①动词性词语做定语时，其中的动词后面不能用“了”。下面的偏误就由此造成：

＊我去了的这些地方都很好。

＊我们谈了话的时候，出现了一个新问题。

②动词性词语用于构成做状语的方位短语时（“来这里以前，他是一个记者”），有两种情况：

A. 方位词是“以前”，动词后不能用“了”。下面的偏误由此造成：

＊来了我们学校以前，他是个工人。

＊我们去了工厂以前，不了解工厂的情况。

B. 方位词是“以后”，要看其中的动词是否可持续。如果是“毕业、结婚、下课、放学”等非持续性动词，或“吃完、回去、看见”等动结义短语，可以不用“了”；如果是可持续动词，需要用“了”。如：

我从南开大学毕业（了）以后就工作了。（“毕业”为非持续性动词，后面可以不加“了”）

＊老师说以后，我就明白了。（“说”为可持续的动作，表示这一动作的完结时应该加“了”）

（5）所在句式

①连贯关系、条件关系或假设关系的紧缩句中，前一动词后要用“了”。下面句子的偏误，就是因为在前一动词后面没有用“了”而造成的：

＊也野山新吃饭就去学校。

＊我洗澡就去找你。

＊他见你该多高兴。

＊你喝这杯酒才能走。

②兼语句前一动词的后面不能用“了”，可以将“了”放在后一动词后面。下面的偏误就是将“了”放在了前一动词之后：

＊我觉得这本词典对我有帮助，于是我劝了朋友买这本词典。(可以说“我劝朋友买了这本词典”)

＊去年，公司派了我来中国学习汉语。

③连动句前一动词的后面一般也不能用“了”，可以将“了”放在后一动词后面。下面的偏误由此造成：

＊刚才我去了书店买一本书。(可以说“刚才我去书店买了一本书”)

＊上午我去了图书馆借一本汉语语法书。(可以说“上午我去图书馆借了一本汉语语法书”)

概括来看，因不了解“了”的隐现规律而造成的偏误共有两种情况：一是该用而没有用，二是不该用而用。但实际上，这两种情况的出现概率并不对等，其中第二种情况比较突出，即“了”的泛化现象。所以，要想掌握“了”的用法，重要的是弄清楚什么情况下不能用“了”。我们将一般不能用“了”的各种情况汇总成下面的表格。

不能使用“了”的情况汇总

不能使用“了”的情况汇总
表示判断、等同等的动词（关系动词）以及能愿动词无所谓完成与否，一般不能加“了”表示完成；
表示心理或意念活动的动词（状态动词）也无所谓完成与否，也不能加“了”表示完成；
动词前有“每天、常常、经常、总是”等副词，表明经常性反复发生的动作行为，即使是过去的情况，也不能用“了”；
动词前有“没”、“没有”时，否定了动作的完成或实现，不能用“了”；
两个动词并列，且每个动词前都有“一边”“一面”或“又”，构成“一边……一边……”“一面……一面……”“又……又……”的句式时，表示两个动作的同时进行，无论动作完成与否都不能用“了”；
动词后有“在、于”构成的介词结构做时间或处所补语时，强调说明的是动作发生的时间或处所，而不是动作的完成，动词后不能用“了”；
谓语动词后有主谓短语充当的宾语，强调说明的是宾语所表述的事实，谓语动词后不能用“了”；
动词结构做定语时，其中的动词后不能用“了”；
兼语句前一动词之后不能用“了”；
前一动词为“去”的连动句，前一动词后不能用“了”。

3. 动态助词“了”／语气词“的”

先看下面的句子：

他昨天到了北京。

他（是）昨天到的北京。或者：他（是）昨天到北京的。

动态助词“了”用在动词后面，表示动作行为的完结。语气词“的”用于句末或句中，表示确定不疑的语气，前面常与“是”呼应，组成“是……的”结构。这种结构用于确认或说明已经实现了的某个事情的时间、地点、方式、材料、协同者、目的等，也称为“是……的”强调句。

“是……的”句的作用在于对一个已实现之事情的某方面情况（时间、地点、方式、材料、协同者、目的等）加以确认，它不是用来表示事件的，不具有叙事性；而谓语中含有“动词+了”结构的句子表示某个动作行为的完结，具有叙事性。比较下面的两个句子：

小田是跟玛丽一起去的博物馆。

小田跟玛丽一起去了博物馆。

前面的句子，说话人的目的是说明“小田”是跟谁一起去的图书馆，整个句子不具有叙事性；后面的句子，说话人是想告诉听话人小田做了什么，整个句子具有叙事性。

下面的对话，说话人是想确认某些情况，不具有叙事性，应该用“的”，不能用“了”，因而造成偏误：

*A：什么时候结了婚？

B：前年结了，都有小孩儿了。

4.“着”的语法意义

“着”的语法意义是表示动作或状态的持续，具有描写性。

（1）表示动作的持续

人们唱着，跳着。

妈妈读着信，脸上露出高兴的神色。

他出去的时候，雪正下着呢。

里面开着会呢。

一场热烈的讨论正在进行着。

（2）表示状态的持续

门开着呢。

夜深了，屋里的灯却还亮着。

我醒着呢。

他穿着一件灰西装。

5.“动词+着”结构/“（正）在 + 动词”结构

比较下面的两个句子：

她在洗衣服呢。/她洗着衣服呢。

前一个句子的谓语使用“（正）在+动词”结构，后一个句子的谓语使用“动词+着”结构。这两种结构有一定的相同之处，即：它们都要求动词性成分具有［+行为］［+延续］的语义特征，因而不能与具有［-行为］语义特征的“是、像、姓、能、属于”等同现；都不能与时量或动量补语同现；都不能与“立刻”“顿时”“急忙”“赶紧”“马上”等表示短时的副词同现。但是，这两个结构还有很多不同之处，这主要体现在以下几个方面：

（1）用法不同

①“在”字句表示动作的进行，是叙事性的；“着”字句表示一种状态，是描写性的。例如：

张三在穿大衣。/张三穿着一件大衣。（前者具有叙事性；后者具有描写性）

快告诉他，我们在找人。（＊快告诉他，我们找着人。）

妈，你瞧人家都在议论我们。（＊妈，你瞧人家都议论着我们。）

②“在”字句可以用于提问；“着”字句没有这种用法。例如：

冬花，你在干什么？（＊冬花，你干着什么？）

③“着”可以表示一种动作伴随另一动作；“在”没有这种用法。例如：

他喝着啤酒看电视。（“喝着啤酒”是“看电视”这一行为的伴随状态）

他在喝啤酒，看电视。（用“在+动词”结构，必须使用复句形式）

④“着”可用于命令或要求对方继续保持某种原有的状态；“在”则不可以。例如：

听着！　躺着！　你站着，我把实话告诉你。

（2）对动词的选择不同

一些含有特定语义的动词，可以出现在“在+动词”结构里，一般不能出现在“动词+着”结构中。例如下面的句子：

“感谢真主！一切都在好转。”巴兹说这句话时，嘴角流露出一丝欣慰的笑容。（＊感谢真主！一切都好转着。）

别和我撒谎。我知道，你在赌博。（＊我知道，你赌博着。）

6.“过”的语法意义

“过”有下面两个语法意义：

（1）表示曾经发生某动作或存在某状态，但现在动作已不进行或状态已不存在。动词前可加“曾、曾经”，这个“过”可以称为“$过_1$”。

我在倒数上去的三十年中，只看过两回中国戏。

他从前爱过一个不该爱的女人！

祥子似乎忘了他曾经做过庄稼活儿。

当年，我也曾漂亮过，也像个人似的。

（2）表示动作完结。有时后面可同时加“了”，这个“过”可以称为“$过_2$”。

吃过饭，他忙着去上班。

等扫完了院子，洗过脸，才系好纽扣，等着喝茶吃早点。

我们都签过了，你签吧。

吃过了饭，老秦跟小福去场里打谷子。

她洗过了脸，走进餐厅。

7. 带“过”动词的否定形式

动词后面带有“过”时，前面的否定词只能用“没”，不能用“不”。下面的两个偏误句就是因为用错了否定词而导致的：

*你去不去过北京？

*我从不去过篮球场。

第五节　语气词教学知识

一、语气词基础知识

语气词的基本用法是用在句末表示某种语气，或用在句中表示停顿（比如“呢”“啊”“吧”）。

根据表示的语气不同，可以将语气词分为以下几类：

表示陈述语气：的、了、呢、吧

表示疑问语气：吗、呢、吧、啊

表示祈使语气：吧、了、啊

表示感叹语气：啊、了

二、语气词的常见偏误①

(一)语气词的缺漏

1. 语气词“了”的缺漏

(1)表示情况变化或出现了新情况时,该用“了”而未用

* 吃饭前,我的自行车放在饭店门口,我们吃完了以后看外边,我的自行车不在那儿。

* 现在中国越来越凉快。

* 雨越下越大,足球恐怕赛不成。

* 哎,你踩到我的脚。

* 我早就看过这本书。

(2)表示马上就要出现某种新情况时,该用“了”而未用

* 我们很快就要学完语法。

* 看样子,快要下雨。

* 圣诞节快要到,同学们都在准备礼物。

(3)感叹句表示强烈的语气时,该用“了”而未用

* 上海的变化可大!

* 学校湖边的灯晚上可好看!

* 老师太热情!我很感动。

2. 语气词“吧”的缺漏

* 让我们高高兴兴地过圣诞节!

* 空调坏了,房间里太热,你们委屈一下。

---

① 部分偏误语料来源于下列文献:陆庆和:《实用对外汉语教学语法》,北京大学出版社,2006年;李静:《留学生正反疑问句中语气词“吗”的使用偏误》,载《广西社会科学》2005年第4期;徐丽华:《外国学生语气词使用偏误分析》,载《浙江师范大学学报》(社会科学版)2002年第5期;文中不再一一注明。

（二）语气词的误加

1. 语气词“了”的误加

＊我肯定他要过很长时间才能来了。

＊晚上的时候你还没做完了。

2. 语气词“吧”的误加

＊现在不容易赚钱，你应该节俭吧。

＊这里是医院，请你不要大声说话吧。

（三）语气词混用

＊你去教室还是回房间吗？　（呢/吗）

＊你是不是学生吗？　（呢/吗）

＊难道你不相信我呢？　（呢/吗）

＊这种式样的鞋子，你大概很喜欢呢？（呢/吧）

＊从小的时候看着他们的背影长大了。（了/的）

＊事故到底是怎么发生了？　（的/了）

＊年轻人吧，多干些活是应当的。　（吧/嘛）

＊什么看书呢、听音乐呢、唱歌跳舞呢，他都喜欢。（呢/啊）

三、语气词知识拓展

（一）疑问句末“吗”和“呢”区别

1. 是非问句后面，用“吗”不用“呢”

你是日本人吗？

明天有课吗？

＊难道你不相信我呢？

2. 特殊疑问句、选择疑问句、正反疑问句末，用“呢”不用“吗”

他去哪儿了呢？

他是不是日本人呢？

他是日本人呢？还是韩国人呢？

＊你是不是学生吗？

（二）语气词“了”的用法

语气词“了”可以用在陈述句、祈使句和感叹句的句末，肯定事情出现了变化，或提醒听话人注意新情况，有成句作用。

一般来说，大多数实词和短语加上语调就能成句，但有时还要求加上语气词才能成句。例如：

他把衣服晒干了。

都中学生了，还这么不懂事。

1. 用于陈述句末，表示情况发生变化或出现了新情况。比较下面的两组句子：

天气很热。/ 天气热了。

他不去。/ 他不去了。

第一组句子，前面的句子，形容词做谓语，表示评议；后面的句子，因为句尾用了“了”，整个句子表示变化（天气由不热到热）。第二组句子，前面的句子动词做谓语，叙述主语做了什么；后面的句子，因为句尾用了“了”，也表示变化（“他”原来是要去的，现在不去了）。

陈述句末的语气词“了”，总体来说是表示变化的，具体来看又可以细分为以下几种情况。

（1）表示已经发生的变化或已经出现的新情况。如：

下雨了。他想妈妈了。他不恨爸爸了。我不困了。

爸爸老了。他的身体越来越差了。天凉了。

星期三了。都十八了，还这么幼稚。都大学了，怎么还这么忙？

（2）表示即将发生的变化，通常跟“快、要、就要”等一起构成“快……了”“要……了”“就要……了”等格式，如：

明天我们就要回国了。快上课了，快点儿走吧。

快十八了。快九个月了，该生了。

2. 用于祈使句末，表示希望听话人发生某种变化。一般用于否定句。如：

别抽烟了。

不要生气了，他不是故意的。

今天晚上别走了。

3. 用于感叹句末，肯定已出现的情况，抒发情感。常与“太”一起构成“太……了”格式。如：

你今天的表现真是太棒了。

你要是能来，那就太好了。

今天的作业太难了。

你太没礼貌了。

（三）语气词“的”的用法

语气词“的”主要有两种用法：

1. 对已发生的情况进行确认，强调已实现的事件的有关方面，常与“是”相呼应，构成“是……的”句式。如：

我是九月来中国的。

他是坐出租车去机场的。

2. 对非现实事件加以肯定，前面常有“会、一定、肯定”等词语。如：

妈妈的病会好的。

只要你努力，会通过考试的。

你弄坏了他的照相机，他一定会生气的。

第七章

句子成分教学知识

汉语的句子成分有主语、谓语、宾语、定语、状语、补语等类型，对于留学生来说，偏误率较高、较难习得的主要是补语、定语和状语，下面对这几种句子成分的有关情况加以说明。

第一节 补语教学知识

补语在真实交际和汉语教材中出现的频率都比较高，因而是汉语作为第二语言语法教学的一个重点。据统计，在北京语言学院汉语精读教材（初级、中级、高级）主课文中，各类补语句的总数为 3882 句，占单句总数的 13.245%，出现频率高于“把”字句、“被”字句、“是”字句、“有”

字句、“比”字句、连动句、兼语句等各种动词谓语句。①

补语同时又是外国留学生的一个习得难点，这主要有以下两个原因。

首先，汉语的“动+补”结构具有结构上灵活自由、语义表达言简意赅的特点，反映了汉语语法的特点，但在很多语言中没有对应的表达式，常使外国学生感到困惑。

其次，汉语的补语种类多、形式各异、用法复杂。补语根据表义可分为程度、趋向、情状、结果、数量等多种类型，各类补语都有特定的结构方式，构成成分各不相同，有的必须带“得”，有的不能带“得”；结果补语、趋向补语与可能补语结构上存在纠结；补语与宾语的语序关系复杂多样，或宾在补前，或宾在补后，或可前可后；可能补语与“能+动词”结构有时可替换，有时又不同。

一、补语基础知识

补语位于动词之后，是谓语中心的连带成分，对谓语中心起补充说明的作用。例如：

衣服洗〈干净〉了。

我学了〈两年〉汉语。

我读了〈两遍〉课文。

根据表义的不同，可以将补语分为以下类型。

1. 结果补语

结果补语表示动作完成后的结果，由动词、形容词构成。

---

① “被”字句占 7.462%，形容词谓语句占 5.07%，“是”字句占 0.638%，“把”字句占 0.488%。参见赵淑华等：《关于北京语言学院现代汉语精读教材主课文句型统计结果报告》，载《语言教学与研究》1995 年 2 期。

例如：

钥匙找〈到〉了。作业做〈完〉了。我听〈懂〉了。

饭做〈好〉了。衣服洗〈干净〉了。

2. 状态补语

状态补语表示已经发生或正在发生的动作所呈现或达到的状态，起评价、判断或描写的作用，由“得+谓词性词语”构成。例如：

他跑得〈很快〉。

她高兴得〈跳了起来〉。

我已经饿得〈前胸贴后背了〉。

状态补语必须带“得”，这是它与结果补语的显著区别。例如：

房间打扫得〈很干净〉。/ 房间打扫〈干净〉了。

（状态）　　　　　　　　（结果）

3. 程度补语

程度补语表示情况或动作所达到的程度，通常由“得”加上“很”“慌”等形容词构成，或者由“极”“透”“死”等词语带上“了”构成，也可以由“不得了”等固定格式构成。例如：

最近他忙得〈很〉。

整天待在家里，闷得〈慌〉。

麦克高兴〈极〉了。

那些天我的心情糟〈透〉了。

他的宿舍脏〈死〉了。

他的汉语好得〈不得了〉。

4. 趋向补语

趋向补语是由趋向动词构成的补语，表示动作的方向。例如：

他进教室〈去〉了。

我得赶〈回〉学校〈去〉。

5. 可能补语

可能补语表示有无条件或能力完成某个动作行为，或表示主客观条件是否为某个动作的实现提供了可能性。例如：

老师的话我听〈得懂〉。

我上午有课，去〈不了〉。

这种电影小孩子看〈不得〉。

6. 数量补语

数量补语表示动作、变化的数量。例如：

他看了〈五个小时〉电视。

我去过〈两次〉美国。

哥哥比妹妹大〈三岁〉。

二、补语的常见偏误[①]

（一）结果补语的常见偏误

1. 结果补语的缺漏

＊他看我以后，跟我打招呼。

＊这个活动让我们学习很多。

---

① 部分偏误语料来源于下列文献：陆庆和：《实用对外汉语教学语法》，北京大学出版社，2006 年；黄玉花：《韩国留学生汉语趋向补语习得特点及偏误分析》，载《汉语学习》2007 年第 4 期；张先亮、孙岚：《留学生习得能否式“V 得/不 C”的偏误分析及教学策略》，载《汉语学习》2010 年第 5 期。文中不再一一注明。

2. 动词带宾语又带结果补语时句式使用不当

＊我们跳舞累了，所以坐下来休息。

＊他喝酒醉了。

3. 结果补语多余

＊你看见清楚黑板上那些汉字了吗?

＊你教我的东西，我都扔掉在大海里了。

＊我把母亲的话记住在心里。

4. “动词+结果补语”的否定形式错误

＊他不吃完饭就去找朋友了。

＊我好久不见到他了。

（二）状态补语的常见偏误

1. 状态补语前的“得”缺漏

＊车夫跑比较快。

＊他讲很好，你们应该听下去。

2. 动词带宾语又带状态补语时句式使用不当

＊小林打球得很累。

＊昨天他睡觉很早了。

＊她吃饭得很少。

3. 该用状态补语而未用

＊房间干净地打扫了。

4. 不该用状态补语而用

＊学生应该学习得很认真。

＊我以后一定要检查得很仔细。

＊明天有第一节课，应该早上起得很早。

＊最近非常忙，真想休息得很长。

（三）程度补语的常见偏误

1. 不该用程度补语而用

*老师对那个穷学生同情得很，决定协助付学费。

*他的妻子病得很。

2. 程度补语前面误加动态助词“了”

*昨天我可累了坏了。

*人们恨了透了那些不讲社会公德的人。

（四）趋向补语的常见偏误

1. “来、去”使用不当

*那时云彩很多，太阳还没有出去。

*有一天，我到中国银行来兑换美元，碰到一个说话很凶的服务员。

2. 趋向补语与处所宾语的语序不当

*下午三点回来学校。

*我看见他进去教室了。

*上课二十分钟的时候，他才走进来教室。

*她九月回来苏州学习汉语。

4. 趋向补语与非处所宾语的语序不当

*过了几天，他想起来自己的妈妈。

*朋友拿两杯咖啡来了。

5. 趋向补语的引申用法错误

*老师问我们，我们答不出去。

*她拼命地节食，于是体重减起来了。

*这件事还没决定，怎么就传过来了？

（五）可能补语的常见偏误

1. 该用可能补语而未用

＊我的钥匙怎么也不能找到。

＊老师问的问题他不能答上来。

＊他的汉语水平不高，这个电影恐怕不能看懂。

＊她的钱包不能找到。

2. 不该用可能补语而用

＊我明天去不了参观博物馆了。

＊你去得了参加她的生日晚会吗?

＊每天晚上我用不了复习到十二点，只得复习到十一点。

3. 不同类型可能补语混用

＊菜太多了，我吃不得。

（六）数量补语的常见偏误

1. 误将数量补语放在状语的位置

＊我一年学了汉语。

＊我一整天睡觉了。

＊我们差不多三个小时在那儿边吃边聊天。

2. 数量补语与宾语的语序不当

＊她练了太极拳一年。

＊我每天写汉字一个多小时。

＊他曾经得过伤寒病一次。

＊我打了电话给我妈妈很多次。

3. 连动句中动量补语的语序不当

＊我去过一次医院看他。

＊他俩来过一次这里见面。

三、补语知识拓展

（一）结果补语

1. 结果补语的使用条件

动词单用时，大多只表示动作的方式和过程，不表示动作的结果。当表示动作完成且有一定结果时，往往要用“动词+结果补语”的结构，而不是只用单个动词。下面的句子因缺少结果补语而造成偏误：

＊他看我以后，跟我打招呼。

＊这个活动让我们学习很多。

如果动词本身带有结果义，不能带结果补语。如：

＊老板看见到那个情况，吓得一直跑到铺子里。

这个句子中，动词“看见”的语义中已经包含有结果义，不应再带结果补语，否则会造成语义重复。

2. “动词+结果补语”结构的否定形式

动词带结果补语时，否定形式用“没”不用“不”。下面的偏误由此造成：

＊他不吃完饭就去找朋友了。

＊我好久不见到他了。

3. 动宾结构带结果补语的句式

动词后面带宾语，同时又带结果补语表示动作完成后施事所呈现的状态时，需要使用重动句式，将动词重复一遍。如：

他考试考〈怕〉了。　（重动句）

我们爬山爬〈累〉了。（重动句）

＊我们跳舞累了，所以坐下来休息。

（二）状态补语

1. 状态补语的使用条件

状态补语一般用于说明和评价动作的经常态、进行态或动作完成后的持续态，祈使句或表示将来发生的动作的句子（肯定句）不用状态补语。如：

她吃得〈很少〉。　　　　（经常态）

医生检查得〈很仔细〉。　（进行态）

她今天打扮得〈很漂亮〉。（持续态）

＊学生应该学习得很认真。

＊我以后一定要检查得很仔细。

＊明天有第一节课，应该早上起得很早。

＊最近非常忙，真想休息得很长。

但下面的句子可以说：

明天不要起得〈太晚〉。

2. 动宾结构带状态补语的句式

动词后面带宾语，同时又带状态补语时，需要使用重动句式，或者将受事置于动词之前，构成主谓谓语句。如：

她吃饭吃得〈很少〉。　　（重动句）

她饭吃得〈很少〉。　　　（主谓谓语句）

他写汉字写得〈很好〉。　（重动句）

他汉字写得〈很好〉。　　（主谓谓语句）

她说汉语说得〈很流利〉。（重动句）

她汉语说得〈很流利〉。　（主谓谓语句）

＊小林打球得很累。

＊她吃饭得很少。

（三）程度补语

1. 程度补语的构成

可以做程度补语的词语很有限，只有“极了、透了、死了、得很、得多、得慌、得不得了”等。有的需加“得”，有的不加“得”。

2. 可以带程度补语的词语

可带程度补语的词语也很有限：一是部分性质形容词；二是部分状态动词（心理活动动词）。下面的句子中，行为动词“学习”不能带程度补语，所以造成偏误：

＊我最近学习得很。

3. 程度补语所搭配词语的范围

不同的程度补语，可搭配的谓词范围有所不同。

“极了、得很”搭配的词语范围较广，既可与积极意义的词语搭配，又可与消极意义的词语搭配。可以说“好极了”，也可以说“坏极了”；可以说“好得很”，也可以说“坏得很”。

“透了”通常跟表消极意义的词语（糟糕、坏、恨、倒霉）或者表客观性的词语（熟、研究）搭配。可以说“倒霉透了”“熟透了”，不能说“漂亮透了”。

“死了、得慌”的搭配范围较窄，通常只与消极意义的词语（糟糕、坏、倒霉、累、饿、吵、憋、堵、挤）搭配。

（四）趋向补语

1. 趋向补语的类别

（1）简单趋向补语，有简单趋向动词放在其他动词后面做补语。如：

春天给大地带〈来〉了生机。

她进〈来〉了。

他上楼〈去〉了。

（2）复合趋向补语，由复合趋向动词放在其他动词后面做补语。如：

老师拿〈出〉一本书〈来〉。

他走〈出来〉了。

他走〈进〉教室〈去〉了。

2. 趋向补语与宾语的语序

（1）趋向补语与处所宾语的语序

处所宾语位于简单趋向补语之前，复合趋向补语的中间。换句话说，处所宾语位于“来、去”之前。

她上楼〈去〉了。

我回学校〈来〉了。　　（*我回来学校了）

她跑〈下〉楼〈去〉了。

老师走〈进〉教室〈去〉了。　（*老师走进去教室了）

（2）趋向补语与非处所宾语的语序

A. 宾语位于补语之后（后宾式）

妈妈买〈回来〉两斤苹果。

李老师拿〈来〉几本杂志。

经理办公室走〈出来〉两个穿着时髦的年轻人。

厨房里飘〈来〉一阵香味儿。

B. 宾语位于趋向补语之前（前宾式）

宾语为事物：

他送了点儿吃的〈来〉。（陈述句，动作已完成）

他拿了两瓶酒〈上来〉。

拿点儿纸〈来〉。　　　（祈使句，动作未完成）

带点儿吃的〈来〉。

宾语为人物：

他送我〈回来〉的。

快带学生们〈下来〉。

我明天要送两个病人〈回来〉。

C. 宾语位于复合趋向补语之间（中宾式）

老师拿〈出〉一本书〈来〉。

她从国外寄〈回〉几个包裹〈来〉。

妈妈端〈上〉一盘水果〈来〉。

举〈起〉手〈来〉。

抬〈起〉头〈来〉。

他直〈起〉腰〈来〉，擦了一把汗。

3. 趋向补语的引申用法

趋向动词只有做补语时才有引申用法。有引申用法的主要是一些常用的趋向动词，比如：上、上来、下、下来、下去、起来，下面分别加以说明。

（1）上

A. 表示动作有结果（闭合、附着、达到目的等）。例如：

关上门　　闭上眼睛　　骑上车　　穿上衣服

B. 表示动作开始并继续。例如：

他们一进门就聊上了。　警察怀疑上他了。　他爱上她了。

（2）上来

表示很好地完成，多以可能补语的形式出现。例如：

答不上来　　说不上来

（3）下

A. 表示容纳。例如：

吃不下　　装不下　　坐得下

B. 表示事物从动态转为静态。例如：

车停下了

C. 表示经过动作后使事物固定。例如：

记下了他的电话号码　　拍下了全过程

（4）下来

A. 表示动作使受事以某种形式固定。例如：

写下来　　记下来　　登记下来　　定下来

B. 表示从过去持续到现在。例如：

坚持下来了　　学下来

C. 表示抽象的由高到低（从较高的程度到较低的程度，从较高的部门到较低的部门）。例如：

烧退下来了　　发下来一份文件　　申请批下来了

（5）下去

A. 表示已经进行的动作行为继续进行。例如：

坚持下去　　学下去　　说下去

B. 表示容纳。例如：

喝不下去　　吃不下去了

（6）起来

A. 表示动作行为开始并继续，强调的是开始。例如：

哭了起来　聊起天来　唱起歌来　冷起来　热闹起来

B. 表示经过动作，人或事物从分散到集中。例如：

把钱攒起来　把行李捆起来　联合起来　召集起来　把衣服收起来

（五）可能补语

1. 可能补语的类型

（1）动词+得（不）+结果/趋向补语

这种可能补语，由结果补语或趋向补语前面加“得”或“不”构成。如：

黑板上的字我看得清楚。

（“看清楚”：结果补语／“看得清楚”：可能补语）

老师的办公室我进不去。

（“进去”：趋向补语／“进不去”：可能补语）

（2）动词+得了（liǎo）/不了（liǎo）

这种可能补语，由动词带“得了（liǎo）”或“不了（liǎo）”构成。如：

明天我没有课，去得了。

如果毕业论文通不过，就毕不了业。

（3）动词/形容词+得（不得）

这种可能补语，由动词或形容词加“得”或“不得”构成。此类结果补语多以否定式或疑问句形式出现，其肯定形式一般不单独出现。如：

这几天上面要来检查，大意不得。

这种做法要不得。

这种蘑菇吃得吃不得？

2. 可能补语与宾语的语序

宾语一律放在可能补语的后面。如：

他肚子不舒服，吃〈不下〉饭。　（＊吃饭不下）

那里是山区，还看〈不上〉电视呢。

我头疼，睡〈不着〉觉。　　　　(＊睡觉不着)

他们现在还结〈不了〉婚。

3. “能（会）+动词”结构与可能补语的区别

（1）表示经过学习后获得的能力，用“会+动词”结构，如：

我会说汉语。

她不会骑自行车。

（2）表示因具备客观条件而可能发生某动作，用“能+动词”结构，如：

下午有时间，我能来。

妈妈不同意，我不能跟你们一起去了。

（3）表示有无能力或可能性完成某一动作，肯定意义既可用“能+动词+结果补语”结构，也可以用可能补语；否定意义一般用可能补语的否定式。如：

这些活儿我们能干完。/ 这些活儿我们干得完。(肯定式)

我说的话你能听懂吗？/ 我说的话你听得懂吗？(肯定式)

我的钥匙怎么也找不到了。　　　　(否定式)

老师的问题我答不上来。　　　　(否定式)

（六）数量补语

1. 数量补语的类型

（1）时量补语，由时段词语做补语。如：

他学了两年汉语。

他学汉语学了很多年。

我们找了你一个上午。

（2）动量补语，由数词和动量词所构成的数量短语做补语。如：

我去过两次美国。

这本书我看过三遍。

(3) 比较数量补语，由数量短语做补语，用于比较句中。如：

樱桃比香蕉贵 13 元。

哥哥大我两岁。

2. 时量补语与宾语的语序

如果宾语为名词性词语，可以将宾语放在时量补语之后，也可以采用重动结构。如：

他学了〈两年〉汉语。　（＊我学韩语了两年。）

我练过〈八年〉太极拳。（＊我练过太极拳八年。）

他学汉语学了〈四年〉。（重动句）

我练太极拳练了〈八年〉。（重动句）

如果宾语为代词，一般将宾语置于时量补语之前。如：

我们找了你〈一个上午〉。　（＊我们找了一个上午你。）

3. 动量补语与宾语的语序

(1) 宾语为名词性词语时，动量补语放在宾语之前，如：

我去过两次上海。　（＊我去过上海两次。）

老师读了两遍课文。　（＊老师读了课文两遍。）

(2) 宾语为代词时，动量补语放在宾语之后，如：

我见过他一次。　（＊我见过一次他。）

4. 数量补语与“了”同现

时量补语和动量补语经常用在动作已发生的句子里，故常常与“了”同现，有时与“过”同现。

我们休息了十分钟。/ 我们休息了十分钟了。

这本书我看了两遍。/ 这本书我看了两遍了。

如果用在祈使句中，就不与“了”同现。如：

咱们休息半小时吧。

5. 表示比较的数量补语的用法

这种数量补语主要用于下面的两种情况。

（1）用于“比”字句中，如：

哥哥比我大两岁。

（2）用于非“比”字句中，只用于表示年龄差异，如：

哥哥大我两岁。

第二节　定语和状语教学知识

一、定语和状语基础知识

定语和状语都属于修饰语。定语是名词性偏正短语中中心语前面的修饰语；状语是谓词性偏正短语中中心语前面的修饰语。

定语所修饰的中心语一般是体词性词语，也可以是谓词（动词或形容词）性词语。例如：

五班的同学来到王明的家里。（中心语为名词、方位短语）

我看看你写了些什么。（中心语为代词）

他的死比泰山还重。（中心语为动词）

内心的激动使他再也说不下去了。（中心语为形容词）

这是我的不对。（中心语为动词性偏正短语）

一路上他们受到了热烈的欢迎。（中心语为动词）

在文学作品中，专有名词和人称代词也可以做定语后面的中心语。例如：

一夜没睡觉的王观临，两只眼睛都熬红了。

还穿着破棉袄的他，觉得浑身燥热起来。

汉语中，定语的语序一般都是在其所修饰的中心语之前，除非是为了强调定语，将定语放在中心语之后。例如：她一手提着竹篮，内中一个破碗，空的；一手拄着一支比她更长的竹竿，下端开了裂。（鲁迅《祝福》）

状语所修饰的中心语，一般是谓词性的词语，也可以是体词性词语。例如：

他常常打篮球。　　　　（中心语为动宾短语）

弟弟今天很不高兴。　　（中心语为谓词性偏正短语）

她又头疼了。　　　　　（中心语为主谓短语）

我都二十八了。　　　　（中心语为体词性词语）

汉语里的状语一般位于其所修饰的中心语之前，除非是为了强调状语，可以将状语置于中心语之后。有时候，状语可以对全句进行修饰，这时状语的语序是位于主语之前。例如：

关于这件事，村里流传着很多谣言。

院子里，一群孩子欢快地嬉戏着。

二、定语和状语的常见偏误[①]

（一）定语的常见偏误

1. 定中之间缺漏“的”

*很多人喜欢穿那样运动鞋。

① 部分偏误语料来源于下列文献：刘月华等：《实用现代汉语语法》（增订版），商务印书馆，2001 年；陆庆和：《实用对外汉语教学语法》，北京大学出版社，2006 年；唐昭荣：《多层定语语序的对外汉语教学研究——以英语国家的留学生为例》，湖南师范大学硕士研究生学位论文，2015 年。文中不再一一注明。

*这样事情我以前也听说过。

*他对这么小事情生气了，我觉得莫名其妙。

*你口语不如别同学。

*我现在要准备明天考试。

*他每天总听他电唱机。

2. 定中之间误加“的”

*吃饭的时，妈妈问我学校的情况。

*我们买了许多的瓶啤酒。

*我朋友是德国的人。

*我不知道你喜欢什么的颜色。

*我们班有四十五个的人。

3. 缺少中心语

*圣诞节那天，全国的商店都关门的，应该算是英国最宁静。

4. 定语有误

*高中生的时候，我每天打网球。

*小孩子的时候，他不喜欢看书。

5. 语序不当

（1）多层定语语序不当

*这是基本的对自己要求。

*我看见了一个我朋友。

（2）定语与中心语语序颠倒

*我是学生的那个学校。

*我喜欢念书在电脑中心，因为那是一个地方很安静。

*他没有很好的方法教中文。

*饮茶是好机会与亲戚、家庭见面。

＊她想穿那件衣服你买的。

＊情况关于那个学校我不太了解。

（二）状语的常见偏误

1. 状中之间缺漏“地”

＊阿姨激动对我说：“谢谢”。

＊她漂亮向观众行了一个礼。

＊我看他那么认真修，很感动。

2. 状中之间误加“地”

＊朋友们几次请他去参加座谈会，他不好意思地不去。

＊我有一点儿地饿。

＊他马上地跑了过来。

＊快地做作业吧。

2. 语序不当

（1）误将只能用于谓语中心前面的状语置于句首

＊常常我们去旅行。

（2）多层状语语序不当

＊他已经明明知道了，用不着问了。

＊他总下课以后去留学生餐厅。

＊他在食堂一直打工。

＊我经常在日本开车，所以不习惯骑自行车。

＊你总对男孩儿干吗那么凶啊？

（3）状语与其中心语语序颠倒

＊我一般两点差不多才吃午饭。

（4）“地”的语序不当

＊为了挣学费，他每天地拼命打工。

3. 状语与补语的误用

(1) 误将补语用作状语

＊哥哥一整天在公司工作了。

(2) 误将状语用作补语

＊他们结婚去年。

＊我开始中国语学习 2000 年。

＊屋子太小了，所以我喜欢看书在图书馆。

＊我的妹妹学在大学，她是四年级。

＊我买了 VCD 和书在文化市场。

＊我睡觉二点到五点。

＊我买药和茶给家里人。

(3) 既误将补语用作状语，又误将状语用作补语

＊他在苏州住跟一个朋友。

三、定语和状语知识拓展

(一) 定语的语义类型

根据定语与中心语之间的语义关系，可以将定语分为限制性定语和描写性定语两个类型。

1. 限制性定语

限制性定语对中心语起限定作用，主要从数量、时间、归属等方面对中心语加以限制。例如：

今天班里来了（几个）新生。 （数量）

经过（几个月）的努力，这头野象基本被驯服了。 （时间）

（书包里）的书是我从图书馆借来的。 （处所）

（我们）班有十几个同学。（领属）

（你昨天说）的那件事，我们同意了。（范围）

2. 描写性定语

描写性定语对中心语起描写、说明的作用，主要从性质、状态、特点、用途、质料、职业、外貌等方面对中心语加以描写和说明。例如：

姐姐穿了一件（淡紫色）的大衣。（状态）

她是个（可爱）的姑娘。（性质）

他是一个（优柔寡断）的人。（特点）

我要一支（画画）的笔。（用途）

屋子中间是一张（木头）桌子。（质料）

他的哥哥是一名（空军）飞行员。（职业）

（二）状语的语义类型

状语可以从多个方面对谓语中心或全句加以修饰，根据状语与修饰对象之间的语义关系，可以将状语分为限定性状语和描写性状语两个类型。

1. 限定性状语

这种状语主要是从时间、处所、范围、对象、目的等方面对谓语中心或全句进行限定，主要由副词、形容词、介词短语、固定短语等充当。例如：

我们［今天上午］没有课。（时间）

他在［图书馆］自习呢。（处所）

他［居然］考过了六级。（语气）

［幸亏］他没来。（语气）

［为了不影响晓明学习］，爸爸没有告诉他离婚的事情。

（目的）

[就这件事]，咱们还得再商量一下。 （关涉）

你得［向老师］请假。 （对象）

我［比较］喜欢粉色。 （程度）

他［又］来中国了。 （频率）

大家［都］笑了。 （范围）

2. 描写性状语

这种状语的作用是描写或说明。从结构上说，这种状语只跟谓语中心发生结构关系，但从语义上说，其语义指向则有两种：一是指向动作（谓语中心），一是指向动作的发出者（主语）。据此，可以将这种状语细分为两类：①

（1）对动作者进行描写的

这种状语在语义上是描写动作者的，作用在于描写动作者发出动作时的表情、姿态以及心理活动等，充当这种状语的可以是形容词性词语、动词性词语、副词和固定短语。例如：

他［激动］地握着小陈的手："真谢谢你！"。 （形容词）

他们［愉快］地交谈着。 （形容词）

他［怀疑］地看着我。 （动词）

他有些［抱歉］地告诉我这个消息。 （动词）

几个员工［公然］地反对老板的意见。 （副词）

他［私自］撤下了这篇稿子。 （副词）

一群小学生［兴高采烈］地跑过来。 （固定短语）

这个小姑娘［目不转睛］地看着黑板。 （固定短语）

（2）对动作进行描写的

这种状语在语义上是对动作进行描写的，用于描写动作的

① 刘月华等：《实用现代汉语语法》（增订本），商务印书馆，2001年。

方式、状况等，充当这种状语的可以是形容词性词语、动词性词语、象声词、数量短语、名词性词语、情态副词、固定短语等，例如：

手术［顺利］地做完了。（形容词）

我［彻底］忘了这个人。（形容词）

母亲［不断］地催我回去。（副词）

雨［渐渐］小了一些。（副词）

小雨［淅淅沥沥］地下个不停。（象声词）

我的心［砰砰］跳。（象声词）

他［来来回回］地说着一句话。（动词性词语）

他［不停］地搓着手。（动词性词语）

母亲［一把］拉开了妮子。（数量短语）

他［一脚］踹开门。（数量短语）

他［滔滔不绝］地讲了两个小时。（固定短语）

爸爸［斩钉截铁］地说，就这么定了。（固定短语）

（三）定语后“的”的隐现规律

影响定语和中心语之间用不用“的”的因素主要有如下几个。第一，定语的构成，比如：“他送的礼物”／“我爸爸”，谓词性词语做定语一般要加“的”；代词做定语，中心语为亲属称谓时，一般不加“的”。第二，定语或中心语的音节数，比如：“老朋友”／“慌里慌张的样子”，单音节形容词做定语一般不加“的”；双音节以上形容词做定语时一般要加“的”。再比如：“野地的花”／“战地黄花”，双音节名词做定语，中心语为单音节时，一般要加“的”；中心语为双音节时，一般不加“的”。第三，定语与中心语的语义关系，比如：“十几斤西瓜”/“十几斤的西瓜”，限定性数量短语做定语不加“的”，描写性数量短语做定语要加“的”。具体情况如下。

1. 一般需要用“的”的情况

（1）动词或动词性短语做定语

坐的椅子　用过的电脑　孩子玩儿的球　他送的礼物

（2）双音节以上的形容词或形容词短语做定语

白白的墙　幸福的感觉　慌里慌张的样子　很不友好的态度

（3）表领属、时间、处所、范围等意义的词语做定语

朋友的房子　最近的事儿　院子里的鸡窝　工作上的难题

（4）描写性数量短语做定语

七十多岁的老人　十几斤的大西瓜　一米九的个子

（5）双音节名词做定语，中心语为单音节名词

明天的课　大海的风　北极的冰　野地的花

2. 一般不需要用“的”的情况

（1）人称代词做定语，中心语为亲属名词

我爸爸　他爷爷　你姐姐　咱叔

（2）复数代词做定语，中心语为表人或单位的名词

我们老师　他们领导　你们学校　你们公司　我们国家

（3）单音节性质形容词做定语

老朋友　新电脑　旧房子　小个子

（4）表性质、职业、国籍等意义的名词做定语

石头桌子　网络工程师　足球运动员　中国地图　美国学生

（5）区别词做定语

彩色照片　中式服装　国营商场　中级汉语　法式面包

（6）限定性量词短语做定语

那种说法　这位大爷　两个朋友　一篇文章

有时候，加或不加“的”，语义不一样，例如：

中国的朋友很多。/ 他有很多中国朋友。

她是英雄的母亲。/ 她是一位英雄母亲。

（领属）　　　　　　（性质、属性）

（四）状语后“地”的隐现规律

影响状语和中心语之间用不用“地”的因素主要有以下几个。第一，状语的构成，比如：“经常迟到”/“战战兢兢地说”，副词作状语一般不加“地”，熟语做状语一般要加“地”。第二，状语的音节数，比如：“快走”/“奇怪地看”，单音节形容词做状语一般不加“地”，双音节以上的形容词做状语一般要加“地”。第三，状语的语义指向，比如：“自信地说”/“满满地盛了一碗饭”/“成功（地）发射”，双音节形容词做状语，语义指向动作的发出者（主语）时，一般要加“地”；语义指向动作的对象（宾语）时，一般要加“地”；语义指向动作行为时，“地”可加可不加。具体情况如下。

1. 一般要用“地”的情况

（1）形式复杂的形容词（双音节、多音节、重叠式）做状语，语义指向主语（人），用来描写人的情感或神情

奇怪地看着他　自信地说　大大方方地唱起来

（2）形式复杂的形容词（双音节、多音节、重叠式）做状语，语义指向宾语（物），用来描写事物的状貌

圆圆地画了一个圈　　清清楚楚地写下自己的名字

热热地沏了一杯茶　　满满地盛了一碗饭

（3）熟语做状语

兴高采烈地跑出去了　夜以继日地工作　战战兢兢地说

2. 一般不用“地”的情况

（1）单音节形容词做状语

快走吧　　早来了

（2）副词做状语，修饰限定动作行为的时间、频率、范围、方式等

经常迟到　曾经去过　也许来　刚走　渐渐（地）喜欢

3. 可用可不用“地”的情况

（1）双音节形容词做状语，语义指向动作行为

成功（地）发射　　强烈（地）感受到

认真（地）学习　　仔细（地）研究

（2）数词“一”组成的数量短语重叠式做状语

一个一个（地）说　　一门一门（地）考

（五）状语的语序

状语的语序可以有两种：一种是位于谓语中心之前（主语后），一种是位于句首（主语前）。大多数状语只能位于主语后，少数状语只能位于主语前，还有的状语既可以位于主语前，又可以位于主语后。决定状语所处位置的因素，主要是充任状语的词语的功能和词性。①

1. 只能位于主语前

这主要是由“关于”“至于”等介词构成的介词短语，属

① 刘月华、潘文娱、故韡著：《实用现代汉语语法》，商务印书馆，2012 年。

于限制性状语。例如：

[关于派谁去的问题]，我们下次再讨论。

[在月底以前] 你一定要给我一个答复，[至于同意还是不同意]，那是你的自由。

2. 只能位于主语后

只能位于主语后的状语，包括绝大多数描写性状语，以及一部分限定性状语。例如：

小猫 [懒洋洋] 地躺在沙发上。（形容词，描写动作者）

他 [大摇大摆] 地走了。（固定短语，描写动作者）

我 [暗暗] 替他捏了一把汗。（副词，描写动作者）

他 [怀疑] 地看着我。（动词，描写动作者）

玛丽 [草草] 收拾了书本，离开教室。（副词，描写动作）

小琴正 [暗自] 伤心呢。（副词，描写动作）

妈妈 [一把] 拉过贝贝。（数量短语，描写动作）

他们 [夜以继日] 地忙碌了十几天。（固定短语，描写动作）

上述状语都是描写性的。描写性状语只有极个别的可以位于主语之前。例如：

[慢慢地]，她不再那么抗拒大家的关心。

[像只燕子似的]，她轻快地滑进舞池。

限制性状语中也有一些只能位于主语后的，包括部分副词和由“把、被、将、叫、让、给、替、离”等介词构成的介词短语。例如：

天 [已经] 黑了。（时间副词）

他们班 [一共] [只] 有四个男生。（范围副词）

这里的天气 [很] 冷。（程度副词）

时间 [往往] [比我们想象的] 快。（频率副词，介词短语）

我［没］听说过这样的事情。（表示肯定、否定的副词）

孩子们［都］［把她］当作妈妈。(范围副词，介词短语)

3. 既能位于主语后又能位于主语前

主要是限定性状语，包括表示时间的状语（时间词及一些副词）、多数介词短语和表示语气的副词。例如：

［昨天］，中国又成功发射了一枚运载火箭。/ 他［昨天］回来的。

［忽然］，一只小狗从草丛里窜了出来。/ 他［忽然］停了下来。

［难道］我们都白干了。/ 你［难道］不知道这个消息?

［渐渐地］，大家都不搭理他了。/ 天［渐渐］黑了下来。

（六）多层定语

体词性偏正短语里，如果包含不止一个修饰语，就会出现多层定语，例如：

他心里有（一股）（说不出来）的（痛苦）的滋味。

多层定语与中心语之间的关系是递加关系，也就是说，几层定语都只跟中心语发生结构关系，是一层一层递加到中心语上面的，几个定语之间不存在结构关系。

1. 多层定语的语序

多层定语的语序是一个比较复杂的问题。学术界关于多项定语顺序的现有研究，大致可以分为两类：一是提出多项定语排序的有关规则；二是列举出常见的语序。前者可以称为定则的研究，后者可以称为定序的研究。

（1）定则的研究

朱德熙（1982）把体词性偏正结构分为粘合式和组合式

两大类。粘合式偏正结构指名词、区别词和性质形容词直接（即不带“的”）做定语的格式。组合式偏正结构包括：（1）定语带“的”的偏正结构；（2）由数量词（或指示代词加量词）做定语的偏正结构；（3）表示领属关系的偏正结构。粘合式偏正结构中的定语可以称为粘合式定语，组合式偏正结构中的定语可以称为组合式定语。当这两种定语在中心语前共现时，组合式定语一定位于粘合式定语之前。①

袁毓林（1999）从充当定语的词语的语义聚合出发，提出多项定语的顺序是“对立项少的定语位于对立项多的定语前”。②

刘月华等（2001）把定语分成限制性定语和描写性定语，限制性定语是从数量、时间、处所、归属等方面对中心语加以限制的定语，其作用主要是指出中心语所表示事物的范围。描写性定语是从性质、状态、特点、用途、质料、职业、人的穿着打扮等方面对中心语加以描写的定语。该书认为，限制性定语总是先于描写性定语。③

王远杰（2008）根据定语在名词短语中作用的不同，把定语槽（slot）分为三类：定位槽、定量槽和定类槽。定位槽位定语的作用是给核心名词所表示的事物定位，即确定指称；定量槽位定语的作用是给核心名词所表示的事物定量，即确定数量；定类槽位定语的作用是给核心名词所表示的事物定类，即确定类属。三种定语槽位上的定语的语序为：定位槽>定量

① 朱德熙：《语法讲义》，北京：商务印书馆，1982 年。

② 袁毓林：《定语顺序的认知解释及其理论蕴涵》，载《中国社会科学》，1999 年第 2 期。

③ 刘月华等：《实用现代汉语语法》（增订本），商务印书馆，2001 年。

槽>定类槽。（“>”意为“先于”）[1] 如：

（昨天）（桌子上）（他）（那）	（三个）	（大）（瓷）	杯子
定位	定量	定类	核心名词

李先银（2016）指出定语的典型功能是帮助名词实现精确指称，而语言形式和指称效果之间具有比较固定的对应关系，不同的定语形式可以实现不同的指称效果。文章从表达出发，将目标指称的类型划分为“定指”和“不定指”两大类型。定指又包括“类指”和“特指”两类；不定指又包括“泛指”“虚指”和“任指”三类。从各种定语形式实现目标指称的功能来看，性质定语实现类指，不定数量定语实现不定指，指量定语和参照定语[2]实现定指。汉语多项定语的顺序由该单项定语与中心名词形成的定名组合实现的指称效果决定，定指定语先于不定指定语，不定指定语先于类指定语。具体地说，中心名词 N 前有多项定语 A、B 和 C，如果（A+N）是定指的，（B+N）是不定指的，（C+N）是类指的，那么形成的序列就是：A>B>C+N。由于定语的指称类型和定语的语法形式之间形成了比较固定的关系，因此从语法形式上看，多项定语的顺序是：参照>数量>性质+中心词。[3]

（2）定序的研究

陆丙甫（1988）根据定语的语义类型，将多项定语排序

---

① 王远杰：《再探多项定语“的”的隐现》，载《中国语文》2008 年第 3 期。

② 参照定语以已知确定的物体、人、事件、时间或地点做参照物，给与之关联的物体定位，如：“教室前面的黑板”中的“教室前面”就是参照定语，“昨天的馒头”中的“昨天”和“昨天打我的两个人”中的“昨天打我”也是参照定语。

③ 李先银：《定名组合的指称功能与汉语多项定语的顺序》，载《语言与翻译》2016 年第 1 期。

为：时间>形体>颜色>质料和功能。①

张敏（1998）根据概念距离得出多项定语的顺序：情状>新旧>形体>颜色>质料>功能。②

陆庆和（2006）提出多项定语的几种常见语序：③

A. 表示领属的定语+指示代词+（数词）+量词+表示性质的定语+中心语

（妈妈）的（那件）（新）毛衣谁都说好看。

（公司）的（这些）（重要）资料一定要保管好。

B. 表示地点的定语+指示代词+（数词）+量词+中心语

我想找（住在二楼）的（那个）女孩儿。

（天安门南面）的（那个）纪念碑就是人民英雄纪念碑。

C. 表示来源的定语+指示代词+（数词）+量词+表示性质的定语+中心语

你看到（我从学校拿回来）的（那几本）小说了吗？

（在上海买）的（那瓶）（高级）香水放在桌子上了。

D. 表示动作者的定语（主谓短语）+指示代词+（数词）+量词+表示性质的定语+中心语

（他画）的（那两幅）（山水）画都卖出去了。

（我写）的（那篇）（有关古代史）的论文终于发表了。

E. （指示代词）+（数词）+量词+表示性质/状态的定语+中心语

去国外旅游是（一件）（十分高兴）的事。

---

① 陆丙甫：《定语的外延性、内涵性和称谓性顺序》，载《语法研究和探索》（四），北京大学出版社，1988 年。

② 张敏：《认知语言学与汉语名词短语》，中国社会科学出版社，1998 年。

③ 陆庆和：《实用对外汉语教学语法》，北京大学出版社，2006 年。

教室里走进来了（个）（穿着漂亮衣服）的（女）学生。

2. 多层定语结构中“的”的分布

关于多项定语结构中可以出现几个“的”，黄忠廉、许萍（1997）认为，偏正结构中即使定语再长，“的”的数量最多不能超过三个，最好只使用一个。[①] 也有研究者指出，受语言经济性原则制约，多项定语中一般只出现一个“的”，出现两个以上“的”的情况较少。那些出现多个“的”的句子要受到一定的句法限制，定语往往由多个短语组成。[②] 如：

他集古典、芭蕾、现代舞的优点于一身，逐渐形成了（他为之追求）的（融各家之长）的（中国气派）的艺术风格。

爱国主义其实就是（千百年来固定下来）的（自己对祖国）的（一种）（最深厚）的感情。

（爸爸好不容易买来）的（珍藏了好久）的（最昂贵）的红酒今天终于打开了。

因此，在多项定语中，用一个“的”字是最明显的倾向。

关于多项定语结构中“的”更倾向于出现在哪项定语之后，一直以来都是汉语语法学界的一个难题，这主要是由于影响多项定语中“的”分布的因素较多，既有句法因素，也有非句法的音节、语义、语用、篇章等因素。

张敏（1998）认为，在汉语多项定语的语序序列上，越靠右边的定语，“的”隐去的可能性就越大；越靠左边的定语，“的”（或其他间隔成分）出现的可能性就越大。例如

① 黄忠廉、许萍：《汉译偏正结构中“的”字最佳用量探析》，载《修辞学习》1997 年第 6 期。

② 乔娟：《现代汉语多项定语语序问题研究》，上海师范大学硕士学位论文，2012 年。

“大瓷的杯子”不能说，而“大的瓷杯子”能说。[①]

陆丙甫（2005）则认为，多项定语位置越是靠后，带“的”的可能性越大。例如：“＊那三个昨天杯子”、“那三个昨天的杯子”中“昨天”位置靠后，不带“的”不能说；在“昨天那三个杯子”、“昨天的那三个杯子”中，“昨天”位置靠前，不带“的”能说。[②]

王远杰（2008）除根据定语在名词短语中的不同作用把定语分为定位定语、定量定语和定类定语三类，并将三种定语的语序描述为“定位>定量>定类”以外，还区分了多项定语的无标记语序和有标记语序，指出同一定语成分出现于不同位置时，处于无标记语序位置更易不带“的”，处于有标记语序位置更易带“的”。比如，时间成分处于定位槽位是无标记语序，对“的”可选；处于定类槽位是有标记语序，必须带“的”。见下例：

a. 昨天那三个杯子　　b. 昨天的那三个杯子

c. ＊那三个昨天杯子　　d. 那三个昨天的杯子

再比如下面的几个例句：

a. 那三个大苹果　　b. 那三个大的苹果

c. 大的那三个苹果　　d. ＊大那三个苹果

“大”处于定类槽位是无标记语序，可带“的”也可不带“的”，更倾向于带“的”；当“大”处于定位槽位时就是有标记语序了，必须带“的”。[③]

---

① 张敏：《认知语言学与汉语名词短语》，中国社会科学出版社，1998 年。

② 陆丙甫：《“的”的分布及其基本功能和派生功能——从描写性到区别性再到指称性》，首都师范大学 2005 年 12 月讲座讲义（未刊）。转引自王远杰：《再探多项定语“的”的隐现》，载《中国语文》2008 年第 3 期。

③ 王远杰：《再探多项定语“的”的隐现》，载《中国语文》2008 年第 3 期。

乔娟（2012）从“距离相似性”“语义详密度”和“语境”等几个方面分析了多层定语中“的”的分布规律。根据距离相似性原则，定语和中心语的概念距离会体现在它们的形式距离上，即：概念距离较远的定语和中心语形式距离也较远；反之，概念距离较近的定语和中心语形式距离也较近。而概念距离越远的两个成分，结构也越是松散，越容易在它们中间加入“的”。简单地说，带多项定语的结构中，在第一层定语与后面的部分之间更容易加“的”，换句话说，“的”倾向于出现在第一层定语之后。如：

大瓷杯子　　大的瓷杯子　　＊大瓷的杯子

小白猫　　小的白猫　　＊小白的猫

定语在语义上的详密度也对“的”的分布有一定影响：“的”倾向于和详密度较高的定语成分共现。其深层的认知基础是：语言成分详密度越高，说明说话者或者作者更愿意让受话者注意到这些内容，也就是说，这些内容属于被强调的内容。在这些被强调的内容后面加“的”，实际上是达到强调目的的一个手段。“的”是最常用的强调定语成分高详密度的标记手段之一。这些被强调的内容，在语言形式上往往采用短语或状态形容词等相对复杂的成分，如下面的例子：

一件衣服　　八百元的衣服　　八百元一件的衣服

学校的新老师　学校新来的老师　＊学校的新来老师

树林里的木头房子　树林里木头做的房子　＊树林里的木头做房子

语境对多项定语中“的”的分布作用也是很明显的，如下例：

我不要篮子里小的苹果，我要大的！

我们班新的同学请到讲台上来，老的同学不要上来。

从上面的例子可以看出，当语境要表现的是强调和区别的含义时，被强调和区别的成分后面会出现“的”，这甚至突破了距离相似原则和高详密度优先的原则。①

（七）多层状语

在一个谓词性偏正短语里，也可能包含不止一个修饰语，这时就会出现多层状语，例如：

你［要］［像个朋友似的］［跟人家］［好好］谈谈。

多层状语与中心语之间的关系也是递加关系，也就是说，几层状语都只跟中心语发生结构关系，是一层一层递加到中心语上面的，几个状语之间不存在结构关系。

汉语语法学界对多层状语语序的研究远不如多层定语那么丰富和有成效。刘月华（1983）较早关注这一问题。她在文章中指出，多项状语的语序与充任状语的词语的类别没有直接关系，而与状语所表示的语法意义及在句中的作用有关。该文把状语分为描写性的和非描写性的两类：描写性状语是描写动作行为或变化的方式、状况以及动作者动作时的情态的；非描写性状语是说明动作行为、变化或事情发生的时间、处所、范围、程度以及对象等等的，一般具有限制作用。描写性状语又可分为两类，一类是描写动作者的，如“他激动地说”中的“激动”；另一类是描写动作、变化本身的，如“观众们热烈地鼓掌来表示欢迎”“天慢慢地暗了下来”中的“热烈”和“慢慢”，这类状语在句中一般紧挨着动词。非描写性状语又

① 乔娟：《现代汉语多项定语语序问题研究》，上海师范大学硕士学位论文，2012 年。

可以分为以下六种：（1）表示时间；（2）表示语气；（3）表示目的、依据、关涉、协同；（4）表示处所、空间、路线、方向；（5）表示对象；（6）表示否定、程度、重复、范围、关联等。其中，表示时间的名词以及表示时间、处所、空间、目的、依据、关涉等的介词短语可以出现在主语的前面。表示对象的介词短语，除了一部分与形式动词一起用的“对”“对于”等介词组成的介词短语外，大多要放在主语的后面。[①]

潘国英（2010）对现代汉语的状语进行了层级分类，首先将所有状语分为“外围性状语”和“内在性状语”两个大类，[②] 然后将内在性状语内部分出“认定性状语”和“描写性状语”两类，[③] 再将描写性状语分为“情状性状语”和“动状性状语”两类，[④] 最后将“动状性状语”分为“方式性状语”和“特征性状语”两类。[⑤] 文章将各类状语的排列顺序概括为：外围性状语>认定性状语>情状性状语>方式性状语>特征

---

① 刘月华：《状语的分类和多项状语的顺序》，载《语法研究和探索》（一），北京大学出版社，1983 年。

② 外围性状语与内在性状语相对，二者的划分是根据位置分布和功能。如果以主语（S）为形式界点，可位于 S 前的是外围性状语，只能位于 S 后的是内在性状语。从功能上来看，外围性状语往往修饰后面的整个句子，在语义上有包容、限制或连接关系，有的甚至在语义上关联上一个句子或语篇。内在性状语包含在谓语中，从情状、方式、时地、范围等方面修饰谓语中心。

③ 认定性状语对谓语动词进行认定和限制，主要有两类：一类是具有［+程度］［+重复］［+否定］［+评价］［+时间］［+范围］等语义特征的状语，在范围、程度等量度上限制谓语动词，一般都是由副词充当的；另一类是具有［+评价］［+时间］［+处所］［+关联］［+环境］等语义特征的状语，在时间、语气等方面对谓语动词乃至述题的一种认定和评价，主要由介词短语、时间名词、语气副词等充当。

④ 情状性状语和动状性状语的区分，主要在于语义指向上的差别。情状性状语在语义上指向施动者，动状性状语在语义上指向动作本身。

⑤ 方式类状语和特征类状语之间的区别，主要在于一个重在动态描写，是自由的，即大多带“地”；一个重在性质描写，是黏着的，常常不带“地”。

性状语。但该文也指出，各类状语内部的语序非常复杂。在语言事实中，还存在着很多特殊的用例，甚至还有一些由于语用因素而产生的变序现象，因此要十分精准地用一个序列描写出多项状语的共现语序是不太实际的。文章还提出，制约多项状语语序的基本原则有语义接近原则、范围原则、时间顺序原则、语篇原则和渐增性原则。①

1. 语义接近原则

语义接近原则是指，在功能上、概念上或认知上接近的实体在语码的层面也放得更近，即通常所说的距离相似性。根据语义接近这种语序临摹原则，要求语义上有关联的词项要尽可能地紧挨在一起，或者说在概念空间中语义距离近的词项在语句中的线性距离也相应地较近。

根据语义接近原则，修饰性语言成分是按照其与中心语语义联系的紧密程度来排序的，与中心语语义关系最密切的语言成分一般放在最靠近中心语的位置上，与中心语语义关系不紧密的语言成分则离中心语较远。状语的排序就是这样。状语主要用来修饰谓语动词，其主要的语法意义是表示谓语动词的方式或状态。与认定性状语比较起来，情状性状语、方式性状语和特征性状语这些描写性状语，与谓语动词的关系更为密切，所以更为靠近谓语动词。比如，在“你得早点儿来”这个句子中，认定性状语“得”位于描写性状语“早点儿”之前。在三种描写性状语中，情状性状语是描写施事主语的伴有情貌和状态的，在语义上更接近施事主语，所以在空间位置上也就更靠近主语（靠前）。特征性状语往往表现动作的性质和类

① 潘国英：《现代汉语状语语序研究》，华东师范大学博士学位论文，2010年。

属，在语义上和动词最为密切，反映出动作的最典型的区别性特征，所以紧挨动词而成为贴身状语。比如，在“战士们向阵地猛冲”这句话中，方式性状语“向阵地”位于特征性状语“猛”之前。[+关联]、[+关涉]、[+评价]、[+环境]、[+时间]、[+处所] 等外围性状语之所以常常位于句子的开头，就是因为这些状语或表示对整个命题的主观评价和判断，或表示动作或事件发生、进行的背景，与表现动词状态、方式的核心意义相去甚远。比如“他显然对这一切都无能为力”，这句话也可以说成“显然他对这一切都无能为力”，其中外围性状语“显然”位于方式性状语“对这一切”和限制性状语“都”之前。

2. 范围原则

范围原则是指，语义统辖范围大的语言成分往往排在语义统辖范围小的语言成分之前。否定副词“不”的语序范围最能反映出范围原则。“不”的位置一般在 [+评价]、[+时间] 状语之后，在 [+方式] 状语之前，因为 [+评价]、[+时间] 等与全句模态、时态有关的成分，管辖的范围较宽，一般都管辖整个命题，所以往往处在“不”的前面；而 [方式] 状语是直接和谓语动词相关的成分，管辖范围也仅限于此，因此一般出现在“不”后面。如“他从来不用这种口吻跟妈妈说话”，“不”位于时间状语“从来”之后、方式状语“用这种口吻”和“跟妈妈”之前。表示时间、处所、条件、原因、目的、关涉等的介词短语，由于管辖范围常常涉及整个小句或篇章，所以常位于句首。

3. 时间顺序原则

时间顺序原则是指，语言结构单位的顺序跟人们概念、经验结构的时间顺序之间存在着相似关系，语言单位的排列顺序映照出它们所表达的客观存在或事件发生的先后顺序。汉语状语的语序，也体现出时间顺序的相似性原则。这种语序多是遵从时间和事理逻辑的先后进行排列。如：

我狂怒地挥起铁锹，［用尽全身力气］把他眼前的一棵小树［咔嚓一下］砍下半截。(中杰英《罗浮山血泪祭》)

从事理上来说，先“用尽全身力气”，然后才会有“咔嚓”声，这两层状语的排列顺序遵循了时间顺序原则。

4. 语篇原则

语篇原则是指，在语篇上有篇章接应功能的状语一般会尽可能地排在前面。语篇接应有句外接应和句内接应两种。表示［+关联］［+评价］［+关涉］［+环境］等语义的状语都有承接上句、开启下句的功能，甚至很多时候可以接应语篇，属于句外接应，这些状语就会居于句首位置。如：

常言道：“谈虎变色”，望虎生畏。在人们心目中，老虎一直是危险而凶狠的动物。［然而］，在正常情况下东北虎一般不轻易伤害人畜，反而是捕捉破坏森林的野猪、袍子的神猎手，而且还是恶狼的死对头。(《中国儿童百科全书》)

具有句内接应功能的状语一般都位于主语后，属于内在性状语。在内在性状语中，具有句内接应功能的状语会尽可能地排在前面。例如：

当我抱着最后试试看的想法来到总医院时，他们非但不要抵押金，［还］马上组织抢救，仅输血医院就替我花了1765元钱，大夫、护士知道我穷，还给我捐款捐物。(《人民日报》1996年10月)

当几个［+关联］状语连用时，同样是遵循语篇原则，接应句子或更大的篇章的状语排在前，接应分句的状语排在后。如：

他知道近来四小姐和范博文好像很投契。这是他不许可的！于是暴躁的第二个浪头又从他胸间涌起。［然而］他［却］［又］转脸去看少奶奶。靠在藤椅背上的吴少奶奶仰脸迷惶地望着天空的星。（矛盾《子夜》）

5. 渐增性原则

状语也是述谓性成分，因此其表述中有语义、语气逐步强化的要求。这种渐增性主要表现在语义由弱到强的递增顺序和音节数量由少到多的排列顺序。

（1）语义的递增和强化，如：

科学知识都是由浅而深，由近而远，由简单而复杂，由低级而高级，一步一步发展起来的。（高士其《给青少年的一封信》）

如果老太太说“听不懂”，白居易就一遍、两遍、三遍以及若干遍地修改，直至老太太听懂了为止。（白润生《白居易改稿》）

（2）音节的数量增加，如：

它坚定、准确地 、联系实际地宣传党中央一系列方针政策。（石西民《火红的岁月》）

中国的革命的文学家、艺术家，有出息的文学家、艺术家，必须到群众中去，必须长期地、无条件地、全心全意地到工农群众中去。（毛泽东《在延安文艺座谈会上的讲话》）

第八章

句型教学知识

第一节　句型教学概说

一、句型教学的重要性

在第二语言语法教学中，句型教学占有重要地位，这主要有以下两个原因。

第一，句子是语言中最基本的交际单位，掌握一种语言的句子类型，是语言学习的重要内容。

第二，句型集中体现了语法的概括性和生成性，掌握好句型，可以使语言学习收到事半功倍的效果。

正因为如此，很多第二语言教学法流派都非常注重句型的教学，有的教学法甚至将句型教学的重要性提到至高无上的高度。比如，“听说法”又叫“句型法”，强调通过反复的句型操练培养口语听说能力。

有些以常用句型为主体的语言教材，对于训练学习者的口语起到了很好的作用，成为很受欢迎的教材，比如《英语900句》《汉语会话301句》等。

二、汉语作为第二语言教学句型归纳的原则

汉语本体研究中，人们按照一定的标准归纳出汉语的句型系统。汉语作为第二语言教学中所涉及的句型系统，与本体研究中归纳出来的句型系统不完全一样。比如，本体研究中一定会涉及“无主句”这样的概念，也会提到其下位类型，但是在汉语作为第二语言教学中，一般不会将“无主句”作为一种句型来教给学生。相反，在本体研究领域一般不会涉及的“连”字句、“V你的（N）”等句式，然而这些句式却是汉语作为第二语言教学中必讲的内容。那么，我们到底应该把什么样的句子纳入汉语作为第二语言教学的句型系统，作为句型教学的对象呢？这个问题涉及汉语作为第二语言教学句型归纳的原则。

归纳汉语作为第二语言教学句型系统的原则，与本体研究领域归纳句型的原则是不一样的。汉语作为第二语言教学由于其教学对象的特殊性，基本句型的确定角度、抽象程度以及研究方法都应具有自身特点。一般来说，在汉语本体研究领域，归纳句型往往追求较强的概括力，这样归纳出的句型抽象程度高，概括力强，受到的语境限制较少。但在汉语作为第二语言教学领域，对句型的归纳并不一味地追求较强的概括力，而是更看重对学习者是否有用，以学习者的需要为标准，追求相对的概括性。比如下面的这些句型，概括力都不是很强，但在口

语中较为常用，对于学习者来说是“有用”的句型，就应该纳入汉语作为第二语言教学的句型系统。

“V你的（N）”句式（看你的书！别管我们。/吃你的！/看你的电视！）

“我让你VP”句式（我让你不听话！/我让你不好好学习！）

“V1着V1着……V2……”句式（她说着说着，哭了起来。）

“X归X，……”句式（生气归生气，我还是帮了他的忙。）

“别NN的”句式（你们可别主任主任的，我姓刘，大家就叫我小刘吧。/别大哥大哥的，谁是你的大哥？）

“V_1（O）的V_1（O），V_2（O）的V_2（O）”句式（扫地的扫地，擦窗户的擦窗户。/大家割的割，捆的捆，很快就把50亩地的麦子收割完了。）

“X就X在……”句式（他错就错在不懂经营。/小王聪明就聪明在会借鸡生蛋。）

“X是X，Y是Y”句式（你是你，我是我。/人情是人情，生意是生意。）

“V着也是V着，（不如）……”句式（我最近闲着也是闲着，不如去你的店里帮帮忙。/这些书放着也是放着，你拿去看吧。）

“爱V不V”句式（他不理你？爱理不理！/就这饭，你爱吃不吃。）

“NP+V_1也V_1了，V_2也V_2了，……”句式（你说也说了，打也打了，还要怎么样？/你吃也吃了，喝也喝了，总该走了吧？）

“一VV了+数量词语”句式（她一买买了一大堆。/一说说了两个小时。）

“还N/VP呢”句式（还教授呢，连这都不知道。/连陪我看电影都不愿意，还说爱我呢。）

上面这些句式基本上都属于动词谓语句的下位句型，概括力相对较低，但因为口语中常用，具有一定的实用价值，所以也应该作为汉语作为第二语言语法教学的内容。

卢福波（2005）指出，对外汉语教学基本句型的确立主要应该依据学习者的实际需要，因此实用性原则当为根本原则。① 该原则主要体现在以下方面：

1. 常用性

常用性体现在频率、范围和时代三个方面。

（1）从使用频率来看，汉语作为第二语言教学的基本句型应该是在日常话语中使用频率较高的句型。常用性要以使用率为依据。受学习者学习目的、教学时间等因素的制约，我们不可能将所有句子类型都教授给学习者，只能将常用句型列为基本句型。卢福波（2005）以百万字当代小说、电视剧等为语料，进行了部分句型使用频率的调查，发现下面的两种“把”字句在日常话语中所占比例很低。

A. 主+把+宾+动+着+宾　（她把那面镜子对着自己）

B. 把+个+宾+动+了　　　（把个孩子丢了）

根据统计数据，A类句型仅占“把”字句总数的0.4%，B类句型的占比则为零，可见这两种句型的使用频率极低，不符合常用性原则，应该被排除在基本句型之外。

① 卢福波：《对外汉语教学基本句型的确立依据与排序研究》，载《语言文字应用》2005年第4期。

（2）从使用范围来看，汉语作为第二语言教学的基本句型应该具有使用上的普遍性。我们归纳出来的基本句型，应该是各种文体、各种人群、各个地方都在使用的常用句型，尤其应该注意兼顾口语语体与书面语体。

（3）从使用年代来看，汉语作为第二语言教学的基本句型应该是当代常用的句型。汉语作为第二语言教学的基本句型应该具有现实性，是当代社会常用的句型。为避免时代差异对句型确定产生不利影响，语料调查应选用当代语言资料。

2. 规范性

教学语法追求稳妥性和规范性，一般只将那些已经得到广泛认可的形式纳入语法系统。一些新产生的语言形式，可能在部分人群或某个特定语用环境（如广告）中拥有一定的使用率，但当其还没有成为普遍使用的语言形式，或者还没有被认定为规范形式时，就不应该被列为基本句型。比如“adv. +N”形式（程度副词修饰名词，如：“很阳光”“够海洋”）就不是一个被广泛认可的结构格式，不宜列入基本句型。

3. 概括性

确立汉语作为第二语言教学句型系统时，也应该适当考虑所列句型的概括性，使归纳出的句型具有一定的典型性和代表性，能够涵盖一定数量的具体语句，学习者掌握了这些句型，可以举一反三，衍推其他。

4. 针对性

确定基本句型时，还应该考虑学习者的需要，将那些最有学习价值的句型确立为汉语作为第二语言教学的基本句型。在归纳句型时应该考虑：句型中哪些部分是最容易出问题故而最应突出的，句型要抽象到什么程度才既符合概括性，又便于学习者理解和掌握，等等。

三、汉语作为第二语言教学句型系统

对句型的归纳可以分别从结构、语义、语用等不同角度进行。从结构角度归纳句型，侧重句子部件的结构形式，可以归纳出“主谓句”“主谓宾句”等句型；从语义角度归纳句型，侧重句子部件之间的意义关系，可以归纳出“施事+述语+受事”“受事+述语+施事”等句型；从语用角度归纳句型，则侧重句子在实际语境中的交际功能，可以归纳出“陈述句”“说明句”“感谢句”“道歉句”等句型。无论从哪个角度进行句型归纳，都可以归纳出一个庞大复杂的句型系统。

在归纳汉语作为第二语言教学的句型系统时，应该兼顾不同角度，这样确立的句型系统才最有利于学习者对汉语句型的掌握。例如，从结构出发，我们可以从汉语句子中提取出“S+状+V+（时态）”这样一种句型，但这样的提取显然还不够，因为仔细观察我们可以发现，这一句型中主语（S）和动词（V）之间的语义关系实际上有两种情况：一为“受事—动作”；二为“施事—动作”。如下例：

A. S(受)+状+V+(时态)　　信已经发了。

B. S(施)+状+V+(时态)　　他已经走了。

施事、受事属于语义关系的对立，并非结构形式的对立，正是这种语义关系的不同构成了 A、B 两种句型的区别特征。而这种语义区分对于学习者掌握这一句型又是至关重要的，所以我们需要把施受关系不同的句型分列为两个不同的句型，而不宜归为同一个句型。从这个句型的归纳来看，实际上是以结构为主、兼顾语义的。

再比如，“请求句”是从语用功能角度归纳出来的句子类型，这种句型使用频率很高，构句形式上又独具特点，学习者在未能准确掌握其结构特征的情况下，常常会出现偏误，因此有必要将语用功能与结构形式结合起来，以“请”为代表字，单列“请”字句型。

事实上，目前的对外汉语教学语法大纲和语法著作，对句型的归纳也多采取这种兼顾结构、语义和功能的思路。比如，刘月华等《实用现代汉语语法》（增订本）就分别从结构和功能两个角度对汉语的句子进行分类。根据交际功能的不同，将句子分为陈述句、疑问句、祈使句、感叹句和呼应句五类。根据结构的不同，将句子首先分为单句和复句两大类，然后在单句内部再分出主谓句和非主谓句，同时提出“是”字句、“有”字句、连动句、兼语句、存现句、“把”字句、“被”字句等几种特殊的动词谓语句，并且单列出“是……的”句和表示比较的句式。该书所列出的几种特殊的动词谓语句，有的是从结构角度提出的，有的是从语义角度提出的，而“是……的”句和表示比较的句式则主要是从功能的角度提出的。

卢福波（2005）依据大量调查数据及难度分析，借鉴汉语语法学、对比语言学、认知语言学、第二语言习得理论、中介语、偏误分析等理论和方法，遵循实用性原则，以结构为主，兼顾语义和语用，构建了一个可供参考的汉语作为第二语言教学句型系统，详见下页图。① 文章还依据句型习得难易度、句型系统制约性以及句型在实际生活中的使用频率，确定了各种句型的教学顺序。

---

① 卢福波：《对外汉语教学基本句型的确立依据与排序研究》，载《语言文字应用》2005 年第 4 期。

对外汉语教学基本句型分类系统

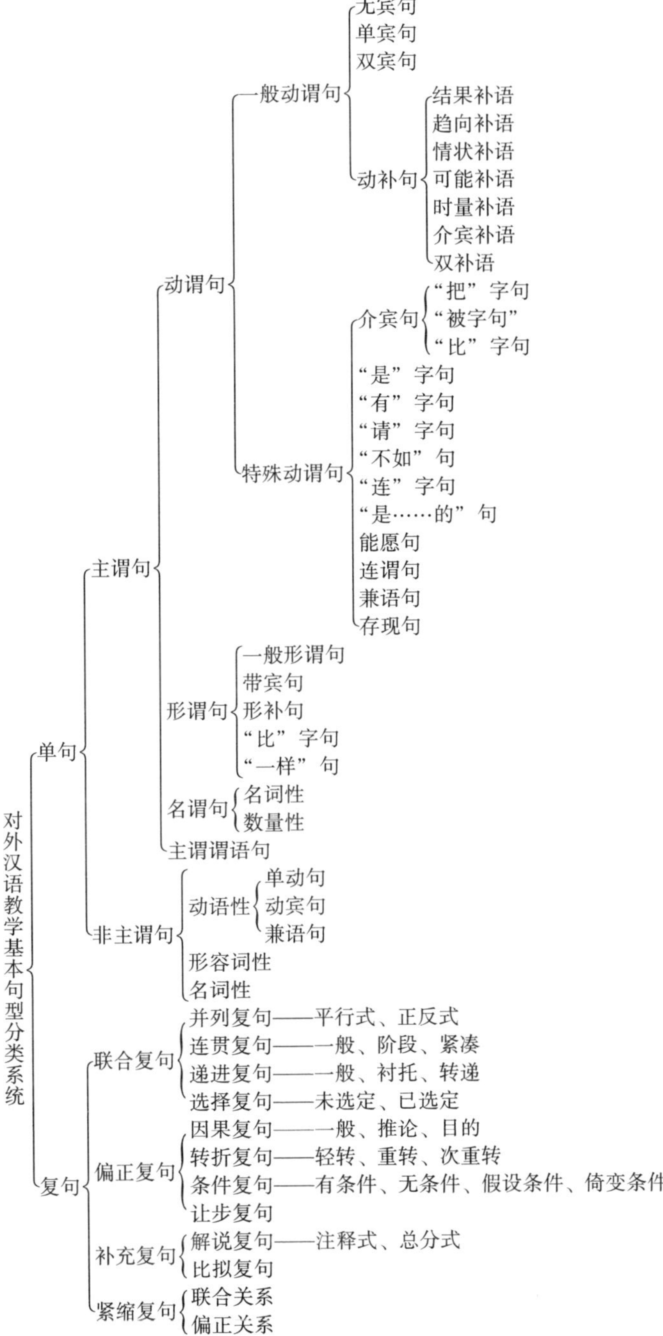

有研究者尝试从一些新的视角来归纳对外汉语教学的句型系统。温云水（1999）提出，无论是目前的句型理论还是句型体系都还存在一些缺陷，并且与对外汉语教学的发展也不适应，需要我们首先弄清原有的句型理论与句型体系的缺陷与不足，在此基础上运用现代语言学理论去建立适应对外汉语教学需要的新型的现代汉语句型理论和句型体系。文章指出，单纯从结构的角度归纳句型存在的一些问题：排除了虚词构成句型的作用，归纳出的句型结构过于空灵而缺乏实际的生成能力，特别是缺乏对句型的交际功能的挖掘和揭示。文章还以“我让你告我！”为例，说明从功能角度归纳句型的必要性。这个句子若单纯从结构角度进行解释，一般会被处理为兼语句，但这样的解释不利于留学生对其句义的理解和掌握。这句话的语境是一个农村干部在殴打一个农民，这个农民向上级告发了他贪污腐败徇私枉法的问题。如果我们只是告诉学生这是一个兼语句，并把兼语句的结构解释给学生，留学生可能会更加困惑：既然是“我”让“你”告的，为什么“我”还要打“你”？但如果我们采用功能主义的理论，把这个句子处理为一种表达惩罚的“施行句”（实施教训、惩罚的言语行为），并且由此归纳出“（我）让/叫你 VP”这样一个新的句型，留学生就更容易理解了，并且遇到同样的语境他也能用这样的句子去表达。文章主张将句型与功能结合起来，着眼于句型的交际功能，同时也要将功能句型化，构建一套对外汉语功能句型体系，并参考英语和日语的功能句型数量，推测汉语常用的功能句型在 400 个左右。① 作者不仅提出这一主张，也做了一些

① 温云水：《现代汉语句型与对外汉语句型教学》，载《世界汉语教学》1999 年第 3 期。

研究实践，归纳出施行句、贬抑句等功能句型，并分析了这两类功能句型的特点及功用。[①] 但总体来看，目前学术界对于汉语功能句型的研究还比较薄弱，离建立一套对外汉语教学功能句型系统还有一段距离。

第二节　“把”字句教学知识

“把”字句历来被视为汉语作为第二语言教学的重点，同时也是一个习得重点。李大忠（1996）指出，外国人学习“把”字句最大的困惑表现在两个方面：第一，不能准确把握“把”字句表达的语法意义；第二，不能正确地掌握“把”字句在实际运用时的句法、语义和语用的限制规则。[②] 具体说来，“把”字句难学的原因主要有以下几个。

第一，学习者母语中没有类似的结构形式。“把”字句是汉语特有的一种句式，在学习者的母语中没有类似的句式，母语与目的语的差异导致“把”字句成为一个习得难点。

第二，“把”字句结构复杂，在组成“把”字句时，需要调整的内容比较多：要选择能够与“把”后名词搭配的动词，要选择动词后面的附加成分，以及动词前面的状语，还要考虑各个部分的语序。因此，稍不注意，就容易出现偏误。如：

＊我把帽子放在你那儿了。(落、忘)

＊他把我的鞋扔下海里。　(进)

---

① 温云水：《试论施行句》，载《天津师范大学学报》1997 年第 4 期；温云水：《论贬抑句与贬抑功能句型》，载《南开语言学学刊》2007 年第 1 期。

② 李大忠：《外国人学汉语语法篇偏误分析》，北京语言文化大学出版社，1996 年。

*我不想把他带着来。(着)

*我把作业没写完。(没)

上面第一个句子的偏误，是因为选错了动词造成的。第二个句子的偏误，是因为误用了动词后面的补语造成的。第三个句子的偏误，是因为在动词后面误加了动态助词“着”造成的。第四个句子的偏误，是因为误将否定词“没”放在“把”之后、动词之前造成的。

第三，“把”字句的表意功能较为复杂，导致学习者搞不清楚什么时候该用“把”字句，什么时候不能用“把”字句。如下面的偏误句：

*我放我的书包在桌子上。

*大家把那些话听见了。

上面第一个句子表示主语通过“放”这个动作使得“我的书包”发生了位置移动，这样的意思必须使用“把”字句表达。第二个句子的动词“听”不会对“那些话”产生任何处置作用，这样的意思不需要使用“把”字句来表达。

一、“把”字句基础知识

“把”字句是谓语部分带有由介词“把”构成的介词短语作状语的动词谓语句。“把”字句的基本结构格式为：(主语)+“把”字短语+VP。其中，“把”字短语是由介词“把”及其宾语共同组成的介词短语，在句中做状语，是谓语的一部分。“把”字短语所修饰的VP（谓语中心）是动词性词语，一般是一个动补结构，有时也可以是状中结构或动宾结构，通常不能是光杆动词。例如：

[把书] 翻开。

他［从自己的座位上］［把挎包］拿起来。

老王［把电脑］修好了。

昨天的大雨［把孩子］淋得大病一场。

昨天他［把自行车］丢了。

我［不小心］［把杯子］打了。

有时候，谓语中心的前面除了有“把”字短语做状语外，在“把”字短语的前后还可以有其他状语，即多层状语，例如：

我已经把作业交给老师了。　　（“把”字短语前面有其他状语）

他把钱往衣袋里塞。　　（“把”字短语后面有其他状语）

“把”字句中的动词通常是带有处置意义的及物动词。大多数“把”字句表示的是施动者主动地、有目的地对宾语加以处置，使宾语改变状态，移动位置，或受到某种影响，或者是说话者要求这样做。

“把”字句中，“把”的宾语一般是名词性词语，有时也可以是动词性短语，甚至是复句形式。例如：

把落实政策当作首要工作来抓。

大婶把春生是怎么走的详细说了一遍。

小芹把她娘怎样主婚，怎样装神，唱些什么，从头至尾细细向小二黑说了一遍。

在大多数“把”字句里，介词“把”的宾语与全句谓语动词之间存在着动宾关系。有时虽然动词和“把”的宾语之间不存在动宾关系，但是动词及其补语与“把”字的宾语之间存在动宾关系。例如：姑娘们把肠子都要笑断了。有些

“把”字句中“把”的宾语是谓语动词的施事，例如：她真不幸，跟丈夫离婚不久，又把个孩子死了。

二、“把”字句的常见偏误[①]

1. 该用“把”字句而未用（回避使用“把”字句）

＊我放我的书包在桌子上。

＊我想换美元……人民币。

＊黑板上写满了字，老师擦干净黑板，然后写上了考试的时间和地点。

2. 不该用“把”字句而用

＊把这件事值得研究。

＊我把中文学得很努力。

＊大家把那些话听见了。

3. 缺漏“把”字

＊请帮我那天的照片给刘老师。

＊他要求我们该付的钱算清楚。

＊好像明天会下雨，咱们索性明天的班级活动改在下星期吧。

4. 动词后缺少补语或补语有误

＊我把房间打扫。

＊我把男朋友的信着急地塞了包里。

① 部分偏误语料来源于下列文献：余文青：《留学生使用“把”字句的调查报告》，载《汉语学习》2000年第5期；刘月华等：《实用现代汉语语法》（增订版），商务印书馆，2001年；魏红：《泰国学生汉语习得的“把”字句偏误分析研究》，云南师范大学硕士研究生学位论文，2004年；陆庆和：《实用对外汉语教学语法》，北京大学出版社，2006年；张宝林：《回避与泛化——基于“HSK动态作文语料库”的“把”字句习得考察》，载《世界汉语教学》2010年第2期。文中不再一一注明。

＊小林把杂志买了。

＊尽量把这些果汁塞在冰箱里。

5. 语序不当

＊我洗干净了把衣服。

＊把这封信急急忙忙地拆开了。

＊我把作业没做完。

三、“把”字句知识拓展

（一）“把”字句的结构类型

“把”字句的结构变化主要体现在 VP 上，句子的其他部分是不变的。对“把”字句的结构分类，主要以 VP 的不同情况为依据。不过，由于不同研究者占有的语料范围不同，加之对“把”字句结构进行分析的视角及分析的细致程度不同，各研究者对“把”字句进行结构分类的结果存在较大差异。吕文华（1994）从 53 万字的语料中搜集到 1094 个“把”字句，根据结构格式的不同，将“把”字句分为十八种类型。[①] 崔希亮（1995）从曹雪芹的《红楼梦》（庚辰本，第 1—80 回）和张贤亮的《男人的一半是女人》两部小说的语料中搜集到 1626 个“把”字句（含“将”字句），根据 VP 的不同情况将“把”字句的类型归纳为两个大类（“把”字句的 VP 为述补结构，或 VP 中包含述补结构；“把”字句的 VP 为其他形式），共九个小类。[②] 李英、邓小宁（2005）将“把”字

① 吕文华：《“把”字句的语义类型》，载《汉语学习》1994 年第 4 期。

② 崔希亮：《“把”字句的若干句法语义问题》，载《世界汉语教学》1995 年第 3 期。

句分为十五种结构类型。①

综合各家的分类结果，我们根据 VP 的不同情况将现代汉语“把”字句的结构格式分为以下十七个类型：

（1）S 把 N_1+V 在/给/到/向+N_2

老师把书放在桌子上。/他把手指插在背心口袋里。/她把水递到我面前。/老李又把他引到原来的思路上。/他把自己的足球票送给别人了。/我们把船划向湖心。

（2）S 把 N_1+V 成/作+N_2

我要把美元换成人民币。/她把学生当作自己的孩子。/几个人把这个厂搞成了一朵花。

（3）S 把 N+V+结果补语（有时动词前有“给”，加强语气）

我把衣服洗干净了。/他把门踢坏了。/请把桌子上的果皮拿开。/他会着凉的，应该把他叫醒。/他把我的照相机给弄坏了。/一阵大风把树给刮倒了。/她把她的母亲给气死了。

（4）S 把 N+V+趋向补语（有时候动词除了带趋向补语外，还带有宾语）

我把钱送过去了。/他把字典拿回宿舍去了。/我先把你的东西送去，再回家。/我已经把字典带回宿舍去了。

（5）S 把 N+V+状态补语

大家把教室打扫得干干净净。/他已经把课文念得很熟了。/一场雨把我淋得浑身湿透。

（6）S 把 N+V+动量补语

他把钱数了好几遍。/请你把事情经过说一下。/你把稿子

① 李英、邓小宁：《“把”字句语法项目的选取与排序研究》，载《语言教学与研究》2005 年第 3 期。

先过一遍。/她把针在头皮上刮了一下。

(7) S把N+A+VP (A为动词前的状语，V通常是动补结构)

你把裙子都弄湿了。/她把台布仔细地擦干净。/她用一块破毛巾把身体仔仔细细地擦干。/我把脸朝这个小人凑上去。/照明弹把地面的一切都赤裸裸地暴露出来了。

(8) S把N+A+V (A为动词前的状语，V是单个动词)

别把垃圾乱扔。/他把钱往衣袋里塞。

(9) S把N+V (一/了) V

请你把情况谈一谈。/请你把教室打扫打扫。/他把钱数了数。

(10) S把N+V了/着 (有时动词前有“给”，加强语气)

我把以前学过的生词都忘了。/我急了，把他给打了。/她把两眼闭着。/我把这件事给忘了。

(11) S把N_1+V+N_2

他马上把好消息告诉了大家。/你们把作业本子给老师了没有？/我们用了一点诡计把一个更夫顶替了婵娟。

(12) S把N + 一+V

他把手一挥，站了起来。/我把被头向下一拽。/他把袖子一挽，进了厨房。/她把日记本往我怀里一塞，哭着跑进里屋。

(13) S把N+V+程度补语

这件事把我急死了。/你可把你爸爸气坏了。

(14) S把N+V+时量补语

父亲把弟弟关了一个小时。

(15) S把N+V (V为包含述补结构的连谓结构)

他们还要把你拉出来批斗。/把我的诗拿出来示众。/他们虽然把你拉去陪杀场……/他把那顶帽子摘下来递给我。/我把手表摘下来交给她。/他们将松树挖出来移植到院子里。

（16）S 把 N+V（V 为双音节动词）

我建议大会把这个提案取消。

（17）S 把 N+VP（VP 为零形式或熟语）

我把你这小蹄子！/你能把我怎么样？/我恨不得把他千刀万剐！

上述各种“把”字句中，第（1）（2）两种是必须使用“把”字句的。这两类句式的语义，如果不使用“把”字句，就不能正确地表达出来。①

关于各类“把”字句的使用频率，研究者们也开展了一定研究。吕文华（1994）统计了各类“把”字句在所有语料中的出现频率，指出表示某确定的事物因动作而发生某种变化、产生了某种结果（结构上表现为动词后面带结果、趋向、状态等补语或动词带宾语）的“把”字句出现频率最高，占 49.8%；其次是表示某确定的事物因动作而发生位置的移动或关系的转移（结构上体现为动词后带有由“在、到、给”等组成的介词短语做补语，如“您把行李放在行李架上吧”）的“把”字句，占 27.8%；再次为表示把某确定的事物认同为另一事物或通过动作使某事物变化为在性质、特征上有等同关系的另一事物（结构上体现为动词后面加“成、作”再带宾语，如“他把机场听成剧场了”）的“把”字句，占

① 参见吕文华：《“把”字句的语义类型》，载《汉语学习》1994 年第 4 期。吕文华认为，表示某确定的事物因动作而发生位置移动或关系转移，以及表示把某确定的事物认同为另一事物或通过动作使某事物变化为在性质、特征上有等同关系的另一事物，这两种语义类型是必须使用“把”字句来表达的。

6.3%；其余类型的“把”字句所占比例都较低。[①]

崔希亮（1995）根据统计结果指出，VP为述补结构或包含述补结构的“把”字句是“把”字句的主体类型，在所统计的“把”字句中占87.4%；VP为其他形式的“把”字句只占12.6%。崔文因此将VP为述补结构或包含述补结构的“把”字句视为“把”字句的典型式。[②]

李英、邓小宁（2005）统计发现，带结果补语和趋向补语的“把”字句合计占50%以上；动词后面加“在、到、给”再带宾语的“把”字句（老师把书放在桌子上）占28%；动词后面加“成、作”再带宾语的“把”字句（我把他看成李老师了）占6.8%；其他类型的“把”字句所占比例都较低。[③]

张伯江（2000）根据缪小放（1991）对十三部老舍作品（660千字）1619例“把”字句以及他对四部王朔小说（405千字）里614例“把”字句的统计，认为谓语形式为动趋式的“把”字句所占比例最大，几乎相当于其他谓语形式数量的总和，居第二位的是谓语为动结式的“把”字句。统计结果见下表：[④]

---

① 吕文华：《“把”字句的语义类型》，载《汉语学习》1994年第4期。

② 崔希亮：《“把”字句的若干句法语义问题》，载《世界汉语教学》1995年第3期。

③ 李英、邓小宁：《“把”字句语法项目的选取与排序研究》，载《语言教学与研究》2005年第3期。

④ 张伯江：《论“把”字句的句式语义》，载《语言研究》2000年第1期。

类型	王朔作品		老舍作品	
	数量	百分比	数量	百分比
动趋类	286	47%	802	50%
动结类	107	17%	291	18%
“~成”类	47	8%	60	4%
给予类	46	7%	94	6%
单动类	45	7%	113	7%
“~得~”类	35	6%	115	7%
动量类	28	5%	55	3%
动宾类	14	2%	59	4%
“~着”类	5	1%	6	0%
总计	613	100%	1595	99%

在崔希亮（1995）的统计结果中，占比最高的第一类“把”字句，包括了吕文华（1994）和李英、邓小宁（2005）所说的动词后面加“在、到、给”再带宾语的“把”字句，崔文将此类“把”字句的VP称为“由介词短语构成的述补结构”。所以，实际上上述各位研究者的统计结果还是比较一致的。概括来看，汉语“把”字句中，使用频率较高的种类有：（1）动词后面带有补语的“把”字句（其中最多的是带结果补语和趋向补语的）；（2）动词后面加“在、到、给”再带宾语的“把”字句；（3）动词后面加“成、作”再带宾语的“把”字句。这些句式应该成为“把”字句教学的重点。

（二）“把”字句的句法限制

1. 动词前后总有别的成分，不能是光杆动词

“把”字句结构上最大的特点是“把”字后面的动词不能是光杆动词，一般都要带其他成分。最常见的是动词后面带有表示动作结果、趋向、动量或状态的补语，其次是动词后面带有“在”“到”“给”等介词短语做补语。有时动词带上宾语

也可以构成“把”字句。有少数动词可以带“着”“了”或重叠后构成“把”字句，或者在动词前面加“一”。

需注意的是，“把”字句里的动词可以带动态助词“着”“了”，但不能带动态助词“过”。如下例：

战士们很快把敌人的武装解除了。

她把头发剪了。

糟糕！我把这事给忘了。

他把会上讨论的聚财的事一五一十告诉了金生。

你把介绍信带着！

他把眼睛瞪着，把嘴张着。

＊我把这种菜吃过。

＊他把你的衣服穿过了。

＊同志们把他批评过。

2. “把”的宾语一般在意念上是有定的

自从吕叔湘先生指出“把”字的宾语必须是“有定”的，不能是“无定”的[①]以后，各种语法论著在谈到“把”字句时，都把这一点看作是“把”字句的重要特点之一。所谓“有定”，指的是“把”的宾语对于说话人和听话人来说都是确定的、已知的。比如，“把茶拿来”跟“拿杯茶来”不一样，使用前者时，茶已经存在于某处，交谈双方都知道说话人要的是哪杯茶；使用后者时，茶可能还不存在，当然不可能是确定的、已知的。即使“把”的宾语中带有“一/几+量词”或“一些”等一般认为是“不定标记”的词语做定语，这个宾语仍然是交谈双方已知和确定的，所以还是确指的。如：

---

① 吕叔湘：《把字用法的研究》，载吕叔湘《汉语语法论文集》，商务印书馆，1984年。

我把一把伞落在出租车上了。

把我墨盒子取出来，取几张红格子白八行书来。

前一句中，无论说话人还是听话人都很清楚落在出租车上的伞指的是说话人的伞。后一句中，交谈双方都知道“红格子白八行书”的所指是什么，也能准确地找到。有时候，“把”的宾语前单独带有一个量词“个”，宾语仍然是有定的，如：

小张把个孩子生在火车上了。

他给老汉挑了两担水，把个老汉感动得简直不知说什么好。

我自倒运，把个女儿嫁与你这现世宝穷鬼。

无论行住坐卧，他总把个脑袋扎在胸坎子上。

吕叔湘先生认为，这类句子中的“个”并不表示其后的名词是无定的，其中一个证据是，当把这些句子翻译成英语时，都不能在“把”的宾语前面加上不定冠词“a”。所以，这种句子中“把”的宾语仍然是有定的。①

不过，也有学者指出，汉语中确实存在“把”字的宾语在意念上为无定的“把”字句。马真（1985）表示，绝大多数“把”字句中“把”的宾语是有定的，但同时也应该承认，在口语中也确有“把”的宾语是无定的“把”字句。②持类似观点的还有宋玉柱（1981）、薛凤生（1987）等。下面是薛凤生（1987）所举的“把”字句的宾语在意念上为无

---

① 吕叔湘：《把字用法的研究》，载吕叔湘《汉语语法论文集》，商务印书馆，1984 年。

② 马真：《“把”字句补议》，载陆俭明、马真《现代汉语虚词散论》，北京大学出版社，1985 年。

定的例子：

现在有人把书法讲得未免太死板了。

真正把书读进去，就越读越有意思。

美洲没有马，后来西班牙人才把马运到美洲去。

这家伙不把人当人看。

薛凤生（1987）认为，“把”字后面的词语不应被视为动作的宾语，而应看作“把”字句的主题，而“定指”并不是主题的必然属性。① 虽然主题为定指的“把”字句比较常见，但“主题”与“定指”毕竟是两个不同的概念，二者不必统一，所以这样的“把”字句都是合格的。

3. “把”字介词短语和动词之间一般不能加入能愿动词和否定词

“把”字句中的状语，有的只能放在“把”字前面，如：他［突然］把门关上了。有的则可以放在“把”字后、动词前，如：他把行李［都］拿走了。状语是放在动词前，还是放在“把”的前面，与状语的语义指向有关。具体来说，如果状语的语义指向主语或整个“把+宾+动”结构，必须放在“把”的前面。这类状语有助动词、时间名词、否定副词、时间副词、语气副词、频率副词、情态副词以及一些形容词，例如：

我［从来］［没］把她当作我的恋人，［只］把她当作我的妹妹。

老人［常］把钥匙忘在家里。

如果状语的语义指向宾语，一般放在“把”后面的动词

---

① 薛凤生：《试论“把”字句的语义特性》，载《语言教学与研究》1987 年第 1 期。

前。如：

她故意把门［砰的一声］关上了。

今天不把活儿［全］干完，就别想回家。

他把行李［都］拿走了。

如果状语的语义指向谓语动词，则放在“把”前和动词前均可。如：

你能不能把声音［稍微］压低一点儿？

大家把手上的活儿［暂时］放一放。

（三）“把”字句中动词的选择

不是所有的动词都能够进入“把”字句。崔希亮（1995）根据对 2167 个动词的考察发现，只有 63%的动词可以出现在“把”字句的 VP 中。①

那么，什么样的动词能够用于“把”字句？什么样的动词不能用于“把”字句呢？对于这一问题，研究者们从不同的角度出发进行考察，得出的结论并不一致。有的认为表示处置义的动词才能用于“把”字句（王力 1954；吕叔湘 1984；马真 1985）；有的认为只有及物动词才能进入“把”字句（王惠 1992）；有的认为能进入“把”字句的是动态动词，静态动词不能用于“把”字句（崔希亮 1995）；有的认为能够用于“把”字句的动词大多是自主动词，不能用于“把”字句的动词大部分是非自主动词（金立鑫 1997）。

概括来看，关于能够进入“把”字句的动词的性质，目前共有“表处置义”说、“及物动词”说、“动态动词”说和

---

① 崔希亮：《“把”字句的若干句法语义问题》，载《世界汉语教学》1995 年第 3 期。

“自主动词”说等几种说法。这些说法，虽然有的略显绝对，有的不够全面，但都在一定程度上揭示了“把”字句中动词的性质和特征。相对而言，崔希亮（1995）对“把”字句中动词的描写比以往的研究更为具体细致。他从认知的角度将汉语的动词分为“静态动词”和“动态动词”两大类，共 11 个小类，[①] 详见下表。

静态动态	V_1·存在动词	有，无，堆 b*，桂 b，站 b，摆 b，放 b，停$_{(2)}$……
	V_2·关系动词	是，为，指，像，相同，属于，姓，等于
	V_3·性质动词	讨厌，小心，轰动，热爱，信任，迷信，，……
	V_4·结果动词	出来，成立，发现，获得，分别，到达，批准，通过，……
	V_5·行为动词	帮助，服务，旅行，游泳，指导，祝贺，压迫，……
动态动态	V_6·变化动词	大，高，成，好，紧张，成熟，漂亮，地道，瓷实，……
	V_7·活动动词	布置，打扮，筹备，联络，交涉，准备，……
	V_8·动作动词	打，抓，摘，搂，拉，拽，脱，砍，剁，劈，砸，削，空，
	V_9·评价动词	看，当，说，夸，怀疑，算，称，叫，……
	V_{10}·感觉动词	愁，想，欢喜，忧伤，伤心，兴奋，疼，难受，寂寞，……
	V_{11}·生理动词	哭，笑，叫，喊，嚷，病，嚎，吵，……

文章对所搜集的“把”字句语料中的动词进行了全面的考察，发现能够出现在“把”字句中的动词是表示动作、活动、评价、感觉和生理运动的动词，其中数量最多的是动作动词。这些动词均属于动态动词。文章由此得出结论，能够进入“把”字句的动词都是动态动词，首选的动作动词，静态动词不能用于“把”字句。

（四）“把”字句的句式语义

“把”字句之所以成为对于外国留学生的一大习得难点，

---

① 崔希亮：《“把”字句的若干句法语义问题》，载《世界汉语教学》1995 年第 3 期。

其中一个原因是“把”字句结构复杂，且使用中要受到较多的句法限制；另一个原因则是他们不清楚在表示什么样的语义时可以或者必须选用“把”字句，这就涉及“把”字句的句式语义（或曰语法意义）。李大忠（1996）指出，外国人在把字句问题上表现出来的种种偏误，大都是由于对“把”字句的语法意义没有真正理解而造成的。由于不能准确把握句式的意义，所以该用的时候不用，或者不该用的时候乱用。[①] 吕文华（1994）也指出，解决“把”字句教学的根本途径是要揭示“把”字句的语义特征，使学生掌握表达什么意义时须用“把”字句，以及在什么情况下使用“把”字句。[②]

“把”字句的句式语义，历来都是汉语本体研究领域和对外汉语教学领域关注的一个焦点问题。学者们先后提出多种解说，其中影响最大的是“处置”说和“致使”说。

早期的研究者将“把”字句的句式语义概括为“处置”说。最早提出“处置”说的是王力先生。王力（1954）将“把”字句称为“处置式”，认为“处置式是把人怎样安排，怎样支使，怎样对付；或把物怎样处理，或把事情怎样进行”。他还将“把”字句的句式语义与句中动词的语义联系起来，认为“如果行为不带处置性质，就不能用处置式”。[③] 书中列出不能用于“把”字句的五种动词：表示精神行为的动词（比如“爱”，不能说“我把他爱”），表示感受的动词（比如“看见”，不能说“我把他看见”），表示的动作行为不

---

① 李大忠：《外国人学汉语语法篇偏误分析》，北京语言文化大学出版社，1996 年。

② 吕文华：《“把”字句的语义类型》，载《汉语学习》1994 年第 4 期。

③ 王力：《中国现代语法》，中华书局，1954 年。

能使“把”的宾语变更状况（比如“上”，不能说“我把楼上”），表示意外的遭遇（比如“拾”，不能说“我把一块手帕拾了”），“有、在”一类动词（不能说“我把钱有”“我把家在”）。

“处置”说在汉语学界和对外汉语教学界都有很大影响。马真（1985）指出，“把”字句表示处置，“把”的宾语一般要求是有定的，后面的动词是复杂的，这几乎是大家一致的看法。[①] 邢福义（1993）主编《现代汉语》对“把”字句的分析也指出，“把”的后边一般是名词，表示有定的、被处置或受影响的人或事物。[②] 王还（1995）主持编写的《对外汉语教学语法大纲》将“把”字句的公式概括为：发出影响者——“把”——受影响的事物——表示动作的动词——对事物的具体的影响或结果。大纲中指出，对于“把”字句，下列论断是肯定无疑的：主语必是影响的来源，“把”的宾语必是受影响的对象，影响的结果必是通过动词所表示的动作而产生的。[③] 王还（1957）指出，即使处置式的名称不能概括所有用“把”字的句子，如果我们告诉学生说“把”字表示处置，而代表被处置的人或事物的名词就是“把”字的宾语，同时是谓语动词的意念上的宾语，学生至少可以做对一大部分句子。[④]

“处置”说自出现以来就一直受到一些学者的质疑，其中一个很重要的原因是“处置”说不能概括所有的“把”字句。

① 马真：《“把”字句补议》，载陆俭明、马真《现代汉语虚词散论》，北京大学出版社，1985 年。

② 邢福义主编：《现代汉语》（增订本），高等教育出版社，1993 年。

③ 王还主编：《对外汉语教学语法大纲》，北京语言学院出版社，1995 年。

④ 王还：《“把”字句和“被”字句》，新知识出版社，1957 年。

按照王力先生对“处置”一词含义的界定，“把”字句中的动词对“把”的宾语进行了处置，使其受到了一定的影响。但是，像“他把我看了两眼”“请你把这个问题好好想一想”这样的句子，无论如何不能理解为“我”“这个问题”受到了什么样的处置或影响。其实，王力先生也意识到有些“把”字句是不表示“处置”意义的，比如“小红听了，不觉把脸一红”“偏又把凤丫头病了”“怎么忽然把个晴雯姐姐也没了”这样的句子。他提出“继事式”来解释这部分“把”字句，认为“继事式”是“处置式”的一种转化。他指出，“继事式并不表示一种处置，只表示此事是受另一事影响而生的结果。”① 这样的解释显然并不能令人满意。拿“小红听了，不觉把脸一红”这句话来说，其中何为“此事”？何为“另一事”？如果说“脸”是“此事”，“小红”是“另一事”，那么“脸”又是如何被“小红”影响的呢？很难说清楚。

后来一些坚持“处置”说的学者，陆续提出“广义处置”说、“主观处置”说等说法，试图弥补“处置”说的这一局限，以使这一理论可以“自圆其说”。宋玉柱（1981）指出，王力先生在提出“处置式”这一术语时，对它的含义解释得不够清楚，以致给人一种印象，似乎“处置”得（děi）是人对某种事物的有意识有目的的处理，因此引起一些人的非难。他认为，所谓“处置”作用，不能简单地就字面理解为人对某种事物的处理，而应理解为：句中谓语动词所代表的动作对“把”字介绍的受动成分施加某种积极的影响，使得该受动成分发生某种变化，产生某种结果，或处于某种状态。因此，这

① 王还：《“把”字句和“被”字句》，新知识出版社，1957 年。

“处置”是指动词与受动成分之间的关系，并不一定是主语所代表的人或事物的一种有目的的行为。[①] 这一观点可以被概括为“广义处置”说。这种“广义处置”说较之“处置说”而言，解释力更强一些，但仍然没有解决所有问题。宋玉柱（1981）也承认，像“我把这件事忘了”“你把意思理解错了”“他把我恨透了”“怎么把特务跑了”这样的“把”字句，不能解释为上述意义上的“处置”。

沈家煊（2002）则提出“主观处置”说。他指出，虽然一直有人想取消“处置式”这个名称，但始终没有能取消得了。这说明把字句有“处置”意味的判断还是基本符合我们的直觉的。问题的关键在于，应该区分两种互有联系又性质不同的“处置”：一种是“客观处置”，一种是“主观处置”。客观处置是指：甲（施事）有意识地对乙（受事）做某种实在的处置。主观处置是指：说话人认定甲（不一定是施事）对乙（不一定是受事）做某种处置（不一定是有意识的和实在的）。不管客观上甲是否处置乙，只要说话人是这么认定的，就用“把”字句；如果说话人不这么认定，就用动宾句。因此，他认为“把”字句表示“主观处置”的语法意义。[②]

“处置”说受到质疑的另一个原因是，这一说法不能严格地将“把”字句与一般动宾句区分开来，换句话说，并非只有“把”字句可以表达“处置”意义，一般的动宾句也有这种功能。梅广（1978）指出，处置是动词的性质，不是“把”字句的功能。不仅“把”字句有处置功能，一般的动宾句也有处置功能，比如“我把他打了一顿”和“我打了他一顿”

① 宋玉柱：《关于“把”字句的两个问题》，载《语文研究》1981年第3辑。
② 沈家煊：《如何处置“处置”式》，载《中国语文》2002年第5期。

两句话都有处置的功能。[①]

正是由于“处置”说在解释“把”字句的句式语义方面还存在一定局限，一些研究者尝试从新的视角来观察和解释“把”字句的语法意义，其中影响较大的是“致使”说。薛凤生（1987）将“把”字句的语法结构概括为：A 把 B+VP，将其语义诠释为：由于 A 的关系，B 变成了 VP 所描述的状态。换句话说，A 通过某个动作使得 B 发生了变化，变成了 VP 所描述的状态。比如“他把黑板上写满了字”这个句子，表示的意思是：“他”通过“写”这个动作行为，使得“黑板上”发生变化，处在“写满了字”这样一种状态。薛凤生在文章中将自己对“把”字句语法意义的解释归结为“导致式”。[②]张伯江（2000）基于构式语法理论将“把”字句“A 把 BVC”（V 为动词，C 为动词的补语）的整体意义概括为“由 A 作为起因的、针对选定对象 B 的、以 V 的方式进行的、使 B 实现了完全变化 C 的一种行为”，他虽未使用“致使”这一概念，但基本内涵与此相关。[③] 叶向阳（2004）则明确提出“把”字句的基本语义是致使，并分析了各种类型“把”字句是如何表达致使的。[④] 胡文泽（2005）也认为“把”字句是现代汉语中的一种致使格式，其语法意义在于“与致使源 A 有关，

---

① 梅广：《把字句》，载《台湾大学文史哲学报》1978 年第 12 期。

② 薛凤生：《试论“把”字句的语义特性》，载《语言教学与研究》1987 年第 1 期。作者在文末指出，如果我给“把”字句所做的诠释是正确的话，称作“导致式”也许更有概括性。

③ 张伯江：《论“把”字句的句式语义》，载《语言研究》2000 年第 1 期。

④ 叶向阳：《“把”字句的致使性解释》，载《世界汉语教学》2004 年第 2 期。

‘把’字宾语处于 C 描写的致使结果状态中。”[1] 施春宏(2010)将“把”字句的语法意义概括为：通过某种方式，凸显致事对役事施加致使性影响的结果（“致事”指致使者，causer；“役事”指受使者，causee）。[2]

“致使”说也受到一些学者的质疑。蒋绍愚（1997）指出，致使是动词的性质，而不是“把”字句的功能。“把”字句和一般动宾句都可以表达致使的意义，比如“把花姑娘急疯了”和“急疯了花姑娘”都表示致使。[3]

严格说起来，“致使”说与“处置”说并非完全对立，二者之间并不是互相排斥的关系，而是存在一定联系。从字面意思来看，说“A 对 B 进行了处置”，跟说“A 通过某个动作致使 B 发生某种变化/处于某种状态”，这两种表述之间还是有着某种类似性的。主张“致使”说的学者，其实是想寻求对“把”字句句式语义的一种统一解释，或者说是用“致使”说来统一“处置”说。薛凤生（1987）就明确表示，我们从一个不同的理论观点，希望能给所有的“把”字句提出一个综合性的“一体化诠释”（an integrated interpretation）。[4] 叶向阳（2004）也认为，将“把”字句统一于语义上的致使，几乎能概括所有“把”字句的语义特点，过去所说的“处置”只是致使的一种，

---

① 胡文泽：《也谈“把”字句的语法意义》，载《语言研究》2005 年第 2 期。

② 施春宏：《从句式群看“把”字句及相关句式的语法意义》，载《语言教学与研究》2010 年第 3 期。

③ 蒋绍愚：《“把”字句略论——兼论功能扩展》，载《中国语文》1997 年第 4 期。

④ 薛凤生：《试论“把”字句的语义特性》，载《语言教学与研究》1987 年第 1 期。作者在文末指出，如果我给“把”字句所做的诠释是正确的话，称作“导致式”也许更有概括性。

是一种有意志力参与的、主动的施行性致使，那些不能用“处置”解释的“把”字句是无意志力参与的致使。①

到目前为止，学界对“把”字句句式语义的认识还没有完全达成一致，虽然存在着“处置”说和“致使”说这两种最有影响的解说，但这两种说法都还存在一定的局限，甚至关于“处置”和“致使”这两个术语到底是什么意思，研究者们还未达成很好的共识，说明我们对“把”字句语法意义的理论探讨尚需进一步深入。

理论语法学界追求用一种理论学说对语法事实做出统一的解释，然而教学语法却出于实用性的考虑，具有更大的理论兼容性。在教学语法领域，学者们更愿意采用“多分”的方法来处理“把”字句的语法意义，将“把”字句的句式语义概括为多种类型。比如，吕叔湘（1999）主编的《现代汉语八百词》将“把”字句的语义类型归纳为“表示处置”（把信交了/把技术学到手）、“表示致使”（把嗓子喊哑了/把鞋都走破了）、“表示动作的处所或范围”（把东城西城都走遍了/把个北京城走了一多半）和“表示发生不如意的事情”（偏偏把老李给病了/真没想到，把个大嫂死了）等几种类型。②

吕文华（1994）根据从53万字语料中收集到的1094个“把”字句，对“把”字句的语义类型进行分析，将“把”字句的语义类型归为六种，并统计了各类“把”字句在所考察语料中的出现频率。详见下表。③

① 叶向阳：《“把”字句的致使性解释》，载《世界汉语教学》2004年第2期。

② 吕叔湘主编：《现代汉语八百词》（增订本），商务印书馆，1999年。

③ 吕文华：《“把”字句的语义类型》，载《汉语学习》1994年第4期。

表："把"字句的语义类型及频率

语义	句型和句例	数量	频率
1. 表示某确定的事物因动作而发生位置的移动或关系的转移	1. S+把+N_1+V 在+N_2 他把书放在桌子上。	126	11.5%
	2. S+把+N_1+V 到+N_2 您把箱子放到外边去。	98	8.9%
	3. S+把+N_1+V 给+N_2 快把本子交给老师。	55	5.0%
	4. S+把+N_1+V 向/入+N_2 把中国引向光明。	26	2.3%
	合计	305	27.8%
2. 表示某确定的事物因动作而发生某种变化，产生了某种结果	1. S+把+N+V+RC 我把他叫醒了。	255	23.3%
	2. S+把+N+V+（RC）+来/去 他已经把字典送回宿舍去了。	218	19.9%
	3. S+把+N+V+得+VP/AP 我们把房间收拾得干干净净。	39	3.5%
	4. S+把+N+V+O 他把好消息告诉了大家。	34	3.1%
	合计	546	49.8%
3. 表示动作与某确定的事物发生联系，或以某种方式发生联系	1. S+把+N+V（了/一）+V 请把情况谈一谈。	30	2.7%
	2. S+把+N+FV 别把东西乱扔。	16	1.4%
	3. S+把+N+一 V 他把手一挥，站了起来。	31	2.8%
	4. S+把十 N+V 着 他把两眼紧闭着。	3	0.2%
	5. S+把+N+V+M 他把信又念了一遍。	21	1.1%
	合计	101	8.4%
4. 把某确定的事物认同为另一事物，或通过动作使某事物变化为在性质、特征上有等同关系的另一事物	S+把+N_1+V 在+N_2 他把稻田改成了菜地。 他把学生当作自己的孩子。	69	6.3%

语义	句型和句例	数量	频率
5. 表示不如意的把字句	1. S+把+N+V+了 我把他打了。 2. S+把+N+给+V+其他 大风把房屋给刮倒了。 3. S+把+N（施事）+V+其他 这些天把人愁成啥了。	40 13 3	3.6% 1.1% 0.2%
	合计	56	5.1%
6. 有致使义的“把”字句	1. S+把+N（施事）+V+其他 快去把你手下人排成队。 2. S（非生物体）+把+N+V+其他 雷声把她从梦中惊醒了。	9 8	0.8% 0.7%
	合计	17	1.5%

吕文华（1994）对“把”字句语义类型的分析很有启发性，她不再强调理论体系的同一性，不追求用一种说法来解释“把”字句的句式语义，而是将“把”字句的语法意义归纳为彼此之间存在显著差异的几个类型，体现了对外汉语教学语法作为“教学语法”的兼容性和实用性。特别是作者通过语料统计得出各类“把”字句的使用频率，对于教学实践具有很好的指导意义和实用价值。从统计结果来看，第二类（表示变化及其结果）“把”字句的频率最高，占49.8%；其次是第一类（表示位置移动），占27.8%；再次为第四类（表示把某事物认同为另一事物，或通过动作使某物变为另一事物），占6.3%；其余类型所占比例都较低。不过，文章对某些“把”字句语义类型的描述不太容易理解，比如将第三类“把”字句表述为“表示动作与某确定的事物发生联系，或以某种方式发生联系”，单从字面来理解，很难将“把”字句与其他使用动词的句式区分开来。再比如，将第一类“把”字句表述为表示“位置的移动或关系的转移”，其中“位置的移动”还

比较容易理解，而“关系的转移”这种说法则比较费解。

崔希亮（1995）对“把”字句语法意义的分析采用的也是“多分”的思路。他将“把”字句的语义类型分为两大类：一类说明事物在某一动作作用下所发生或将要发生的变化；第二类描述动作的情态、表达动作的矢量。[①] 金立鑫（1997）把崔希亮的两类分解为三类：第一为“结果”类（把脸冻得通红）；第二为“情态”类（请你把地扫扫。把筷子朝桌上一拍）；第三为“动量”类（他把这些过程又演了一遍）。[②]

刘颂浩（2003）将“把”字句的句式语义概括为以下四种：（1）表示位移（老师把书放在桌子上）；（2）表示变化（我把花瓶打碎了）；（3）表示致使（大风把广告牌刮倒了）；（4）表示不如意（我把腿摔伤了）。他还将上述四种“把”字句划分为“核心用法”和“外围用法”两类：表示“位移”和“变化”是“把”字句的核心语义，属于典型用法；表示“致使”和“不如意”是“把”字句的非核心语义，属于非典型用法或者说外围用法。他通过对外国留学生使用“把”字句情况的调查发现，对于汉语作为第二语言学习者来说，“把”字句的核心用法（表位移和变化）并不难，外围用法（表致使和不如意）则较难。前两种核心用法的“把”字句也是典型的“把”字句，它们的共同点是：主语一般是表人的名词，动作是主语有意识地发出的。这种典型“把”字句的习得难度并不大，因为这些语义特征是学习者在运用“把”

---

① 崔希亮：《“把”字句的若干句法语义问题》，载《世界汉语教学》1995年第3期。

② 金立鑫：《“把”字句的句法、语义特征》，载《中国语文》1997年第6期。

字句时首先会想到的。而表致使和不如意的“把”字句，由于与“把”字句的核心意义不一致，使得这两类原本不难的句式习得难度加大，从而导致学习者对它们的回避。他认为这或许可以看成是较早习得的“把”字句句式对其他句式产生的一种副作用。①

第三节 比较句教学知识

一、比较句基础知识

比较句是表示比较的句子。比较范畴是一个重要的语法范畴。比较是人类认知世界的一种重要手段，每种语言都有表达比较的语言形式。

对于形态丰富的语言来说，可以用形态或句式来表达比较。汉语是一种缺乏形态变化的语言，主要采用句式来表达比较范畴。由于汉语缺乏严格意义上的形态变化，没有像英语等印欧语言中典型的比较句标记及句式系统，因而到目前为止我们对于比较句式的类型还没有一个统一的认识，多的列举几十种，少的也有六七种。

对比较句式的分类，既可以从意义出发，也可以从形式出发。不少研究者分别从意义和形式两个角度来给比较句归类。有的研究者先根据意义将比较句分为两类（平比、差比）或

① 刘松浩：《论“把”字句运用中的回避现象及“把”字句的难点》，载《语言教学与研究》2003 年第 2 期。

三类（极比、平比、差比）[①]，然后在每个意义类下面再列出若干个形式类。这些研究者所分出来的意义类型和形式类型往往也存在一定差异。刘月华等（2001）先从意义出发，将现代汉语的比较句分为“比较事物、性状的同异的”和“比较性状、程度的差别、高低的”两类，然后又将前者分为“A跟B一样”和“A有B那么”两类，将后者分为“比”字句和“不比”句两类。[②] 施春宏（2009）先根据意义将比较句分为“同异比较”和“相差比较”两种类型，然后又将同异比较句分为“A跟B一样……”“A有B那么……”两种句型，将相差比较句分为“A比B”“A不比B”“A没有B”“A不如B”等四种句型。[③]

有的研究者虽然也从意义和形式两个角度给比较句分类，但并未将形式和意义两个分类角度结合起来，也就是说并未说明某一个形式类是属于哪一个意义类的。陆庆和（2009）首先从内容上将比较句分为两大类：一种是比较事物在性质、程度或数量上的差别的；一种是比较事物、性状的异同的。然后又从结构形式上将比较句分为六类：（1）用“比”的比较句；（2）用“有”“没有”的比较句；（3）用“跟……一样”的比较句；（4）用“像”的比较句；（5）比较短语用于句首的比较句；（6）表示明确差别的比较句。但并未说明这六种形式类分别属于哪种意义类型。[④]

---

① 有研究者认为，“极比”“平比”“差比”是汉语比较范畴下面的次范畴。有的研究者将“极比”归入差比，认为比较范畴包括“平比”和“差比”两个次范畴。参见夏群：《汉语比较句研究综述》，载《汉语学习》2009年第2期。

② 刘月华等：《实用现代汉语语法》（增订本），商务印书馆，2001年。

③ 施春宏：《作为第二语言的汉语概说》，北京大学出版社，2009年。

④ 陆庆和：《实用对外汉语教学语法》，北京大学出版社，2006年。

比较句的形式类和意义类之间的确存在一定的纠葛，有时候很难将这两个系统完全一一对应起来。比如，根据意义来分类，一般将比较句分为“平比（等比）”和“差比（包含极比）”两类；根据形式特征来分类，一般将比较句分为以下类型：“A比B”“A跟B（不）一样”“A有B那么”“A没有B”“A不比B”等句型。就这些类型之间的关系来看，存在一些难以厘清之处，如下图所示：

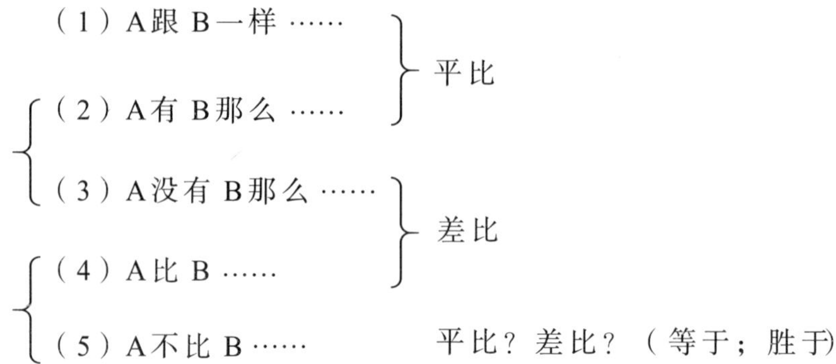

从形式来看，（2）和（3）显然有共同特点，可以归为一类。（4）和（5）也有显著的共同特点，应该归为一类。但若从意义上来看，则（1）和（2）有共同特点，可以归为一类，（3）和（4）有共同特点，可以归为一类。最麻烦的是（5），既可能是“等于”的意思，也可能是“胜于”的意思，比如说“他不比你傻”，可能是“他跟你一样聪明”的意思，也可能是“他比你还聪明”的意思，到底应该归入平比，还是应该归入差比，是一个难题。

大概是意识到两种分类标准的难以统一，有的研究者只选择形式特征这一个标准来给比较句分类。李德津等（2009）完全从形式出发，将汉语比较句分为以下几种：用“跟”表示比较；用“像”表示比较；用“比”表示比较；用“有”表示比较；用“不如”表示比较；用“越来越”表示比较。①

当然，对于外国留学生来说，最重要的是掌握各类比较句的形式特征和用法，能够正确地用比较句表达。教学中，可以以形式类为纲进行教学，在遇到形式类相同而意义类不同的情况时，对学生说明其表达的意义。其实，真正需要特别说明的，只有“不比”这一种情况。像“A 跟 B 一样……”/“A 跟 B 不一样”和“A 有 B 那么……”/“A 没有 B……”这两组形式在表义上的区别，从字面上就可以区分开来，对于学生来说一般不会用错。我们采用形式标准，将常见的比较句分为三种类型，分别加以论述，每一种都包含肯定、否定两种形式。

1. “A 比 B+VP”句式，可称为“比”字句，例如：

我的年龄比他大多了。

妹妹的个子不比姐姐矮。

2. “A 跟 B 一样+VP”句式，可称为“跟”字比较句或“跟”字句，例如：

她跟我一样喜欢孩子。

我的意见跟你不一样。

3. “A 有 B 那么（这么）+VP”句式，可称为“有”字比较句，例如：

她的女儿也有你这么大了。

火车没有飞机快。

① 李德津、金德厚著：《汉语语法教学》，北京语言大学出版社，2009 年。

二、比较句的常见偏误[①]

(一)“比”字句的常见偏误

1. 在形容词前面误加表示程度的状语

*我想深圳比广州很干净。(初级)

*中国人比印尼人也非常多。(初级)

*她去整容了以后是比以前有点年轻。(中级)

*我学习比上学期比较好。(高级)

*广州出口的东西比别的城市特别多。(初级)

*中国这几年城市变化很大,拿北京来说吧,比以前大厦更多。

*这里的东西比我们那儿的东西比较便宜。

*这篇文章比那篇非常好。

① 部分偏误语料来源于下列文献:刘月华等:《实用现代汉语语法》(增订本),商务印书馆,2001 年;陆庆和:《实用对外汉语教学语法》,北京大学出版社,2006 年;程美珍、李珠:《汉语病句辨析九百例》,华语教学出版社,1997 年;王茂林:《留学生“比”字句习得的考察》,载《暨南大学华文学院学报》2005 年第 3 期;佟慧君:《外国人学汉语病句分析》,北京语言学院出版社,1986 年;王蕾:《蒙古国学生汉语比较句习得情况考察》,吉林大学硕士学位论文,2011 年;贾枭:《中级汉语水平日本留学生汉语比较句的偏误分析》,湖南大学硕士学位论文,2014 年;肖小平:《越南留学生汉语比较句偏误分析及习得顺序考察》,广西师范大学硕士学位论文,2004 年;解植永、王建:《韩国留学生习得汉语比较句的偏误分析》,载《云南师范大学学报》(对外汉语教学与研究版) 2011 年第 5 期;杨漾:《欧美学生汉语比较句习得研究》,苏州大学硕士学位论文,2014 年;黄丽纹:《中高级阶段菲律宾学生习得汉语比较句的偏误分析》,广西民族大学硕士学位论文,2011 年;胡亮节:《泰国学生汉语比较句习得偏误分析》,云南师范大学硕士学位论文,2006 年;方娟:《印尼学生汉语比较句偏误分析》,湖南师范大学硕士学位论文,2011 年;刘苏乔:《表比较的“有”字句浅析》,载《语言教学与研究》2002 年第 2 期;谢白羽:《面向对外汉语教学的比较句研究》,华东师范大学博士学位论文,2011 年。文中不再一一注明。

2. 形容词后面的补语误用

＊她的嗓子比我的好得很。

＊打的的价钱不贵，也比公车方便多。(中级)

＊所以北京的游人比广州的游人多极了。(初级)

3. 两个比较项不相匹配

＊广州人不比釜山热情。(初级)

＊这个班比那个多五人。

＊那篇文章是写得好，不过比他不好。

＊到苏州来时，我看自行车比汽车更怕。

4. 否定式误用

＊冬天北方比南方不太冷。(初级)

＊这个酒比那个酒不厉害。

5. 语序不当

(1)“比”字短语语序不当

＊在我的国家会汉语的人容易找工作比他们不会汉语的朋友。(初级)

＊他喜欢女孩子比我。

＊他法语说得不错比他英语。

(2) 形容词与补语的语序不当

＊他一分钟能写的汉字比阿里五个多。

＊这件中山装比那件多少长?

6. 比较项与形容词搭配不当

＊先进的程度比我想象的更快。(高级)

7. 比较句内部句式杂糅(“比”字句与“跟”字句杂糅)

＊他说中文比中国人一样流利。

＊你们的国家比我们的一样。(越南学生)

＊可以看见每个外国人的生活，比我们的生活不一样。(越南学生)

＊现在中国青年喜欢的音乐比越南青年一样。(越南学生)

＊我的意见比他的完全不一样。(越南学生)

＊母亲的脾气比父亲的不一样。(越南学生)

＊我觉得这里的生活比越南的不一样。(越南学生)

＊他比我一样高。(越南学生)

＊小张比小李一样大。(韩国学生)

＊这种茶比那种茶不一样。(泰国学生)

＊我的手表比你的手表一样漂亮。(泰国学生)

＊西瓜比袖子一样大。(泰国学生)

＊奶油面包比水果面包一样做得可口。(泰国学生)

＊北京的天气比蒙古的天气不一样。(蒙古学生)

＊包子比饺子一样好吃。(蒙古学生)

8. 该用其他句式，误用“比”字句

＊我喜欢梨比苹果。(比起苹果来，我更喜欢梨。)

(二)“跟”字比较句的常见偏误

1. 缺漏“跟”

＊她打扮成这个样子，几乎演员一样。

＊我也是个普通的女孩儿，没有什么特点和能力的话，我的情况也别人一样。(中级水平日本学生)

＊我将来当母亲的话，一定营造我父亲一样的美满的家庭。(中级水平日本学生)

＊中国人打招呼的方式我们一样。(越南学生)

＊别的国家的情况也这里一样。(越南学生)

＊李老师很热情，到他的家简直到自己家一样。(越南学生)

＊熟人中国人也越南人一样打招呼。(越南学生)

＊弟弟的眼睛我的眼睛一样大。(蒙古学生)

＊姐姐的个子妈妈个子一样。(韩国学生)

2. 缺漏“一样”

＊第二，第三个和尚看到第一个和尚每天到山底下挑水喝时，他们可能想要跟第一个和尚自己挑水。(中级水平日本学生)

＊所以，像那位老师，他们很难接受那些现象。(中级水平日本学生)

＊他总说那件衣服漂亮一些，其实这件衣服跟那件衣服漂亮。(越南学生)

＊他们说北京的冬天很难受，桂林夏天的热跟北京冬天的冷难受。(越南学生)

＊他总批评我经常看电视，不学习，其实他和我喜欢看电视。(越南学生)

＊那天我跟小孩子哭了起来，说：“我不愿意离开家。”(欧美学生)

3. 否定式误用

＊她跟她姐姐不一样漂亮。(中高级水平菲律宾学生)

＊扬州跟深圳不一样热闹。(中高级水平菲律宾学生)

＊北京的天气跟广州不一样暖和。(中高级水平菲律宾学生)

＊我跟你不一样喜欢他。(泰国学生)

＊这床被子跟那床被子没有一样厚。(泰国学生)

＊今年的夏天跟去年的夏天没有一样热。(泰国学生)

5. 比较句内部句式杂糅（“跟”字句和“有”字比较句杂糅）

（1）误用“有”和“一样”搭配

＊你画的画有她画的一样好看。(蒙古学生)

＊她的脸没有我的脸一样白。(蒙古学生)

（2）“跟”字句中误加“那么”

＊他汉语说得跟我一样那么流利。(中高级水平菲律宾学生)

＊他唱歌唱得跟歌星一样那么好听。(中高级水平菲律宾学生)

＊她跟她妈妈一样那么漂亮。(中高级水平菲律宾学生)

（3）“有”字比较句的否定式中误加“一样”

＊越南的人口没有中国的一样多。(越南学生)

＊我没有你一样喜欢看电视。(越南学生)

6. 省略不当

（1）过度省略

＊我买了一件衬衣，他也买了一件衬衣，我的衬衣的颜色和他不一样。(越南学生)

＊我们都去图书馆借了很多小说，他借的小说跟我一样好。(越南学生)

＊我的西瓜跟小王一样甜。(印尼学生)

＊丽莎的裙子和你一样好看。(印尼学生)

＊爸爸的胳膊跟我一样粗。(泰国学生)

＊你的老师和我的一样有趣。(印尼学生)

＊汽车的速度跟自行车的一样慢。(印尼学生)

*雅加达的天气和泗水的一样热。(印尼学生)

(2) 省略不足

*在东方的传统和西方的传统不一样。(越南学生)

*现在的我跟小时候的一样可爱。(印尼学生)

*阿迪的个儿和王老师的一样高。(印尼学生)

*泗水的天气跟雅加达的天气一样热。(印尼学生)

*办公室的空调跟教室的空调一样好。(印尼学生)

*你家的苹果汁和学校餐厅的苹果汁一样甜。(印尼学生)

*乌兰的汉语成绩跟慧美的汉语成绩一样高。(印尼学生)

*中国菜的味道和印尼菜的味道一样好。(印尼学生)

(3) 误省略比较前项

*我和小南的头发一样长。(蒙古学生)

*我买的跟他买的书一样。(韩国学生)

*他跟你的鞋子一样大。(泰国学生)

*这条狗跟那条狗的窝一样脏。(泰国学生)

*惜拉跟素甘娅的猫一样可爱。(泰国学生)

7. 比较结论项错误(“一样”前面误加程度副词)

*他长得跟我非常一样。(越南学生)

*我们国家的习惯跟他们国家的很一样。(越南学生)

*你的想法跟我的想法特别一样。(越南学生)

*我的房间跟他的房间一样很大。(越南学生)

*从小我的身体很瘦弱,到小学了我的身体跟以前一样太瘦。(越南学生)

*我一喝就觉得跟第一次喝奶时一样非常难喝。(越南学

生)

＊他的想法跟我的非常一样。(欧美学生)

＊她的书包的颜色和我的很一样。(蒙古学生)

＊北京的温度和乌兰巴托很一样。(蒙古学生)

8. 由“跟（和）”组成的介词短语错序

＊我的鞋一样好和你的鞋。(印尼学生)

＊我的书一样多跟你。(印尼学生)

＊我的身高差不多和小王。(印尼学生)

＊我的头发一样长和你。(印尼学生)

＊一样好吃火龙果和菠萝蜜。(印尼学生)

9. “跟”字比较句的否定式错误

＊西瓜和苹果不一样便宜。(蒙古学生)

＊飞机和火车不一样快。(蒙古学生)

10. “一样”的语序错误

＊他的车和你的车贵一样。(泰国学生)

＊这条路跟那条路长 30 公里一样。(泰国学生)

＊我跟他想去旅行一样。(泰国学生)

＊这间房子跟我的房子没有空调一样。(泰国学生)

＊今天我和你来得早一样。(泰国学生)

＊大卫和小云喜欢吃中国菜一样。(蒙古学生)

11. 误用反向形容词

＊旧达尔汗的路和新达尔汗的路一样窄。(蒙古学生)

＊我和平平一样矮。(蒙古学生)

12. 形容词误用为名词

＊小云和大卫一样岁。(蒙古学生)

＊香蕉和葡萄不一样钱。(蒙古学生)

(三)“有”字比较句的常见偏误

1. 缺漏“这么”“那么”

*那个房间有这个房间大。

*今天的作业有昨天多。

*他有电影演员漂亮。

2. VP 中的形容词语义类型不当

*我的房间有你的房间那么脏。

*他有你这么丑。

3. 该用其他比较句，误用“有”字比较句

*麦克有我高一点儿。(该用“比”字句)

*今年大米产量有去年一样多。(该用“跟”字句)

4. “这么”“那么”的语序不当

*他们有我这么来得早。

*他哪有我这么吃得多呀?

5. 形容词前面误加表示程度的修饰语

*今天学的生词有昨天那么很多。

*他哪有你那么很会做饭?

6. “这么”与“那么”误用

*这次考试没有上次的考试这么难。

*以前的苏州没有现在那么热闹。

7. 形容词后面误加补语

*昨天晚上没有早上凉快一点儿。

*他没有我高两公分。

*我没有你来得早多了。

*玛丽有我高一点儿。

三、比较句知识拓展

(一)“比”字句

1. “比”字句的结构特征

“比”字句的结构格式可以概括为：A 比 B + VP，其中 A 是比较前项，B 是比较后项，“比”是比较标记词，VP 是比较结论项。例如：

这双鞋比那双大。

上海比北京热多了。

比较前项 A 通常做句子的主语，“比+比较后项 B”合起来构成“比”字短语，“比”字短语做状语或状语的一部分，“比”字短语后面表示比较结论的部分 VP 一般为谓词性词语。有的研究者将“比”字短语后面的部分分析为“比”字句的谓语，这种分析方法存在一定偏颇。谓语是相对于主语而言的，一个句子，除了主语之外，剩下的部分都是谓语。“比”字短语也是谓语的一部分，而不应该只是把“比”字短语后面的词语看作谓语。

2. “比”字句的内部类型

对“比”字句的分类，也可以按照意义和形式两个标准来进行。

根据意义来分，可以将“比”字句分为“同类事物比较”和“同一事物的不同情况比较”两种类型。

(1) 表示同类事物比较的“比”字句

这种“比”字句，比较的双方为同一类事物中的不同个体，如“这座山比那座山高”，A、B 均为山，属于同类事物中的不同个体。

（2）表示同一事物不同情况比较的“比”字句

这种“比”字句，比较的双方为同一事物在不同时间或不同处所的情况，如“他现在比以前进步多了”，“这孩子在幼儿园比在家表现好”。前一句中的 A、B 为同一人物“他”在不同时间的情况，后一句中的 A、B 为同一人物“这孩子”在不同处所的情况。

根据形式来分，一般是根据“比”字短语后面的词语的不同性质来进行分类，可以分为以下三种类型：

（1）“比”字短语后面为形容词性词语的“比”字句

这种“比”字句，在作为谓语中心的形容词前后，还可以有其他词语，又可以细分为以下类型。

①“比”字短语后面为单个形容词，例如：

他写的字比你好。

他办事比我认真。

我的体重比上个月减轻了。

②“比”字短语后面为“状语+形容词”

形容词前面的状语，主要是“更”“还”等副词，例如：

砸你的茶馆比砸个砂锅还容易！

这个公园比那个更美。

弟弟的个子比哥哥还高。

③“比”字短语后面为“形容词+补语”

形容词后面的补语，可以是“一些”“一点儿”“多了”“得多”等不表示确切数值的词语，也可以是表示确切数值的数量短语。例如：

这座山比那座山高一些。

这个提包比那个轻一点儿。

这本书比那本厚多了。

这只鸭子比那只肥得多。

往后的日子比这好一百倍。

那本杂志比这本多十页。

他比我小一岁。

(2)“比”字短语后面为动词性词语的“比”字句

这种“比”字句，在作为谓语中心的动词前后必须有其他词语，也就是说，谓语中心不能是光杆动词。又可以细分为以下类型。

①“比”字短语后面为“动词+宾语”，例如：

妹妹比姐姐喜欢唱歌。

我的看法比他的有道理。

②“比”字短语后面为“动词性词语+补语”

补语前面的动词性词语，可以是单个动词，也可以是动宾短语，例如：

小王比你画得好。　　　　　　（单个动词）

他比我吃得快多了。　　　　　（单个动词）

她比我睡得晚一点儿。　　　　（单个动词）

那位老中医比我们有经验得多。（动宾短语）

小王比他师傅有办法多了。　　（动宾短语）

她比我会说话多了。　　　　　（动宾短语）

老大比老二爱学习。　　　　　（动宾短语）

这种“比”字句，如果动词性词语为单个动词，补语为状态补语，“比”字短语可以有两种语序：一种是放在谓语中心前面做状语；一种是放在谓语中心后面作为补语的一部分

（做补语的偏正短语中的状语），此时整个“比”字句的类型变为谓语为形容词的“比”字句。例如：

小王比你画得好。　or　小王画得比你好。

他比我吃得快多了。　or　他吃得比我快多了。

③“比”字短语后面为“状语+动词性词语”

状语所修饰的动词性词语，可以是单个动词，也可以是动宾短语或动补短语，例如：

他比你能喝。　（单个动词）

显然老纪已比我先认出了对方。（动宾短语）

妹妹比姐姐能吃苦。　（动宾短语）

我比他更希望去中国。　（动宾短语）

（3）“比”字短语后面为主谓短语的“比”字句

“比”字短语后面的主谓短语，其谓语（小谓语）一般是形容词性词语，例如：

他比我办事认真。

她比我英语好。

他比我睡觉早。/他比我睡得早。

弟弟比妹妹看书快。

这种“比”字句，如果将小主语放在“比”字短语前面，就变成了谓语为形容词的“比”字句，例如：

他比我办事认真。　or　他办事比我认真。

她比我英语好。　or　他英语比我好。

弟弟比妹妹看书快。　or　弟弟看书比妹妹快。

他比我睡觉早。/他比我睡得早。　or　他睡觉比我早。

3. “比”字句中比较项的省略

较早关注“比”字句中两个比较项省略现象的是李临定

（1986），他指出“比”字句有完全式和简略式之分，完全式中“比”前后所含成分是相等的，简略式是由完全式简略某个或某些成分形成的。比较完全式与简略式可以看出“比”字句构造的规律，“比”右项的简略不能快于左项，即左项要大于或等于右项。他还指出，实际语言中大多数“比”字句都是简略式。①

刘月华等（2001）也提出，“比”前后的词，词性是相同的；“比”前后的短语，内部结构是相同的。如果“比”前后的词语中有相同的部分，为了语言的简练，可以省略。多数情况是在“比”后的成分中省略。省略的原则以不改变原句句义为准。②

（1）比较项省略的主要类型

根据刘月华等（2001）的研究，“比”字句中比较项的省略，主要有以下几种情况。

①省略比较后项的中心语。当两个比较项均为体词性偏正短语时，可以省略比较后项的中心语，如“老虎的爪子比耗子的（爪子）大”。

②省略比较后项的中心语与结构助词“的”。当两个比较项均为体词性偏正短语时，可以省略比较后项的中心语与结构助词“的”，如“王先生的行李比你（的）（行李）多”。

③省略比较后项的定语与结构助词“的”。当两个比较项均为体词性偏正短语时，可以省略比较后项的定语与结构助词“的”，如“他家的老二比（他家的）老大爱学习”。

④省略比较后项主谓短语中的谓语。当两个比较项均为主

① 李临定：《现代汉语句型》，商务印书馆，1986年。

② 刘月华等：《实用现代汉语语法》（增订本），商务印书馆，2001年。

谓短语时，可以省略比较后项主谓短语中的谓语，如“他睡觉比我（睡觉）早”。

⑤省略比较前项中的成分。当“A 比 B”做状语时，可以省略比较前项中的成分，如“我的身体（现在）比以前好多了”。

如果两个比较项均为动词性短语或形容词性短语，即使有相同成分，也大多不省略，如“长一点比短一点好”“有文化比没有文化好”。①

刘月华等（2001）认为像“我学韩语比学日语快”这类句子存在省略比较项的现象，这个句子是由“我学韩语比我学日语快”省略而来。② 我们认为，这个句子实际上是比较同一事物之不同情况的“比”字句，是就主语“我”的两种不同情况进行比较，两个比较项分别为“学韩语”和“学日语”，所以这个句子不存在省略比较项的现象。

刘月华等（2001）还认为像“他们比我们前进的脚步快”这类句子也存在比较项的省略，这个句子由“他们前进的脚步比我们前进的脚步快”省略而来，省略了定语和中心语中的相同部分。③ 其实，这个句子也可以理解为两个比较项是“他们”和“我们”，比较的结果是“前进的脚步快”，整个句子属于“比”字短语后面的词语为主谓短语的“比”字句，这样的话，这个句子就不存在省略比较项的情况了。

（2）比较项省略的影响因素

“比”字句的比较项在什么情况下可以省略，在什么情况

① 刘月华等：《实用现代汉语语法》（增订本），商务印书馆，2001 年。
② 刘月华等：《实用现代汉语语法》（增订本），商务印书馆，2001 年。
③ 刘月华等：《实用现代汉语语法》（增订本），商务印书馆，2001 年。

下不能省略，哪些因素制约着比较项的省略，是另一个值得关注的问题。近年来，研究者分别从语义和句法两个方面对这一问题进行了初步探索。

马真（1986）从语义关系着手，探讨了“N_1的 N+比+N_2的 N+VP”中比较后项的替换规律（即比较后项省略的规律）。她提出影响“比”字句中比较项省略的因素有五个：一是 N_1、N_2 跟 N 的语义联系，二是 N_1、N_2 以及 N 的性质，三是 VP 的情况，四是社会心理，五是句子重音。在这五个因素中，因素一和因素二对比较项省略的影响是全局的，其中因素一是最重要的影响因素。文章认为，“N_2的 N”能否被“N_2的”和“N_2”替换，最主要的因素是 N_1/N_2跟 N 的语义联系。这种语义联系可概括为以下八种：（1）领属关系，如“我们的狗”“小王的衣服”；（2）亲属关系，如“他的父亲”“小红的老师”；（3）隶属关系，如“他的眼睛” “狐狸的尾巴”；（4）属性关系，如“老张的精力”“小李的脾气”；（5）质料关系，如“木头的桌子”“羊皮的大衣”；（6）时地关系，如“昨天的报纸”“北京的马路”；（7）类属关系，如“百年的树”“红色的蜡烛”；（8）准领属关系，如“你的围棋（下得不错）”“他的老师（当得好）”。当 N_1/N_2与 N 为领属关系时，一般“N_2的 N”只能被“N_2的”替换，如“我们的狗比你们的听话”；是属性关系时，只能被“N_2”替换，如“老张的精力比老李充沛”；是隶属关系时，两种替换都成立，如“他的眼睛比你（的）大”；是亲属关系，且 N 为 N_1/N_2的长者、上级时，两种替换都不成立，如“＊小红的爸爸比小刚（的）级别高”。除了 N_1/N_2与 N 的语义关系外，N_1、N_2以及 N 的性质也是影响替换全局的因素。VP 的情况、社会心理、句子重音也对替换起局部影响，使得在一般规律外出现特殊规律。①

马真（1986）从语义关系入手描述了现代汉语“比”字句中比较项 X、Y 的四种省略情况，考察了造成不同替换的五个因素：（1）N1、N2 跟 N 的语义联系；（2）N1、N2 以及 N 的性质；（3）VP 的情况；（4）社会心理；（5）句子重音。其中因素（1）、（2）对替换的影响是全局的。

邵敬敏（1990）把语义、句法结合起来探寻比较后项的替换规律。他认为，“N_2的”能否替代“N_2的 N”关键在于二者之间有无替代关系。凡“N_2的 N”可以变换为“N 是 N_2的”，“N_2的”就能替代“N_2的 N”，否则就不能如此替代。比如，“李军的猫”能变换为“猫是李军的”，所以可以说“张华的猫比李军的跑得快”，而“老李的精力”不能变换为“精力是老李的”，所以“老张的精力比老李的充沛”是错误的。②

4. “比”字句的否定式

关于“比”字句的否定式到底是什么，学术界尚存争议。有的研究者从形式出发，认为“比”字句的否定式是“A 不比 B……”；有的研究者从意义出发，认为“比”字句的否定式是“A 没有 B……”（刘月华 2012；施春宏 2009）；有的研究者则认为“A 不比 B……”和“A 没有 B……”都是“比”字句的否定式（相原茂 1992；陆庆和 2006；杨玉玲、吴中伟 2013）。

从汉语作为第二语言习得的角度来看，将“不比”句作

---

① 马真：《“比”字句内比较项 Y 的替换规律试探》，载《中国语文》1986 年第 2 期。

② 邵敬敏：《“比”字句替换规律刍议》，载《中国语文》1990 年第 6 期。

为“比”字句的否定式，或者将“没有”句作为“比”字句的否定式，其实各有利弊。如果将“不比”句作为“比”字句的否定式，形式上比较容易接受，但就需要教师告诉学习者“不比”的确切含义；如果将“没有”句作为“比”字句的否定式，语义对应关系比较清晰，但学生需要在两种完全不同的形式之间建立联系。

我们按照形式标准，将“不比”句作为“比”字句的否定式。“不比”句的结构格式为：A 不比 B……。这里所说的“不比”句，是比较句的一种类型，句中一定带有比较结论项，如果句中没有比较结论项，即使包含“不比”一词，也不能算作“不比”句。像“现在不比从前了”这样的句子，不在我们讨论的“不比”句范围之内。

“不比”句的语义比较复杂。这种句式可以表示两种意义：一是表示二者一样或差不多（趋同）；二是表示二者存在差异（趋异）。具体情况往往要视具体语境而定。例如：

A：我觉得小王比你矮。

B：他不比我矮，他跟我一样高，只是我显高。（趋同）或：他不比我矮，可能还略高一点。（趋异）

除非在特定的语境下，“不比”句一般不会作为始发句，它表述的往往是针对上文（某种错误的比较结果）来进行订正或辩驳，如上例。

刘月华等（2001）认为，如果“不比”后的形容词是正向的，那么“A 不比 B 好”含有“A 不如/没有 B 好”的意思；如果是负向的，那么含有“从（积极方面）超过”，即“A 比 B 好”的意思。比如，“他的发音不比你好”，意思是“他的发音跟你差不多一样好或不如你，总之在好的方面不超过你”；“他的发音不比你差”，意思是“他的发音跟你差不多一样好，甚至可能比你更好一些，即在好的方面超过你”。[①]

（二）“跟”字比较句

1. “跟”字比较句的结构特征

这种句式表示两个比较项的异同，结构格式可以概括为“A 跟 B 一样（+VP）”。其中，A、B 为两个比较项，“跟……一样”构成一个相对固定的比较框架，也可以看作此类比较句的标记，“一样”及其后面的成分为比较结论项。这里的“跟”也可以换成介词“与”“和”“同”等。例如：

这个电影的主题跟那个电影一样。

今天才晓得他们的眼光，全同外面的那伙人一样。

“跟”前后的成分 A 和 B（比较项），除可以由名词、代词充任外，还可以由动词、形容词或动词短语、形容词短语等充任。例如：

你来跟他来一样，谁来都能解决问题。

读跟写一样需要下功夫。

2. “跟”字比较句的内部类型

（1）“A 跟 B 一样”句式

比较结论项只有“一样”这个部分，没有 VP 部分，表示两种事物或性状一样。例如：

这个字的声调跟那个字一样。

他的兴趣跟你一样。

从句法分析的角度来看，A 是句子的主语，“跟 B”修饰“一样”做状语，“一样”是谓语中心。

---

① 刘月华等：《实用现代汉语语法》（增订本），商务印书馆，2001 年。

(2)"A 跟 B 一样+ VP"句式

比较结论项由"一样"以及其后面的谓词性词语(VP)构成,VP 可以是形容词或表示心理活动的动词,也可以是动词短语。表示 A 在哪一方面跟 B 一样。例如:

这本书跟那本书一样厚,大概都是三百多页。

我跟他一样怕蛇。

从句法分析的角度来看,A 是句子的主语,"跟 B 一样"是状语,VP 是谓语中心。

在这种句式中,作为比较方面的形容词,一般来说,多是正向形容词,如"高""长""宽""厚""大""多"等,含有高度、长度、宽度、厚度、容积、面积、数量等意思。但如果要指明特性是"矮""短""窄""薄""小""少"等时,也可以用负向形容词。①

3."跟"字比较句的否定式

"A 跟 B 一样"的否定式是"A 跟 B 不一样"。例如:这件衣服的颜色跟那件不一样。有时,也可以用"不跟……一样"表示否定,此时"不"否定的是"跟……一样"。例如:她不跟我一样高,跟我妹妹一样高。

4."跟……一样"的其他句法功能

"跟……一样"除了可以做状语外,还可以做定语,此时其后面要加"的"。例如:

我有一个跟你一样的数码相机。

我想要一件跟这个一样的衣服。

此外,"跟……一样"及"跟……一样+VP"还可以做状

① 刘月华等:《实用现代汉语语法》(增订本),商务印书馆,2001 年。

态补语，例如：

她长得跟她妈妈一样。　　　（“跟……一样”做状态补语）

他的汉语说得跟中国人一样。（“跟……一样”做状态补语）

她长得跟她妈妈一样漂亮。（“跟……一样+VP”做状态补语）

这种表达式对于汉语作为第二语言学习者来说比较难掌握。根据黄丽纹（2013）的调查，在菲律宾学生关于比较句使用的所有偏误中，此类表达式的偏误比率高达 25%。[①]

5. 与“跟……一样”类似的句式

表示事物、性状等相同的句式，除了“跟……一样”以外，还可以用“跟……相同”，其否定式是“跟……不同（不相同）”。例如：

这种物质的化学反应结果跟那种物质相同。

他的看法跟我们的看法不同。

那件衣服的颜色跟这件不同。

需要注意的是，“跟……相同”或“跟……不同”都不能做状语，不能说“我跟他相同高”“我跟他不同高”。

如果要表示两种事物或性状相似，可以用“跟……相似（近似、类似）”“跟……差不多”等。例如：

这个故事的情节跟那个故事相似。

小张的个子跟他差不多。

我们的课程跟你们的差不多。

① 黄丽纹：《中高级阶段菲律宾学生习得汉语比较句的偏误分析》，广西民族大学硕士学位论文，2013 年。

（三）“有”字比较句

1.“有”字比较句的结构格式

这种比较句的结构格式可以概括为：A 有 B 那么（这么）+VP。意思是，A 和 B 两种事物相比较时，以 B 为标准，A 达到了 B 的程度。“有”在这里有“达到”的意思，“那么”或“这么”指示性状或程度，远指时用“那么”，近指时用“这么”。例如：

那棵小树有那座房子那么高了。

他弟弟快有我这么高了。

从句法结构来看，这个句式属于主动宾句。A 为主语，B 和 VP 一起做动词“有”或“没有”的宾语。

出现在 A、B 位置上的成分主要是名词、代词等体词性词语，例如：

她头上碰的包有鸡蛋那么大。

我女儿已经有我这么高了。

他没有小张那么胖。

也有一些动词性词语或主谓结构，例如：

（要是）坐火车有坐飞机那么快就好了。

学汉语有学英语那么难吗？

唱歌哪有跳舞有意思？

他走得有你跑得那么快。

出现在 VP 位置上的主要是形容词，也可以是“有意思”“有能力”之类的动宾短语，例如：

小张（要是）有你那么喜欢学习，他爸爸就不会生气了。

他哪有小林爱开玩笑？

2. “有”字比较句的否定式

“A 有 B 那么（这么）+VP”句式的否定式是“A 没（有）B 那么（这么）+VP”，意思是 A 没有达到 B 的程度，也就是“A 不及 B”。例如：

她没有姐姐那么喜欢打球。

这类句式的否定式也可以用“不如”作为标记，构成“A 不如 B+（那么/这么）VP”的格式，一般多用于书面语。例如：

他不如你聪明。

这个工作不如那个工作轻松。

3. “有”字比较句的语用限制

许多研究者都注意到了“A 有 B 那么（这么）+VP”这一句式的肯定式、否定式和疑问式在使用上存在一定的不平衡性。陆庆和（2009）指出，在实际的语言运用中，这一句式的否定式要比肯定式使用得多，也就是说，“A 没有 B 那么（这么）+VP”比“A 有 B 那么（这么）+VP”更常用。① 刘月华等（2001）也指出，这种句式多用于疑问句和反问句。②例如：

这座楼有那座楼那么高吗？

她哪儿有你这么会说话呀！

上述情况说明，这种句式在使用上会受到一定的语用方面的制约，这种语用制约主要是：其肯定式多用于疑问或反问语气，否定式多用于陈述语气。也就是说，“A 有 B 那么（这么）+VP”多用于疑问句或反问句，而“A 没有 B 那么（这

① 陆庆和：《实用对外汉语教学语法》，北京大学出版社，2009 年。

② 刘月华等：《实用现代汉语语法》（增订本），商务印书馆，2001 年。

么）+VP”多用于陈述句。特别是当VP为动词性词语时，更是如此。

至于这一句式的否定式和疑问式可接受度高于肯定式的原因，有研究者认为，这与这一句式在具体语境中的语义完整性有一定关系。① 这一句式的肯定式，如果没有上下文语境，没有“这么/那么”共现，语义上就不够自足，因而自由度不大。比如，“他有爸爸高”作为肯定句，可接受性很差，然而如果将它变成疑问句或否定句，即使没有上下文语境，没有“这么/那么”共现，语义也基本上完整、自足，完全可以接受，例如：

a. 他有爸爸高吗？

b. 他没有爸爸高。

c. 他哪有爸爸高？

作为肯定式的“我的房间有你的房间那么脏”，因为形容词“脏”具有“消极义”，在这里难以接受，但如果变为否定或疑问，则是完全可以接受的，例如：

a. 我的房间有你的房间那么脏吗？

b. 我的房间没有你的房间那么脏。

c. 我的房间哪有你的房间那么脏？

在“（要是）坐火车有坐飞机那么快就好了。”和“小张（要是）有你那么喜欢学习，他爸爸就不会生气了。”这两个句子中，“A有B那么（这么）+VP”句式之所以可以用于陈述句，是因为这两个句子的后边都有表品评性的词句（“就好了”“他爸爸就不会生气了”），这样，这类句子就表示了一

① 刘苏乔：《表比较的“有”字句浅析》，载《语言教学与研究》2002年第2期。

种假设关系（语义上属未然），整个句子语义自足，自由度也就很大了。

总体而言，在“有”字比较句中，“A 有 B 那么（这么）+VP 吗？”和“A 没有 B 那么（这么）+VP”这两种句式的可接受性，远远超过“A 有 B 那么（这么）+VP”句式。而且，在疑问句和否定句中的形容词，褒义贬义兼容，“积极义”和“消极义”并存。

4. “有”字比较句的语义限制

“A 有 B 那么（这么）+VP”句式能否成立，在一定程度上也受到 A、B、VP 这几个部分的构成成分语义的制约。只有符合语义要求的词语所构成的这一句式才能成立，否则就是错误的。留学生如果不清楚这些语义限制，就容易出现偏误。

（1）A 和 B 的语义限制

A 和 B 之间在语义上是相互对应的，A 为物，B 也为物，A 为事，B 也为事，双方在语义上应具有可比性。

（2）VP 的语义限制

刘月华等（2001）指出，这种“有”字句中所用形容词，一般都是“长、宽、高、粗、大、重、深”等，而不用“短、窄、矮、细、小、轻、浅”等。实际上在汉语中，用这类句式时，一般情况下表达上通常选用量度重的形容词。如“他有我这么高”，这里的“高”实际上指的是“高矮”，并不说明“我”就一定“高”（除非这里的“高”重读），在语义上只表示一种量度、尺寸（在这里是高度），而一般在表达同样意义时，我们不说“他有我这么矮”，因为“矮”在这里不表示量度（即高度）。可以说“他有我这么高”，表示的语义是“他的个子和我差不多”；而“他有我这么矮”表示的语义是

“他的个子和我差不多矮”。这就是为什么我们通常可以说“一米长的绳子”“两米宽的墙”，而不能说“一米短的绳子”“两米窄的墙”。

这种“有”字句中的形容词也可以分为“积极义”和“消极义”两类。所谓“积极义”是指人们所希望的意义，而“消极义”是指人们不希望的意义。一般情况下，“高、大、长、宽”等是人们所希望的，有积极义。但有时“细、小”等形容词也是有积极义的，如：“他切的土豆丝儿有头发那么细”，这里的“细”当然是有积极义的，越“细”说明“他”的刀工越好。但学生的病句“我的房间有你的房间那么脏”就不好接受了，因为人们都不希望房间越脏越好，一般说“我的房间有你的房间那么干净”。

从结构分析我们已经知道，C 作为动词性词语，一般出现在疑问句（包括反问句）和否定句中，可以为“动+宾”的形式。从语义层面上看，这类动词性词语一般是表心理行为的，在形式上一般能受程度副词“很”或“非常”等的修饰，能带宾语。常见的有“有、喜欢、爱、了解、明白、关心”等等。下面几个句子中的C（“来”“吃”“花钱”）显然不符合这些语义限制，因此是病句：

＊他们有我这么来得早。→他们有我来得这么早。

＊他哪有我这么吃得多呀？→他哪有我吃得这么多呀？

＊我哪有你那么花钱呀？→我哪有你那么爱花钱呀？

5. “这么/那么”的省略

“这么/那么”和 C 之间是性状度及其量值的关系。如“儿子有爸爸那么高了”这句话中，“高”（C）表示“高度”（即性状度），“那么”表示高度的比较值，但这种比较值要借助于比较的标准 B 才能显示出来（“爸爸”是比较的参照项，“那么”指代参照项所具有的高度），因此，这种比较值，是一种不确切的相似值（比拟值）。

有的语法书上说，在表比较的“有”字句中，“这么/那么”可以省略，但一般不省略。那么，究竟在什么时候可以省略，什么时候不能省略，学生还是闹不清楚，于是就出现了诸如“他有电影演员漂亮”或“麦克有我高”之类的句子。从语感上来说，这类句子作为始发句，就不如“他有电影演员那么漂亮”“麦克有我这么高”可接受性更强。虽然两组句子的意思基本一样，但在交际中语用差别却很大，不省略“这么/那么”的“有”字句，是以“B+这么/那么”来表述 A 所具有的 B 的性状度量值，性状度量值表现得形象、生动。有时，这类句子在一定情况下，为了更加强调性状度量值，甚至还可以省略作为量度标准的 B，例如，可以借助手势说“我的孩子有这么高了”。因此，我们可以这样教：在肯定式中，“这么/那么”一般不省略，而在否定式（以“没有”为比较词）、疑问式或反问式中，“这么/那么”的自由度比较大，省略或不省略都是可接受性比较强的。因为这时说话人想要强调的是疑问、反问或否定的语气，从而削弱了具体的比较值（比拟值）的功能，例如：

a. 小王有小李（那么）漂亮吗？

b. 小王没有小李（那么）漂亮。

c. 小王哪有小李（那么）漂亮。

以上三类句子即使省去“那么”，语义仍然完整、自足。

6. “有+B”的语序

在“A+有+B+那么（这么）+VP”句式中，如果 VP 是

“动词+状态补语”，“有 B”可以有两个位置。

（1）在谓语动词前边，做状语。例如：

那个大夫有你来得早。

小强有小刚跑得快。

我没有他写得多。

她没有我画得好。

（2）在谓语动词后边，做状态补语中的状语。例如：

那个大夫来得有你早。

小强跑得有小刚快。

我写得没（有）她多。

她画得没（有）我好。

其中的“这么/那么”可以省略，但一般不省略。

第四节　“是……的”句教学知识

一、“是……的”句基础知识

“是……的”句是一种以“是……的”为标志的特殊的谓语句。这种句式在汉语中比较常用，且结构较为复杂，因而很早就引起了语法研究者的关注。学术界对这种句式的称谓，除了采用“是……的”句这一说法外，还有“的”字句、事态句等说法。木村英树（2003）提出“的”字句，认为这种句子记述一个听说双方共知的特定的已然事件，句内一定有一个成分表示较新的信息，并为信息焦点所在，“是”不是肯定句的必要成分。[①] 袁毓林（2003）把由动词性成分充当谓语核心的句子称为事件句，把带句尾“的”的句子称为事态句（State-of-affairs sentences），各种形式的事态句可以抽象地简称为“（是）……的”结构。[②]

实际上，在汉语的句子中，带有“是……的”标记的句子共有三类，举例如下：

A类：这本书是我借的。

B类：我是去年八月来中国的。

C类：在现实生活中，这种现象是确实存在的。

A类句子，是“的”字短语做宾语的句子，这类句子的谓语是用来说明主语的类别的。B类句子，是用来强调、说明一个已经发生的动作行为的某个方面，有人称为“是……的”强调句，句中的“是”和“的”一般不可去掉，特别是“的”不能去掉。C类句子，其谓语对主语起解释、说明的作用，句中的“是”和“的”表示语气（有时表示强调、肯定或态度坚决，有时表示语气的委婉或缓和），都可以去掉。

对于上述三类句子，并不是所有研究者都将它们归入“是……的”句。A类句子即“的”字短语做宾语的句子，只有宋玉柱（1978）、赵淑华（1979）等少数较早关注这一语法现象的研究者将其归入“是……的”句，目前大多数研究者都将这类句子排除在“是……的”句的范围之外，而是将其归入“是”字句（李德津、程美珍1988；刘月华等2001；陆

---

① 木村英树：《“的”字句的句式语义及“的”字的功能扩展》，载《中国语文》2003年第4期。

② 袁毓林：《从焦点理论看句尾“的”的句法语义功能》，载《中国语文》2003年第1期。

庆和 2009）。有相当数量的研究者将 B 类和 C 类句子都归入“是……的”句范围（吕必松 1982；郑懿德等 1992；刘月华等 2001；施春宏 2009）。还有的研究者只将 B 类句子归入“是……的”句（李德津、程美珍 1988；李德津、金德厚 2009；杨玉玲、吴中伟 2013；苏英霞 2015）。总之，目前在汉语研究领域比较普遍的认识是，将 B 类和 C 类句子归入“是……的”句，而将 A 类句子归入“是”字句。

B 类和 C 类句子虽然都被列入“是……的”句，但二者在结构和功能上存在显著区别，研究者们对二者区别的描述也不尽相同。赵淑华（1979）认为 B 类句子的谓语要说明的重点并不是动作或情况本身，而是与动作情况有关的某一方面；C 类句子的谓语对主语来说一般起解释、说明的作用，“是”和“的”有时表示强调、肯定或态度坚决，有时表示语气的委婉或缓和。①②③④

我们采用目前已得到大多数研究者认可的说法，只把 B 类和 C 类句子算作“是……的”句，将 B 类句子称为表示强调的“是……的”句，将 C 类句子称为表示评议的“是……的”句。

---

① 吕必松（1982）认为 B 类句子表示过去时（他们是昨天出发的）；C 类句子表示肯定和确信的语气（他是会来的）。

② 郑懿德等（1992）将 B 类句子称为“说明意义重点的‘是……的’句”；将 C 类句子称为“表示语气的‘是……的’句”。

③ 刘月华等（2001）认为 B 类句子说明过去已实现的某一动作的时间、地点、方式、施事、受事等；C 类句子用肯定的语气来对主语进行评议或描写。

④ 施春宏（2009）认为 B 类句子强调在结构和语义上跟述语动词相关的成分，如动词的修饰成分、动作的发出者、动作的对象等；C 类句子突出说话人对主语的评议、叙述或描写。

二、“是……的”句的常见偏误[①]

（一）表强调的“是……的”句常见偏误

1. 缺漏“是”

＊我在美国学过修车，但是不专门学的。（英语母语者）

＊我在老师的帮助下完成调查的。（英语母语者）

＊这份点心用面粉和鸡蛋制作的。（菲律宾学生）

＊那天我在办公室遇见他的。（菲律宾学生）

＊父亲的去世，这件事儿最近发生的。（韩国学生）

＊对我来说，我的身体状态不好，我得了病，农药造成的。（韩国学生）

＊因为我在韩国学是学过，可是，不专门学的。（韩国学生）

＊我和我的哥哥是同时到北京来。

＊我父亲跟他在小的时候认识的。

2. 缺漏“的”

＊有的时候，我向吸烟者问“什么时候开始抽烟”。

＊我是跟朋友们一起去北京。（英语母语者）

---

① 部分偏误语料来源于下列文献：陆庆和：《实用对外汉语教学语法》，北京大学出版社，2006 年；谢福：《基于语料库的留学生“是……的”句习得研究》，载《语言教学与研究》2010 年第 2 期；石慧敏：《外国留学生“是……的”句的偏误分析》，载《海外华文教育》2008 年第 1 期；王墨：《对英汉语教学中“是……的”句的偏误分析及教学研究》，苏州大学硕士学位论文，2014 年；杨娟：《菲律宾学生汉语“是……的”句式习得研究》，福建师范大学硕士学位论文，2012 年；蒋辰超：《韩国留学生“是……的”句习得及相关偏误研究》，苏州大学硕士学位论文，2012 年；张升荣：《印尼学习者习得汉语“是……的”结构偏误分析》，暨南大学硕士学位论文，2009 年。文中不再一一注明。

＊这个礼物是谁送给你？（菲律宾学生）

＊我是坐火车来。（菲律宾学生）

＊我是跟朋友们一起去海洋公园。（菲律宾学生）

＊弟弟是最近找到新的工作。（韩国学生）

＊不过，取不取“安乐死”，是由个人来决定。（韩国学生）

＊我是通过听音乐发泄自己的压力。（韩国学生）

＊我的童年是在无家长管束下度过。（印尼学生）

3. “了”误代“的”

＊她是昨天来了。

＊你是什么时候来了中国？（初级）

＊我去上海了，是和朋友去了上海。（中级）

＊A：什么时候去了？（菲律宾学生）

B：前天去了。

A：坐飞机去了吗？

B：不是，是坐火车去了。

4. 不该用“是……的”强调句而用

＊我们明天是坐船去杭州的。

＊妹妹是下个星期去中国的。（菲律宾学生）

5. 该用“是……的”强调句而未用

＊我们认识的时候是在飞机上，他的座位在我旁边。（初级）

＊我的滑板买了上海。

＊我有一个新朋友，他叫振文。一个月前我认识振文。

＊我认识她从我的朋友那里，朱朱是我朋友的女朋友。

＊他什么时候进来办公室？（菲律宾学生）

＊木村告诉我这件事。(菲律宾学生)

6. 错序

(1)“是”错序

＊我骑自行车是去学校的。(英语母语者)

＊谁是做的蛋糕?(英语母语者)

＊这样的“代沟”问题是到底怎么处理的。(韩国学生)

＊谁是把窗户打开的?

＊我七月份是来北京的。(印尼学生)

(2)“的”错序

＊我是在对外汉语学院学汉语的。

＊阿里是昨天打的电话来。

＊他是昨天通知的我。

(3) 副词错序

＊我们的衣服是她都洗的。(菲律宾学生)

＊是原来你通知他的。(菲律宾学生)

＊是你原来把这件事告诉他的。(菲律宾学生)

＊他是不坐火车去北京的。(菲律宾学生)

＊这件事是一定他做的。

(二)表评议的“是……的”句的常见偏误

1. 缺漏“是”

＊每年,这些人由于抽烟引起的病去世的。(英语母语者)

＊童年的日子当中,一个孩子周围的环境被她的父母控制的。(英语母语者)

＊这表示我们的科学技术发达的。(韩国学生)

＊我觉得“绿色食品”应该推进的。(韩国学生)

＊温和友善的力量强大的。(印尼学生)

2. 缺漏“的”

＊孩子的教育中，是非分明是最重要。

＊在工作中，老师最费力，因为教的是非常重要。

＊古代时候，重男轻女思想在英国、中国两个国家是很严重。(英语母语者)

＊而且吸烟对公众利益是有影响。(英语母语者)

＊在加州我们的法律是比较严格。(英语母语者)

＊对我有影响的人是很多。(韩国学生)

＊代沟问题是无论什么时代，都会发生。(韩国学生)

＊广州的生活是很方便。买东西的地方很多，东西比较便宜。(初级)

3. 同时缺漏“是”和“的”

＊全世界人民都平等。(英语母语者)

4. 错序

＊两代人之间存在的“代沟”问题是在我们这个社会里不能避免的。(英语母语者)

＊可是，我觉得父母和子女之间“代沟”问题是当然有的。(英语母语者)

＊在印尼是学习很累的。(中级)

＊自己的生命自己决定自杀，这是按照法律上没有什么罪的。(印尼学生)

5. 不该用“是……的”评议句而用

＊流行歌曲是普遍受到年轻人的爱戴的。(英语母语者)

＊但我认为那个结局是太过分的。(英语母语者)

＊这样学习汉语的苦与乐是好像硬币的前面和后面一样

的。(韩国学生)

*我初次接触到汉语这种语言，我真是兴奋不已的。(韩国学生)

*他们一天学习十个小时，我觉得是很辛苦的。

*虽然身体是那么小的，但是没有人敢碰你。(印尼学生)

三、“是……的”句知识拓展

(一) 表示强调的“是……的”句

1. 结构分析

表示强调的“是……的”句是一种以“是……的”为标志的动词性谓语句。使用这种句子时，说话人想要强调的重点(全句表达焦点)不是动作本身，而是与动作有关的某一方面，比如时间、处所、方式、施事、受事等。如下面各例：

我是去年九月来中国的。　　(强调时间)

我是坐飞机来北京的。　　(强调方式)

是王老师让我告诉你的。　　(强调施事)

我是在北京学的中文。　　(强调处所)

这种句子中，“是”的作用在于指明它后面的成分是全句的表达焦点，有的研究者称之为焦点标记词，一般位于谓语之前，有时也可以放在主语前(“是王老师让我告诉你的。”)。“的”的作用在于表明谓语动词所表示的动作已在过去发生或完成，经常放在句尾，有时也可以放在谓语动词之后、宾语之前(“我是在北京学的中文。”)。“是”和“的”都轻读，所强调的焦点要重读。

这种句子的特指疑问句形式，一般都是就“是”后面的词语进行提问，由此也可看出“是”后的词语是全句的表达焦点。例如：

肯定句	特指疑问句
我是去年九月来中国的。	你是什么时候来中国的？
我是坐飞机来北京的。	你是怎么来北京的？
是王老师让我告诉你的。	是谁让你告诉我的？
我是在北京学的中文。	你是在哪儿学的中文？

2. 内部分类

根据表达焦点的不同，可以将表示强调的“是……的”句再细分为以下类型：

（1）强调动作行为的时间、处所、方式、条件、依据、目的、伴随者等。这种情况下，“是……的”之间的成分一般为“状·动”结构，所强调的成分做动词前面的状语。例如：

飞机是9点起飞的。（强调时间，做状语）

我是在网上订的票。（强调处所，做状语）

这件事我也是一点儿一点儿搞明白的。（强调方式，做状语）

我们是按照你的要求做的。（强调依据，做状语）

我是跟朋友一起来的。（强调伴随者，做状语）

我们是在他的帮助下完成这次任务的。

（强调条件，做状语）

他好像就是为这事儿来的。（强调目的，做状语）

有时候“是……的”之间为连谓短语，强调的成分是连谓结构的前项或后项。例如：

他是骑自行车来的。（强调方式，连谓结构的前项）

这些人是看热闹来的。（强调目的，连谓结构的前项）

我是来学中文的。（强调目的，连谓结构的后项）

（2）强调动作的施事

这种情况下，“是”位于施事的前面，“是……的”中间为主谓短语。这种“是……的”句，又可以根据“是”前有无其他成分细分为两种类型：第一种，“是”的前面有名词性词语做全句的主语，这里的主语有的研究者（刘月华等，2001）称之为话题，“是”所标记的全句焦点是做谓语的主谓短语中的主语。例如：

这个手术是李大夫做的。

这个消息是谁告诉你的？

水果是他买的。

第二种，“是”的前面没有其他词语，“是”放在全句主语的前面，其所标记的焦点就是这个全句主语。例如：

是小王帮我填的表。

是谁给你起的这个名字？

是谁拿走钥匙的？

是谁拿走的钥匙？

前一种句型中的动词较少带宾语，即使带宾语，一般也位于动词之后、“的”之前；后一种句型通常可以带宾语，且这个宾语常常位于“的”之后，如上例。

（3）强调动作的受事

这种情况下，“是……的”的中间为动词，动词的受事宾语位于“的”后。例如：

这次全民公决，大多数人是投的赞成票。

他是学的中文，我是学的法律。

昨天晚饭我是吃的馒头，不是吃的米饭。

老大是学的历史，老二是学的水利，他们俩毕业时的成绩都不错。

这种句子中，“是”常常可以省略。

（4）强调动作的原因

这种句子中，“是……的”中间可以是动词、动词性短语或主谓短语，表示原因，是全句的焦点。例如：

她脸红恐怕是海风吹的。

他那是冻的。

你呀，你是盼开钻盼的！

他病倒了，全是累的。

听说小李受伤了，是被车撞的。

3.“是”和“的”的性质

关于“是”和“的”的性质，实际上存在着两个方面的问题：一是它们的词性是什么；二是它们在句中表示什么意思，即它们的功能是什么。这两个方面的问题，目前都还存在较大争议。对于汉语作为第二语言教学来说，第二个问题显得更为重要。也就是说，最重要的是搞清楚它们在这一句式中表示什么意思，倒不必纠缠于它们的词性是什么。

（1）“是”的词性及功能

关于“是”的词性，主要有两种观点：一是语气副词，二是动词。而将“是”认定为动词的研究者，在“是”属于哪一类动词方面也存在分歧，有人认为它是判断动词（史有为，1984），有人认为它是助动词（黄正德，1990）。赵淑华（1979）指出，“是”不是谓语中的主要动词，它一般放在动词或状语之前，表示强调。①从“是”可以去掉这一情况来看，

① 赵淑华：《关于“是……的”句》，载《语言教学与研究》1979 年第 2 期。

这里的“是”更宜被视为语气副词。

从功能上来说，一般认为“是”作为焦点标记词，用来指明它后面的成分是全句的表达焦点（刘月华等，2001；徐杰，2003）。

（2）“的”的词性及功能

关于“是……的”强调句中“的”的词性，大部分研究者认为它是语气词，但也有研究者认为它是动态助词（朱德熙，1978；赵淑华，1979）。赵淑华（1979）指出，一般来说语气助词是可以去掉的，去掉后句子的意思不受影响，只是语气有所不同罢了。而在“是……的”句里，“的”是不能去掉的，去掉了“的”，有时句子便不成话，有时句子的基本意思虽然没变，可是时态却有了很大变化。从这一点来看，“的”更像是与“了”“过”“来着”一类的动态助词，特别是它总跟在动词后面，而用在宾语后面时，却是有条件的（如宾语是代词或宾语后又有趋向补语）。据此，该文认为“的”无论用在动词后边还是用在句尾，都应看作动态助词。①

关于“的”的语义功能，刘月华等（2001）认为，其功能是表明谓语动词所表示的动作已在过去发生或完成。②

4.“是”与“的”的省略

（1）“是”的省略

表强调的“是……的”句中，“是”大多数情况下可以省略。例如：

他（是）去年回国的。

我们（是）在学校门口见到他的。

---

① 赵淑华：《关于“是……的”句》，载《语言教学与研究》1979年第2期。

② 刘月华等：《实用现代汉语语法》（增订本），商务印书馆，2001年。

他（是）上个星期去的，我（是）这个星期去的。

（是）谁打的酒，（是）谁买的肉，你也不问一问，就知道坐下来吃！

在强调受事的句子中，“是”通常是要省略的。例如：

你们过来（是）坐的几路车？——我们（是）坐的十六路车。

在以下几种情况下，“是”不能省略：

第一，主语为“这”“那”时，“是”不能省略。例如：

这是今天上午送来的，不是昨天送来的。

第二，强调原因的“是……的”句中，“是”不能省略。例如：

祥子头上留了块疤，是小时候驴啃的。

第三，否定式中的“是”不能省略。例如：

自行车不是我骑坏的。

（2）“的”的省略

“是……的”强调句中的“的”不能省略，省略了以后就不能表示动作已经完成的意义了。例如：

我们是今年九月开学的。

我们今年九月开学的。

我们今年九月开学。

上述三个句子，前两个带“的”的句子，说话人都是就交谈双方共知的某个事情的某一方面（时间）加以说明，属于“是……的”强调句。第三个不带“的”的句子，表达功能明显与前两个句子不同，不属于“是……的”强调句。

5. “的”的语序

通常情况下，“的”总是位于句尾，只有当谓语动词带宾语时，“的”可能存在两种语序：一种是位于宾语前，一种是位于宾语后。“是……的”句中宾语和“的”的语序并不是任意的，而是有规律可循，但影响宾语和“的”之间语序的因素比较复杂，这方面的研究尚待进一步深入。

刘月华等（2001）从结构（宾语的构成、是否带补语等）、语义（强调的内容）和语体三个角度对“是……的”句中宾语与“的”的语序规律进行了一定探讨。文章指出，如果“是……的”句强调的是时间、处所、方式、条件、目的、对象、工具等状语，句中的动词带有宾语，这个宾语既可以紧跟着动词，放在“的”前，也可以放在“的”后。口语以放在“的”后更为常见。如果宾语是人称代词，则常常放在“的”前。如：

我是在外语学院学的英语。

她是昨天通知我的。

如果动词同时带处所宾语和趋向补语，处所宾语和趋向补语一定要放在“的”前。如果动词同时带一般事物宾语和趋向补语，那么宾语既可以放在“的”前，也可以放在“的”后。宾语放在“的”后时，趋向补语必须在“的”前。例如：

我们是五点半回学校来的。

我是跟孩子们一起爬上山顶去的。

阿里是昨天打电话来的。

阿里是昨天打来的电话。

如果“是……的”句强调的是全句的主语，“是”在句子的开头，这时候动词的宾语一般放在“的”后。这类句子中的宾语往往形式比较简单，甚至是不带定语的单个的词。

例如：

（是）谁给你起的名字，这么好听。

是你引诱的我。

（是）姐姐让你进的屋。

如果“是……的”句强调的是动作的受事时，如果“是……的”中间是动词，动词的受事宾语在“的”后，句中的对比焦点就是这个宾语，句子重音也在这个宾语上。例如“昨天晚饭我是吃的馒头，不是吃的米饭。”①

牛秀兰（1991）将影响“是……的”强调句中宾语与“的”语序的因素概括为以下三个：第一，为了避免歧义；第二，由表示强调的语法手段所决定；第三，出于节律方面的要求。②

从避免歧义来说，比如下面两个句子：

a. 我是中午看的电影。

b. 我是中午看电影的。

句子（a）和句子（b）是两种不同语序的“是……的”强调句，句子（b）有可能出现歧义，既可以理解为说话人是在说明“我”看电影的时间，也可以理解为说话人是在将“我”归为某一类人。在这种情况下，为了避免歧义，人们更倾向于采用句子（a）的语序。再比如下面的例子：

a. 我是在照相馆照的相。

b. 我是在照相馆照相的。

上面两个句子，句子（b）也有可能出现歧义：既可以理

---

① 刘月华等：《实用现代汉语语法》（增订本），商务印书馆，2001 年。

② 牛秀兰：《关于“是……的”结构句的宾语位置问题》，载《世界汉语教学》1991 年第 3 期。

解为说话人是在说明“我”照相的处所，也可以理解为说话人是在将“我”归为某一类人（“的”字短语做判断动词“是”的宾语）。而采用句子（a）的语序就不会出现歧义了。

从表示强调的语法手段来说，“是……的”句是表示强调的，因此为了突出所要强调的成分，人们在运用语言时，会尽可能让“是”和“的”中间不出现或少出现非强调性的成分。这样，一些宾语也就很自然地被排除在“是……的”结构之外。比如“他是上星期买的《汉英词典》”“我在朋友家吃的红烧肉和糖醋鱼”。如果宾语太长或者为强调宾语，人们甚至会将宾语放在句首，如“你让我买的那本书，我是昨天下午买到的”。

从节律方面来说，当动词为双音节词时，或者动词带结果补语时，人们常常会将宾语放在“的”后面，比如“你是什么时候参加工作的”“我是去年学完专业的”“方博士是前天回到祖国的”。这时起作用的主要是节律因素，因为使用汉语的人们在运用语言的过程中，更喜欢“2+2”的节律。

此外，牛秀兰（1991）也从结构角度对“的”与宾语的语序进行了分析，提出“的”可置于宾语之前的三种情况：第一，当动词为单音节动词时；第二，当动宾式离合词出现在“是……的”句中时；第三，当动词后带处所宾语和趋向补语时。①

李讷等（1998）认为“的”字前移（位于宾语之前）已逐渐成为“现代汉语里有很强发展趋势的一种用法”。在当代北京口语作品里，不仅“的”字后面的成分已可接受较为复

---

① 牛秀兰《关于“是……的”结构句的宾语位置问题》，世界汉语教学 1991 年第 3 期。

杂的成分，而且使用频率上也已不弱于“的”字居尾的用法。在部分北京人的语感里，以下左栏说法似乎比右栏说法更自然：①

谁出的主意？	？谁出主意的？
谁给付的帐？	？谁给付帐的？
你找谁帮的忙？	？你找谁帮忙的？
你回来就去的麻纺厂？	？你回来就去麻纺厂的？

（二）表示评议的“是……的”句

1. 结构分析

这种“是……的”句多用来表示对主语进行评议、描写或说明，全句带有说明情况、阐述道理、想使听话人接受或信服的意味，语气比较肯定。赵淑华（1979）、徐静茜（1984）认为这种句式也可以表示委婉或缓和的语气，如：“问题不是不能解决的。”

这种句式，“是……的”中间的谓语部分可以是动词性词语，也可以是形容词性词语，如下面各例：

猴子是很聪明的。

一个老师有没有认真备课，是看得出来的。

中国传统文化是极其博大精深的。

这个菜不放在冰箱里，是会坏的。

这种句子中，“是”一般位于谓语之前，“的”位于句尾。“是”和“的”都表示语气，去掉“是”和“的”以后，句子的语义不变。“是”和“的”都轻读。

---

① 李讷、安珊笛、张伯江：《从话语角度论证语气词“的”》，载《中国语文》1998年第2期。

2. 内部分类

对表示评议的“是……的”句进行分类，也可以分别从语义和结构两个角度来进行。

（1）根据语义来分

根据表义的不同，可以将表示评议的“是……的”句细分为以下两类：

①表示估计、判断或推理，主观性较强，常用来表达劝慰、表明态度或阐明道理。例如：

你的病是会好的。

他也许是故意这么做的。

饭钱是该大家出的。

②对主语加以说明或解释。例如：

题目是很容易记的：《给全国人民的一封信》。

（2）根据结构来分

根据“是……的”之间插入成分的不同性质，可以将表评议的“是……的”句再细分为以下类型。

①“是……的”中间插入的是动词性词语

这个问题，我们是讨论过的。（动作动词带“过”）

你这么说也是可以的。（能愿动词）

呕吐跟打哈欠一样，是有传染性的。（动宾短语）

只要你努力，是一定能成功的。（以动词为中心的偏正短语）

中医和西医在疗效上是可以互补的。（以动词为中心的偏正短语）

这次事故，警察确实是处理得很及时的。（动补短语）

②“是……的”中间插入的是形容词性词语

这个规定是最不合理的。（单个形容词）

他们的业余生活是相当丰富的。(以形容词为中心的偏正短语)

③“是……的”中间插入的是固定短语

他对你可是诚心诚意的,你可别冤枉他。

你就是有三头六臂也是插翅难飞的。

3. 否定式

刘月华等(2001)认为,这种表评议的“是……的”句,由于带有明显的肯定语气,一般不会将“不”放在“是”前面来表示否定,没有“不是……的”这种否定式。否定词“不”只能放在“是”的后面,但这时全句仍然带有肯定语气。[①] 例如:

这种做法是不妥当的。(*这种做法不是妥当的。)

想让他俩和好是不可能的。(*想让他俩和好不是可能的。)

走路的人口渴了,摘一个瓜吃,我们这里是不算偷的。(*走路的人口渴了,摘一个瓜吃,我们这里不是算偷的。)

如果想用双重否定来强调肯定一个事实,则可以在“是”前用“不”再否定一次。例如:

问题不是不能解决的。

那件事并不是我们办不到的。

有时候,这种使用了双重否定的结构,语气反而更委婉、更弱了。例如:

他的话不是不可信的。

那个地方你不是不能去的。

① 刘月华等:《实用现代汉语语法》(增订本),商务印书馆,2001年。

4. “是”和“的”的省略

表示评议的“是……的”句，除了一部分以“这”“那”做主语的句子和双重否定句以外，可以把“是”和“的”同时省略或只省略“是”。省略后句子的意思不变，只是去掉“是”和“的”后就不再是表示评议的“是……的”句，而成为一般的动词谓语句或形容词谓语句，语气也不同了。用“是……的”句式的，语气肯定，口气委婉缓和，有说理的意味，目的是要人相信；不用“是……的”句式的，语气较强，有时显得简洁、直爽。比较下面的两组句子：

（1）a. 菜不放在冰箱里是会坏的。

b. 菜不放在冰箱里会坏。

（2）a. 猴子是很聪明的。

b. 猴子很聪明。

参考文献

【著作类】

［美］Diane Larsen-Freeman 著《语言教学——从语法到语法技能》，北京师范大学出版社，2007 年；

［英］斯科特·索恩伯里著、邹为诚译《朗文如何教语法》，人民邮电出版社，2011 年；

George Yule《如何教授英语语法》，上海外语教育出版社，2002 年；

白建华主编《对外汉语语言点教学 150 例》，Yale University Press，2009；

程美珍主编《汉语病句辨析九百句》，华语教学出版社，2009 年；

邓守信著《对外汉语教学语法》，北京语言大学出版社，2010 年；

冯胜利、施春宏著《三一语法：结构·功能·语境——初中级汉语语法点教学指南》，北京大学出版社，2015 年；

国家汉办教学处编《对外汉语教学语法探索——首届国际对外汉语教学语法研讨会论文集》，中国社会科学出版社，2003 年；

金立鑫主编《对外汉语教学虚词辨析》，北京大学出版社，2005 年；

李德津、程美珍编著《外国人实用汉语语法》，华语教学出版社，1988 年；

李德津、金德厚著《汉语语法教学》，北京语言大学出版社，2009 年；

李临定著《现代汉语句型》，商务印书馆，1986 年；

李泉著《汉语语法考察与分析》，北京语言文化大学出版社，2001 年；

李晓琪主编《现代汉语虚词手册》，北京大学出版社，2003 年；

李英哲、郑良伟、Larry Foster、贺上贤、侯炎尧、Moira Yip 编著，熊文华译《实用汉语参考语法》，北京语言学院出版社，1990 年；

刘月华、潘文娱、故韡著《实用现代汉语语法》（增订版），商务印书馆，2001 年；

卢福波著《汉语语法教学理论与方法》，北京大学出版社，2010 年；

陆俭明、马真著《现代汉语虚词散论》，北京大学出版社，1985 年；

陆俭明著《汉语语法语义研究新探索（2000–2010 演讲集）》，商务印书馆，2010 年；

陆俭明著《现代汉语语法研究教程》，北京大学出版社，2003 年；

陆庆和著《实用对外汉语教学语法》，北京大学出版社，2006 年；

吕叔湘主编《现代汉语八百词》（增订本），商务印书馆，1999 年；

吕叔湘著《汉语语法论文集》（增订本），商务印书馆，1984 年；

吕文华著《对外汉语教学语法探索》（增订本），北京语言大学出版社，2008 年；

毛悦编著《汉语作为第二语言要素教学》，北京大学出版社，2010 年；

彭小川、李守纪、王红著《对外汉语教学语法释疑 201 例》，商务印书馆，2004 年；

彭增安、陈光磊主编《对外汉语课堂教学概论》，世界图书出版公司，2006 年；

齐沪扬主编《对外汉语教学语法》，复旦大学出版社，2013 年；

施春宏著《作为第二语言的汉语概说》，北京大学出版社，2009 年；

王力著《中国现代语法》，中华书局，1954 年；

王力著《中国语法理论》，中华书局，1954 年；

吴中伟著《怎样教语法——语法教学理论与实践》，华东师范大学出版社，2007 年；

肖奚强著《汉语中介语语法问题研究》，商务印书馆，2008 年；

杨德峰编著《对外汉语教学核心语法》，北京大学出版社，2009 年；

杨玉玲、吴中伟著《国际汉语语法与语法教学》，高等教育出版社，2013 年；

张和生主编《汉语可以这样教——语言要素篇》，商务印书馆，2006 年；

张旺熹著《汉语特殊句法的语义研究》，北京语言文化大学出版社，1999 年；

赵新、李英主编《商务馆学汉语近义词词典》，商务印书馆，2009 年；

郑懿德、马盛静恒、刘月华、杨甲荣《汉语语法难点释疑》，华语教学出版社，1992 年；

朱德熙著《语法讲义》，商务印书馆，1982 年。

【论文类】

［德］包华莉《“比”字句删除法的商榷》，语文研究 1993 年第 1 期；

［美］M. Celce-Murcia 著，周国强编译《语法教学在第二语言和外语教学中的地位》，国外外语教学 1993 年第 1 期；

［美］薛凤生《试论“把”字句的语义特性》，语言教学与研究 1987 年第 1 期；

［日］木村英树《“的”字句的句式语义及“的”字的功能扩展》，中国语文 2003 年第 4 期；

陈珺、周小兵《比较句语法项目的选取和排序》，语言教学与研究 2005 年第 2 期；

陈立民《论动词重叠的语法意义》，中国语文 2005 年第 2 期；

陈前瑞《动词重叠的情状特征及其体的地位》，语言教学与研究 2001 年第 4 期；

程相文、周翠琳《“把”字句的课堂教学》，世界汉语教学 1992 年第 4 期；

程雨民《语体因素与语法研究——对约翰 · 罗斯一次调查的分析》，外语教学与研究 1998 年第 4 期；

初青艳、高志英《可理解输入与可教性假设在外语教学中的应用》，辽宁工程技术大学学报（社会科学版）2003 年第 4 期；

储泽祥《汉语“在+方位短语”里方位词的隐现机制》，中国语文 2004 年第 2 期；

崔希亮《“把”字句的若干句法语义问题》，世界汉语教学 1995 年第 3 期；

戴炜栋、陈莉萍《二语语法教学理论综述》，外语教学与研究 2005 年第 3 期；

邓文彬《“比”字句生成过程中的条件与制约》，河南大学学报（哲学社会科学版）1987 年第 5 期；

丁崇明、荣晶《汉语第二语言学习者应学的“把”字句及其变换》，语言文字应用 2007 年第 6 期；

范晓《动词的配价与汉语的把字句》，中国语文 2001 年第 4 期；

方梅《汉语对比焦点的句法表现手段》，中国语文 1995 年第 4 期；

方梅《篇章语法与汉语篇章语法研究》，中国社会科学 2005 年第 6 期；

冯胜利《书面语语法及教学的相对独立性》，语言教学与研究 2003 年第 2 期；

冯胜利《语体语法：“形式—功能对应律”的语言探索》，当代修辞学 2012 年第 6 期；

冯胜利《语体语法的逻辑体系及语体特征的鉴定》，汉语应用语言学研究 2015 年第 5 期；

傅雨贤《“把”字句与“主谓宾”句的转换及其条件》，语言教学与研究 1981 年第 2 期；

高桥弥守彦《是用“上”还是用“里”》，语言教学与研究 1992 年第 2 期；

缑瑞隆《方位词“上”“下”的语义认知基础与对外汉语教学》，语言文字应用 2004 年第 4 期；

郭睿《内隐学习：对外汉语教学的新视野》，语言教学与研究 2008 年第 6 期；

郭晓麟《对外汉语教材语法教学示例的基本原则——以趋向结构为例》，语言教学与研究 2010 年第 5 期；

郭秀艳、杨治良《内隐学习与外显学习的相互关系》，心理学报 2002 年第 4 期；

郝兴跃《20 世纪 90 年代以来国外语法教学的新趋势》，外语界 2004 年第 4 期；

何宇丹《显性法和隐性法在英语语法教学中的应用》，沈阳教育学院学报 2007 年第 4 期；

胡明扬《现代汉语词类问题考察》，中国语文 1995 年第 5 期；

胡明扬《语体和语法》，汉语学习 1993 年第 2 期；

胡文泽《也谈“把“字句的语法意义》，语言研究 2005 年第 2 期；

黄国营《“的”字的句法、语义功能》，语言研究 1982 年第 1 期；

黄小江、万小军、杨建武、肖建国《汉语比较句识别研究》，中文信息学报 2008 年第 5 期；

黄月圆、杨素英《汉语作为第二语言的“把”字句习得研究》，世界汉语教学 2004 年第 1 期；

黄振英《“把”字句教学中的两个问题》，世界汉语教学 1989 年第 1 期；

黄忠廉、许萍《汉译偏正结构中“的”字最佳用量探析》，修辞学习 1997 年第 6 期；

姜望琪《从句子语法到篇章语法》，中国外语 2007 年第 5 期；

蒋绍愚《把字句略论——兼论功能扩展》，中国语文 1997 年第 4 期；

金立鑫《“把”字句的句法、语义、语境特征》，中国语文 1997 年第 6 期；

金立鑫《漫谈理论语法、教学语法和语用教学中语法规则的表述方式》，载《首届国际对外汉语教学语法研讨会论文集》，中国社会科学出版社，2003 年；

金立鑫《选择使用“把”字句的流程》，汉语学习 1998 年第 4 期；

竟成《我们究竟需要什么样的语法大纲》，世界汉语教学 1999 年第 3 期；

李国辰《语法教学中贯彻交际性原则的特点》，外语与外语教学（大连外国语学院学报）1992 年第 5 期；

李讷、安珊笛、张伯江《从话语角度论证语气词“的”》，中国语文 1998 年第 2 期；

李讷、石毓智《汉语比较句嬗变的动因》，世界汉语教学 1998 年第 3 期；

李宁、王小珊《“把”字句的语用功能调查》，汉语学习 2001 年第 1 期；

李泉《基于语体的对外汉语教学语法体系构建》，汉语学习 2003 年第 3 期；

李泉《论功能及相关问题》，载《第五届国际汉语教学讨论会论文选》，北京语言学院出版社，1996 年；

李绍林《中级汉语综合课语法教学的特点和教学对策》，云南师范大学报（对外汉语教学与研究版）2010 年第 2 期；

李先银《定名组合的指称功能与汉语多项定语的顺序》，语言与翻译 2016 年第 1 期；

李英、邓小宁《“把”字句语法项目的选取与排序研究》，语言教学与研究 2005 年第 3 期；

蔺璜《状态形容词及其主要特征》，语文研究 2002 年第 2 期；

刘承峰《能进入“被/把”字句的光杆动词》，中国语文 2003 年第 5 期；

刘慧英《小议“比”字句内比较项的不对称结构》，汉语学习 1992 年第 5 期；

刘莉《篇章语法衔接研究述评》，现代语文（语言研究版）2009 年第 1 期；

刘孟兰、杨微《浅谈显性语法教学与隐性语法教学的整合》，黑龙江教育学院学报 2009 年第 11 期；

刘颂浩、汪燕《“把”字句练习设计中的语境问题》，汉语学习 2003 年第 4 期；

刘颂浩《论“把”字句运用中的回避现象及“把”字句的难点》，语言教学与研究 2003 年第 2 期；

刘苏乔《表比较的“有”字句浅析》，语言教学与研究 2002 年第 2 期；

刘相臣《“是……的”“的是”格式中“是”“的”的性质和用法探讨》，语文学刊 2004 年第 2 期；

刘月华《谈对外汉语教学语法》，载《对外汉语教学语法探索》，中国社会科学出版社，2003 年；

刘月华《状语的分类和多项状语的顺序》，载《语法研究和探索》（一），北京大学出版社，1983 年；

卢福波《语法教学的基本原则与操作方法》，语言教学与研究 2008 年第 2 期；

陆丙甫《“的”的基本功能和派生功能——从描写性到区别性再到指称性》，世界汉语教学 2003 年第 2 期；

陆丙甫《从语义、语用看语法形式的实质》，中国语文 1998 年第 5 期；

陆丙甫《定语的外延性、内涵性和称谓性顺序》，载《语法研究和探索》（四），北京大学出版社，1988 年；

陆俭明《“对外汉语教学”中的语法教学》，语言教学与研究 2000 年第 3 期；

陆俭明《现代汉语时间词说略》，语言教学与研究 1991 年第 2 期；

吕必松《关于“是……的”结构的几个问题》，语言教学与研究 1982 年第 6 期；

吕必松《关于中高级汉语教学的几个问题》，语言教学与研究 1993 年第 1 期；

吕叔湘《把字用法的研究》，载吕叔湘《汉语语法论文集》（增订本），商务印书馆 1984 年；

吕叔湘《方位词使用情况的初步考察》，中国语文 1965 年第 3 期；

吕文华《“把”字句的语义类型》，汉语学习 1994 年第 4 期；

吕文华《对〈语法等级大纲〉（试行）的几点意见》，语言教学与研究 1992 年第 3 期；

吕文华《关于中高级阶段汉语语法教学的构想》，世界汉语教学 1993 年第 2 期；

吕文华《主语是受事的“是……的”句》，汉语学习 1981 年第 5 期；

马真《“把”字句补议》，载陆俭明、马真《现代汉语虚词散论》，北京大学出版社 1985 年；

马真《“比”字句内比较项 Y 的替换规律试探》，中国语文 1986 年第 2 期；

毛修敬《动词重叠的语法性质、语法意义和造句功能》，语文研究 1985 年第 2 期；

梅广《把字句》，台湾大学文史哲学报 1978 年第 12 期；

莫彭龄、丹青《三大类实词句法功能的统计分析》，南京师范大学学报（社会科学版）1985 年第 2 期；

倪兰《“是……的”结构话语功能》，语文学刊 2002 年第 3 期；

年玉萍《试析“是……的”句式》，宝鸡文理学院学报（社会科学版）2000 年第 1 期；

牛秀兰《关于“是……的”结构句的宾语位置问题》，世界汉语教学 1991 年第 3 期；

齐沪扬、张秋杭《“是……的”句研究述评》，广播电视大学学报（哲学社会科学版）2005 年第 4 期；

屈承熹《从句法结构到功能与篇章：对外汉语语法的循序教学》，对外汉语研究 2006 年第 4 期；

屈承熹《汉语篇章语法：理论与方法》，对外汉语研究 2009 年第 4 期；

饶勤《离合词的结构特点和语用介析——兼论中高级对外汉语离合词的教学》，汉语学习 1997 年第 1 期；

任海波《现代汉语“比”字句结论项的类型》，语言教学与研究 1987 年第 4 期；

任玉华《“把”字句的三个平面分析及其在对外汉语教学中的应用》，华东师范大学学报（哲学社会科学版）1998 年第 6 期；

邵敬敏、刘炎《“比”字句强制性语义要求的句法表现》，汉语学习 2002 年第 5 期；

邵敬敏《比较句替换规律刍议》，中国语文 1990 年第 6 期；

沈家煊《如何处置“处置式”？——论把字句的主观性》，中国语文 2002 年第 5 期；

施春宏《从句式群看“把”字句及相关句式的语法意义》，世界汉语教学 2010 年第 3 期；

石定栩《理论语法与汉语教学——从“是”的句法功能谈起》，世界汉语教学 2003 年第 2 期；

石毓智《论判断、焦点、强调与对比之关系——“是”的语法功能和使用条件》，语言研究 2005 年第 4 期；

史金生《谈“把”字句中的“过”》，汉语学习 1988 年第 3 期；

宋玉柱《对外汉语语法教学札记》，汉语学习 1993 年第 4 期；

宋玉柱《关于“把”字的两个问题》，语文研究 1981 年第 2 期；

孙德金《对外汉语语法教学中的形式与意义》，语言教学与研究 2007 年第 5 期；

孙德金《语法不教什么——对外汉语语法教学的两个原则问题》，语言教学与研究 2006 年第 1 期；

陶红印《从语体差异到语法差异（上）——以自然会话与影视对白中把字句、被动结构、光杆动词句、否定反问句为例》，当代修辞学 2010 年第 1 期；

陶红印《试论语体分类的语法学意义》，当代语言学 1999 年第 3 期；

田靓《汉语作为外语/第二语言教学的“把”字句研究》，北京大学博士学位论文，2012 年；

王还《“把”字句中“把”的宾语》，中国语文 1985 年第 1 期；

王海峰、姚敏《半个多世纪以来的现代汉语离合词研究》，语文研究 2010 年第 3 期；

王惠《“把”字句中的“了、着、过”》，汉语学习 1993 年第 1 期；

王建勤《表差异比较的否定结构的习得过程》，世界汉语教学 1999 年第 4 期；

王培光《西方语法教学的新趋向》，语言教学与研究 1996 年第 3 期；

王琦、杨雯琴《二语习得中的“注意”机制研究》，西北师大学报（社会科学版）2009 年第 2 期；

王远杰《再探多项定语“的”的隐现》，中国语文 2008 年第 3 期；

温敏《方位词“里”、“中”的语义认知分析及对外汉语教学》，信阳师范学院学报（哲学社会科学版）2010 年第 2 期；

温云水《对外汉语教学中的时间词问题》，天津外国语学院学报 1997 年第 3 期；

温云水《论贬抑句与贬抑功能句型》，南开语言学刊 2007 年第 1 期；

温云水《论现代汉语功能句型》，世界汉语教学 2001 年第 4 期；

温云水《现代汉语句型与对外汉语句型教学》，世界汉语教学 1999 年第 3 期；

翁姗姗《现代汉语非典型“把”字句研究》，北京大学博士论文，2012 年；

吴国宏、李其维《内隐学习的再解读：从认知发展角度的剖析》，华东师范大学学报（教育科学版）2001 年第 4 期；

夏群《汉语比较句研究综述》，汉语学习 2009 年 2 期；

夏章洪、顾月秋、何培芬《不同英语语法教学效果对比》，国外外语教学 2005 年第 1 期；

向云《从语法隐喻看篇章的衔接功能》，语文学刊（外语教育教学）2012 年第 3 期；

谢红华《单双音节同义方位词补说》，语言教学与研究 2001 年第 2 期；

邢福义《方位结构“X 里”和“X 中”》，世界汉语教学 1996 年第 6 期；

熊仲儒《“是……的”的构件分析》，中国语文 2007 年第 4 期；

徐晶凝《对外汉语口语教学语法大纲的构建》，语言教学与研究 2016 年第 4 期；

徐静茜《“是……的”句》，嘉兴师专学报 1984 年第 1 期；

徐燕青《“不比”型比较句的语义类型》，语言教学与研究 1996 年第 2 期；

徐燕青《“没有”型比较句的初步考察——兼及“不像”型比较句》，世界汉语教学 1997 年第 1 期；

许国萍《“比”字句研究综述》，汉语学习 1996 年第 6 期；

杨德峰《初级汉语教材语法点确定、编排中存在的问题——兼议语法点确定、编排的原则》，世界汉语教学 2001 年第 2 期；

杨德峰《对外汉语教学语法体系反思及构建原则刍议》，国际汉语教学研究

2016年第2期；

杨惠元《强化词语教学，淡化句法教学——也谈对外汉语教学中的语法教学》，语言教学与研究2003年第1期；

杨寄洲《对外汉语教学初级阶段语法项目的排序问题》，语言教学与研究2000年第3期；

杨平《动词重叠式的基本意义》，语言教学与研究2003年第5期；

杨庆蕙《对外汉语教学中“离合词”的处理问题》，载《第四届国际汉语教学讨论会论文选》，北京语言学院出版社，1995年；

杨石泉《“是……的”句质疑》，中国语文1997年第6期；

杨治良、叶阁蔚《内隐学习“三高”特征的实验研究》，心理科学1993年第3期；

叶向阳《“把”字句的致使性解释》，世界汉语教学2004年第2期；

殷志平《“比”字句浅论》，汉语学习1987年第4期；

殷志平《也谈约量时间词》，世界汉语教学2002年第4期；

尹枝萍、郝兴跃《明示语法教学与暗示语法教学讨论》，云南师范大学学报（哲学社会科学版）2005年第2期；

虞泓、刘爱伦《内隐学习在第二语言语音学习中的作用》，心理科学2006年第3期；

袁毓林《从焦点理论看句尾“的”的句法语义功能》，中国语文2003年第1期；

袁毓林《定语顺序的认知解释及其理论蕴涵》，中国社会科学1999年第2期；

詹开第《把字句中谓语动词的方向》，中国语文1983你第2期；

张宝林《“是……的”句的歧义现象分析》，世界汉语教学1994年第1期；

张宝林《回避与泛化——基于“HSK动态作文语料库”的“把”字句习得考察》，世界汉语教学2010年第2期；

张伯江《被字句和把字句的对称与不对称》，中国语文2001年第6期；

张伯江《论“把”字句的句式语义》，语言研究2000年第1期；

张伯江《语体差异和语法规律》，修辞学习2007年第2期；

张国宪《状态形容词的界定和语法特征描述》，语言科学2007年第1期；

张和友《差比句否定形式的语义特征及其语用解释》，汉语学习2002年第

5 期；

张和友《聚焦式“是”字句的句法、语义特点》，语言教学与研究 2006 年第 1 期；

张和友《情态确认型“是”字构式中“是”的语义功能》，北京大学学报（哲学社会科学版）2007 年第 2 期；

张黎《汉语“把”字句的认知类型学解释》，世界汉语教学 2007 年第 3 期；

张明莹《中级汉语语法教学体系亟待建立》，北京大学学报（哲学社会科学版）1998 年第 6 期；

张旺熹《“把”字句的位移图式》，语言教学与研究 2001 年第 3 期；

张旺熹《“把字结构”的语义及其语用分析》，语言教学与研究 1991 年第 3 期；

张佐成《交际教学法述评》，国际商务（对外经济贸易大学学报）1998 年第 4 期；

赵金铭《对外汉语教学语法与语法教学》，语言文字应用 2002 年第 1 期；

赵金铭《对外汉语语法教学的三个阶段及其教学主旨》，世界汉语教学 1996 年第 3 期；

赵金铭《教外国人汉语语法的一些原则问题》，语言教学与研究 1994 年第 2 期；

赵金铭《外国人语法偏误句子的等级序列》，语言教学与研究 2002 年第 2 期；

赵淑华、张宝林《离合词的确定与离合词的性质》，语言教学与研究 1996 年第 1 期；

赵淑华《关于“是……的”句》，语言教学与研究 1979 年第 2 期；

郑杰《现代汉语“把”字句研究综述》，语言教学与研究 2002 第 5 期；

郑良伟《时体、动量和动词重叠》，世界汉语教学 1988 年第 2 期；

郑伟娜《汉语把字句的及物性分析》，语言教学与研究 2012 年第 1 期；

郑懿德、雨兹《“把”字句研究概况》，语言教学与研究 1978 第 3 期；

郑懿德《外国留学生汉语专业高年级语法教学的实践与思考》，语言教学与研究 1995 年第 4 期；

周小兵《汉语第二语言教学语法的特点》，中山大学学报（社会科学版）2002 年第 6 期；

周小兵《谈汉语时间词》，语言教学与研究 1995 年第 3 期；

朱德熙《关于“比”字句》，载《语法研究和探索》（一），北京大学出版社，1983 年；

朱华章《Pienemann“可教性假设”与母语对第二语言习得影响研究》，贵州大学学报（社会科学版）2002 年第 3 期；

朱景松《动词重叠式的语法意义》，中国语文 1998 年第 5 期；

朱景松《形容词重叠式的语法意义》，语文研究 2003 年第 3 期。